Brigitte Reysen-Kostudis

Leichter lernen

Brigitte Reysen-Kostudis

Leichter lernen

*Für ein erfolgreiches Lernmanagement in
Studium und Beruf*

Bibliografische Information der Deutschen Nationalbibliothek
Die Deutsche Nationalbibliothek verzeichnet diese Publikation in der Deutschen Nationalbibliografie. Detaillierte bibliografische Daten sind im Internet über http://dnb.d-nb.de abrufbar.

Auszug aus Brigitte Chevalier, *Effektiver Lernen*.
© Eichborn AG, Frankfurt am Main, 1999.
Wir danken dem Verlag für die freundliche Abdruckgenehmigung.

© 2007 der deutschsprachigen Ausgabe bei mvgVerlag, Redline GmbH, Heidelberg. Ein Unternehmen von Süddeutscher Verlag | Mediengruppe
www.mvg-verlag.de

Alle Rechte, insbesondere das Recht der Vervielfältigung und Verbreitung sowie der Übersetzung, vorbehalten. Kein Teil des Werkes darf in irgendeiner Form (durch Fotokopie, Mikrofilm oder ein anderes Verfahren) ohne schriftliche Genehmigung des Verlages reproduziert oder unter Verwendung elektronischer Systeme gespeichert, verarbeitet, vervielfältigt oder verbreitet werden.

Umschlaggestaltung: Atelier Seidel, Teising
Umschlagabbildung: © master file/David Muir
Redaktion: Friederike Waldorf, Bad Nauheim
Satz: Jürgen Echter, Redline GmbH
Druck- und Bindearbeiten: Himmer, Augsburg
Printed in Germany 06297/020702
ISBN 978-3-636-06297-0

INHALT

Einleitung.................................... **9**

1. Grundformen des Lernens **13**
Was ist Lernen?................................ 13
Wie lernen wir?................................ 15
Fürs Leben lernen – Kompetenzen steigern 22
Kompetenztraining an der Hochschule 24

2. Leichter und effizienter Lernen – aber wie? **27**
Ein Blick ins Gehirn............................ 28
Rechte und Linke Gehirnhälfte 31
Die Entscheidung zur Veränderung 35
Effizientes Lernmanagement 39

3. Lernmodule **45**
Modul: Lernplanung – Der gute Start 46
    Das planende Gehirn 47
    Zeitmanagement – Zeitsouveränität entwickeln 50
    Selbstmanagement – selbstverantwortliches Handeln 53
    Arbeitsinsel: Den Rahmen setzen (Wählen) 57
    Arbeitsinsel: Das Ziel mit Bedeutung verknüpfen
    (Wollen)................................... 62
    Arbeitsinsel: Einen Arbeitsplan aufstellen
    (Antworten)................................ 67
    Arbeitsinsel: Ein Commitment abschließen 78
    Tipps zur Lernplanung....................... 82
Modul: Konzentration 83
    Das konzentrierte Gehirn 84
    Konzentrationsverläufe....................... 87

Arbeitsinsel: Aus Erfahrung lernen. 89
Arbeitsinsel: Den Fokus ausrichten. 93
Arbeitsinsel: Am Ball bleiben 96
Arbeitsinsel: Konzentrationstraining 99
Tipps zum konzentrierten Arbeiten 102
Modul: Wissen aufnehmen. 103
Aufnahmewege. 104
Das lesende Gehirn 108
Das hörende Gehirn 112
Die Entdeckung der Schnelligkeit 113
Arbeitsinsel: Steigerung der Lesegeschwindigkeit. . . 115
Arbeitsinsel: Das Lesen wissenschaftlicher Texte 124
Arbeitsinsel: Vorträgen und Vorlesungen folgen 130
Tipps für die Aufnahme von Wissen 132
Modul: Wissen vernetzen 133
Das strukturierende Gehirn. 134
Was ist Intelligenz?. 138
Denken mit beiden Gehirnhälften 141
Arbeitsinseln: Mit Strukturen arbeiten 145
Arbeitsinseln: Intelligentes Lernen. 156
Arbeitsinseln: Denktraining 160
Tipps zur Vernetzung von Wissen 162
Modul: Wissen abspeichern 163
Das wissende Gehirn 164
Der Weg zum Behalten 167
Im Arbeitsspeicher. 168
Arbeitsinsel: Konsolidierung. 170
Arbeitsinsel: Memorierungstechniken 178
Arbeitsinsel: Gedächtnistraining. 183
Tipps zum besseren Behalten 186
Modul: Auf dem Weg 186
Lernverläufe. 188
Die Macht der Gewohnheit 190
Das motivierte Gehirn 192
Wer keine Fehler macht, macht etwas verkehrt 195

    Macht Lernen glücklich? 198
    Arbeitsinsel: Alte und neue Wege 200
    Arbeitsinsel: Mit Zuversicht zum Ziel............. 212
    Tipps zur Selbstmotivierung..................... 217
Modul: Am Ziel................................. 218
    Lernen ist Transfer 219
    Lernen und Selbstkonzept 220
    Arbeitsinsel: Präsentation (horizontaler Transfer) ... 221
    Arbeitsinsel: Lernen als Erfahrung (vertikaler Transfer) 235
    Tipps zum erfolgreichen Transfer 240

4. Lernen als Kompetenztraining................... 243
Wege des Wissens................................ 247
    Zwischen Pflicht und Neigung 248
    Zwischen Begabung und Training 249
    Zwischen Struktur und Chaos 249
    Zwischen Erfahrung und Abenteuer 250
    Zwischen Schnecke und Gepard 251
    Zwischen Anfang und Ende 251

Literatur.. 253

e-learning...................................... 257

Stichwortverzeichnis 259

Über die Autorin 263

Einleitung

„Wissen Sie, ich habe eben nie gelernt zu lernen." Dies ist ein Satz, den ich in meiner Beratungspraxis schon oft gehört habe, und der erklären soll, warum es manchmal so schwer fällt, sich auf eine Prüfung vorzubereiten oder eine schriftliche Arbeit fristgemäß abzuliefern. Aber kann man das Lernen eigentlich lernen?

Als Kinder lernen wir ohne besondere Anleitung Laufen und Sprechen. Sicherlich brauchen wir dafür Anregungen und Unterstützung, aber keinen Plan und keine besondere Technik. Getrieben von natürlicher Neugier wollen Kinder alles wissen: Wie die Welt funktioniert, warum es Wolken gibt oder warum es nachts dunkel wird. Lernen wird hier durch die Wahrnehmung der Welt in Gang gesetzt. Etwas Unerklärliches wird gesehen, gehört oder gespürt, das man verstehen möchte. Niemand würde auf die Idee kommen, ein Kind zu lehren, was es sehen, fühlen oder hören soll. Um es zu fördern, steht man ihm allenfalls hilfreich zur Seite, hilft ihm hoch, wenn es hinfällt, bietet ihm Anregungen und Spiele an, bei denen es neue Erfahrungen sammeln und seine Fähigkeiten trainieren kann. Der Rest geschieht dann fast von selbst. Die Anlage zum Lernen tragen wir also alle in uns.

Aber wie geht es weiter? In der Schule lernen wir Lesen, Schreiben und andere mehr oder weniger nützliche Dinge. Dabei machen wir Erfahrungen mit äußeren Anforderungen und Bewertungen. Spätestens jetzt ist es nicht mehr nur eigene Neugier, die uns zum Lernen antreibt, sondern auch die Erwartung von anderen. Nun muss es gelingen, sowohl die persönliche Motivation aufrecht zu halten als auch äußeren Anforderungen gerecht zu werden, und dabei sowohl mit

Erfolgen als auch mit Enttäuschungen umzugehen. Und wir dürfen uns nicht auf dem einmal Gelernten ausruhen. Die Welt um uns herum verändert sich ständig. Das alte Wissen muss an die neuen Erkenntnisse angepasst werden. Nach Meinung von Experten verdoppelt sich zurzeit in vielen Branchen das erforderliche Wissen alle drei Jahre – und diese Entwicklung wird sich in der nächsten Zeit noch beschleunigen. Der Prozess des Lernens hört daher niemals auf.

Doch nun zurück zur eingangs gestellten Frage: Kann man das Lernen lernen? Die Antwort lautet: Nein, denn Sie tragen die Anlage zum Lernen bereits in sich. Wenn Sie mit Ihren Lernergebnissen unzufrieden sind, hat das andere, vielfältigere Ursachen: Vielleicht wissen Sie nicht, warum Sie bestimmte Dinge lernen sollen, wie ein erfolgreicher Anfang aussehen kann, oder vielleicht fehlen Ihnen effektive Techniken. Sie brauchen also das Lernen nicht neu zu lernen, Sie sollten allerdings Ihre Einstellungen und Methoden überprüfen.

In diesem Buch lernen Sie Strategien und Techniken kennen, mit denen Sie sich das, was Sie wissen möchten, effizient und dauerhaft aneignen können. Besonders wichtig ist mir dabei die enge Verknüpfung zwischen Theorie und Praxis, das heißt die Verknüpfung zwischen dem Wissen über das Lernen und ganz konkreten Tipps. Sie werden erfahren, dass ein gutes Lernmanagement – also der Einsatz von erfolgreichen Methoden – Entscheidungen erfordert, die aufgrund von Kenntnissen der Funktionsweise des Gehirns (dem Ort, an dem das Lernen stattfindet) und persönlichen Erfahrungen getroffen werden. Im *1. Kapitel* gehe ich auf die Besonderheiten des Lernens im Erwachsenenalter ein. Im schulischen Kontext haben sich in den letzten Jahren Modelle durchgesetzt, die nicht nur auf die Vermittlung von Wissen, sondern auch auf die Steigerung allgemeiner Kompetenzen abzielen. An den Universitäten und anderen Orten beruflicher Aus- und Weiterbildung lassen sich ähnliche Tendenzen beobachten. Auch hier wird die Vermittlung von Fachwissen immer weniger isoliert gesehen, sondern in Verbindung mit beruflichen Anforderungen und persönlichem Kompetenzgewinn gesetzt. Um eine Ausbildung in diesem Rahmen erfolgreich abschließen zu können, brauchen Sie eine Strategie, auf die Sie sich bei der Planung und Durchführung von Lernprojekten verlassen können. Im *2. Kapitel* stelle ich Ihnen daher zunächst die neuesten Ergebnisse aus der neurobiologischen Forschung vor. Hirnforscher können heute nämlich sehr genau beschreiben, in welchen Regionen des Gehirns das Lernen stattfindet und was diesen Vorgang unterstützt oder hemmt. Zur Entwicklung einer optimalen Lernstrategie werde ich diese Erkenntnisse mit Überlegungen über Grundvoraussetzungen für erfolgreiches Handeln verbinden. Ab dem *3. Kapitel* wenden wir uns dann der praktischen Seite zu. In einzelnen *Modulen* werden spezifische Teilbereiche des Lernens dargestellt und bearbeitet – von der Planung eines Lernprojekts bis hin zur Bewertung des Endergebnisses. Dabei gebe ich Ihnen zu Beginn jedes Moduls eine kurze Einführung ins Thema. Diese theoretische Annäherung wird ergänzt durch Übungen, mit denen Sie Ihr Arbeitsverhalten und Ihre Einstellung reflektieren können. In den anschließenden *Arbeitsinseln* gehen wir dann ganz konkret auf die Praxis ein. Sie werden eine Vielzahl an Methoden kennen lernen, die sich im Alltag bewährt haben. Zu einem großen Teil sind dies Techniken, die sich an der Arbeitsweise des Gehirns orientieren und das eigenverantwortliche Arbeiten unterstützen. Im abschließenden *4. Kapitel* fasse ich die Grundsätze eines effektiven Lernmanagements noch einmal in knapper Form zusammen.

In den Arbeitsinseln des 3. Kapitels werden Sie in Fallbeispielen Anne, Clara und Paul kennen lernen – drei Studierende aus unterschiedlichen Fachrichtungen. Bei der Entwicklung dieser Beispiele, der Schilderung von möglichen Problemen und der Darstellung von Lösungen stütze ich mich auf meine langjährige Erfahrung in der Beratung von Studierenden. Dabei bin ich immer mehr zu der Erkenntnis gelangt, dass es nicht die „ideale" Methode gibt. Eine Technik allein reicht nicht aus, um das Lernen dauerhaft zu verbessern. So werden Sie erfahren, dass unsere Protagonisten mit ähnlichen Anforderungen ganz unterschiedlich umgehen. Die Auswahl der richtigen Methode ist abhängig von der individuellen Lernsituation und dem persönlichen Lernstil. Ich möchte auch Sie dabei unterstützen, selbst herauszufinden, was zu Ihnen passt. Lassen Sie sich auf das Abenteuer ein, mehr über sich und Ihr Lernen zu erfahren. Seien Sie offen für neue Erfahrungen und Erkenntnisse, machen Sie möglichst viele der vorgeschlagenen Übungen, probieren Sie mehrere Methoden aus und wählen Sie am Ende das aus, was Ihnen am sinnvollsten erscheint. Ich hoffe, es gelingt Ihnen dadurch, Ihr Arbeiten nicht nur effektiver zu gestalten, sondern auch wieder mehr Lust am Lernen zu spüren.

Wir beginnen mit einer Übung zur Einstimmung auf das, was Sie gleich lesen werden.

Übung: Ziel formulieren

Die Frage nach dem Sinn und Zweck der Mühe ist in jeder Arbeitsstufe eine Vorbedingung für effektives Lernen. Auch für das Lesen dieses Buches sollten Sie die Zielsetzung klären.

1. Schritt: Nehmen Sie sich einen Stift und ein leeres Blatt Papier.
2. Schritt: Überlegen Sie, warum Sie dieses Buch lesen möchten. Welche Erwartungen haben Sie, was interessiert Sie am meisten? Nehmen Sie sich für die Beantwortung dieser Fragen zirka fünf Minuten Zeit.
3. Schritt: Schreiben Sie Ihre Gedanken auf.

Bewahren Sie Ihren Zettel gut auf. Wir werden später noch einmal darauf zurückkommen.

1. Grundformen des Lernens

Lernen war seit Beginn der Menschheitsgeschichte überlebenswichtig: Nur die Weitergabe von Wissen gewährleistete den Weiterbestand der Art. Auch heute ist das Lernen der ständige Begleiter des Lebens. Alles was wir sehen, hören, spüren oder erfahren, kann zu neuen Erkenntnissen führen. Aber warum nehmen wir manche Informationen auf, während wir andere gleich wieder vergessen? Was passiert eigentlich beim Lernen?

Was ist Lernen?

Folgt man den Definitionen in geläufigen Lexika, findet man recht weitgehende Beschreibungen des Lernbegriffs: So handelt es sich dabei laut dem Brockhaus um „Erwerb von Kenntnissen oder die Änderung von Denken, Einstellungen und Verhaltensweisen". Als wesentlich wird hier die zeitliche Kontinuität herausgestellt, womit vorübergehende Veränderungen – infolge von Stimmungsschwankungen oder Einnahme von Drogen – ausgegrenzt werden. Solche Definitionen bieten allerdings wenig Aufschluss darüber, was beim Lernen eigentlich passiert.

Um dem Wesen des Lernens näher zu kommen, lassen Sie uns einen kleinen Ausflug in die Sprachgeschichte unternehmen. Im deutschen Wort „Lernen" haben sich zwei Begriffe vereinigt: das gotische „lais", was ursprünglich die Bedeutung von „ich habe nachgespürt" hatte, später aber auch mit „ich weiß" gleichgesetzt wurde, und das althochdeutsche Substantiv „laisti", das mit „Fußspur" übersetzt wird. Diese Herkunft deutet darauf hin, dass Lernen schon seit alters her als ein Prozess gesehen wurde, bei dem man einen Weg zurücklegt, um Wissen zu erlangen. Die Verbindung zu anderen Wörtern wie Leistung (auch hier finden wir das althochdeutsche „laisti") und Lehren ist nicht verwunderlich, aber noch ein anderes Wort hat enge verwandtschaftliche Beziehungen mit unserem „Lernen", nämlich die List. In früheren Zeiten galt der als listig, der über spezielle Fähigkeiten verfügte, die sich sowohl auf handwerkliches Geschick als auch auf herausragende Jagd- und Kampftechnik bezogen. Der negative Beigeschmack der Täuschung wurde diesem Begriff erst viel später hinzugefügt.

Werfen wir noch einen Blick in einen anderen Kulturkreis, wo Symbole und Bilder zur Verdeutlichung komplexer Vorgänge dienen: Im Chinesischen stehen zwei Zeichen für den Begriff „Lernen":

Das erste Zeichen bedeutet „studieren" und wird durch ein Symbol für „Wissen anhäufen" dargestellt. Das zweite Zeichen bedeutet „ständiges Üben" und zeigt einen Vogel, der das Fliegen lernt und bald sein Nest verlassen wird. Auch hier ist Lernen eine Erweiterung des Wissens oder Könnens, das mit

Mühe verbunden ist – aber auch mit Leichtigkeit, was durch das Bild des Fliegens zum Ausdruck gebracht wird. Erinnern Sie sich an das positive Gefühl, als Sie nach viel Mühe endlich etwas Schwieriges gelernt oder verstanden haben? Solche so genannten „flow"-Erfahrungen zeigen, dass Lernen nicht nur mit Leistung und Arbeit, sondern auch mit Glücksgefühlen verbunden werden kann. Im asiatischen Verständnis gilt das Lernen als fortlaufender Prozess, in dem nicht nur Wissen angehäuft wird, sondern sich der Lernende auch selbst weiter entwickelt. Lernen wird daher auch als „Kunst der Selbstverbesserung" definiert.

Lassen Sie uns zusammenfassen: Lernen ist ein Prozess der dauerhaften Aneignung von Wissen oder Können. Es hat einen handlungsbezogen Aspekt, „auf der Spur bleiben, gehen", aber auch einen kontemplativen Teil, das „Nachspüren oder Sich-Auskennen", was Einfühlungsvermögen, Klugheit, Lust und vielleicht auch List erfordert.

Abbildung 1: Lernen

Wie lernen wir?

Erste wissenschaftliche Konzepte über den Ablauf eines Lernprozesses bauen auf einfachen Reflexen auf, also auf instinktive Anpassungen an äußere Impulse. Bei einem plötzlich auftretenden Lichteinfall schließen Sie automatisch die Augen und bei einem schrillen Ton halten Sie sich die Ohren zu, ohne dieses Verhalten gelernt zu haben. Alle Reflexe folgen einem einfachen Ablaufschema: Ein äußerer Impuls (Reiz) führt zu einer unmittelbaren Reaktion.

Abbildung 2: Reiz-Reaktion

Um 1900 führte der russische Physiologe Pawlow Experimente über die reflexartige Produktion von Magen- und Speichelsäure bei Hunden durch. Eines Tages stellte er dabei fest, dass seine Versuchstiere bereits Speichel absonderten, wenn der Labordiener mit dem Futter erschien. Schon das Auftauchen dieses Mannes führte offenbar zu der Reaktion, die Pawlow erst beim Anblick des Futters erwartet hatte. Er erforschte dieses Phänomen und ließ jedes Mal vor der Fütterung einen Gong ertönen. Nach wenigen Tagen hatten die Hunde gelernt, dieses Signal mit der Fütterung zu verbinden. Bei jedem Gong sonderten die Tiere nun Speichel ab, auch wenn gar kein Futternapf auf sie wartete. Auf der Basis eines instinktiv ablaufenden Reiz-Reaktions-Schemas (Anblick des Futters führt zu Speichelfluss) löste ein zusätzlicher, neuer Reiz (Anblick des Labordieners/Gong) die Reaktion alleine aus, selbst wenn der ursprüngliche Reiz fehlte. Gelernt wurde also eine neue Reiz-Reaktion-Verbindung. Diese Form des Lernens wurde später *klassisches Konditionieren* genannt. Beim klassischen Konditionieren muss sich das Individuum nicht darüber bewusst sein, dass es lernt. Seine Motivation, seine Gedanken oder Gefühle spielen hier nur eine untergeordnete Rolle. Beschrieben und erforscht wird bei solchen Versuchsabläufen nur, was außerhalb der Versuchsperson tatsächlich beobachtbar ist. Watson – ebenfalls ein Anhänger des klassischen Konditionierens – prägte den Begriff der *Black Box*. Hier spielen sich seiner Meinung nach die Verarbeitungsprozesse des Gehirns ab, die ihn aber nicht weiter interessierten. Das Verhalten an sich trägt für ihn und andere Anhänger des klassischen Konditionierens alle Schlüssel zum Verständnis menschlichen Handelns in sich.

Viele Lernvorgänge können mit diesem Modell jedoch nicht erklärt werden. Stellen Sie sich bitte folgende Situationen vor:

- Max hat in der Schule einen Aufsatz geschrieben. Bei der Rückgabe lobt die Lehrerin seine Leistung und liest eine Textpassage vor, der die Mitschüler gespannt lauschen.
- Tim hat in der Schule einen Aufsatz geschrieben. Die Lehrerin liest eine Textpassage vor, die viele Fehler enthält. Die Mitschüler lachen ihn aus.
- Eva möchte surfen lernen. Ein Freund stellt ihr seine Ausrüstung zur Verfügung. Sie steigt auf das Brett und nach einigen Versuchen gelingt es ihr, sich einige Minuten aufrecht zu halten. Sie freut sich am Ende über den kleinen Erfolg.
- Marie möchte surfen lernen. Ein Freund stellt ihr seine Ausrüstung zur Verfügung. Schon beim Besteigen des Brettes hat sie große Schwierigkeiten. Obwohl sie sich bemüht, verliert sie jedes Mal sofort das Gleichgewicht, wenn sie sich aufrichtet. Am Ende hat sie zahlreiche blaue Flecken und eine Schürfwunde am Kopf. Sie fühlt sich als Versagerin.

Wer wird Ihrer Meinung nach zukünftig mit mehr Erfolg Aufsätze schreiben? Wahrscheinlich Max! Und wer wird besser Surfen lernen? Wahrscheinlich Eva! Die geschilderten Situationen sind für diese beiden besser ausgegangen. Sie haben sich über den Erfolg gefreut und sehen der nächsten Gelegenheit, in der sie ihr Können zeigen können, mit Zuversicht entgegen.

Die Beobachtung ähnlicher Situationen brachte den amerikanischen Psychologen Skinner in der Mitte des vorherigen Jahrhunderts dazu, seine Theorie des *operanten Konditionierens* zu entwickeln. Er fand heraus, dass Ratten und Tauben, die für die Ausführung einer bestimmten Handlung belohnt wurden, diese später häufiger zeigten als Tiere, die keine Belohnung erhielten. Dieses Verhalten war mit einfachen Reiz-Reaktions-Schemata nicht mehr zu erklären. Beim *Wirkverhalten*, auch *operantes Verhalten* genannt, zeigt der Organismus eine spontane Reaktion, die positive oder negative Konsequenzen auslöst. Je nachdem ob die Konsequenz als angenehm oder unangenehm erlebt wird, steigert oder verringert sich die Bereitschaft, diese Reaktion zu wiederholen. Positive Verstärker sind dabei wirksamer als negative: Zwar verlernen bestrafte Tiere nach einiger Zeit ein nicht mehr gewünschtes Verhalten, aber sie reagieren danach unsicher und ängstlich, während sich die Lernbereitschaft belohnter Tiere steigert. Bezogen auf menschliches Lernen gerät hier die Bedeutung unterschiedlicher Reaktionen der Umwelt in den Blickpunkt des Interesses: Positive Verstärker, zum Beispiel Lob, Anerkennung oder gesteigerte Zuwendung, gelten als optimale Begleiter des Lernens. Wir bemühen uns dann am meisten, wenn wir solch angenehme Gefühle wieder erleben wollen.

Andere Lerntheorien wenden sich noch mehr den inneren Verarbeitungsvorgängen zu. Im Mittelpunkt des Interesses *kognitiver Lerntheorien* steht das Denken, die Problembewältigung des Individuums. Köhler beschrieb 1917 folgendes Experiment: Ein Schimpanse sitzt alleine und gelangweilt in seinem Käfig. Er lässt seinen Blick schweifen und entdeckt eine Banane, die von der Decke herunterhängt. Er bekommt Appetit, die Lust auf die Frucht wird immer größer, aber sie hängt zu hoch. Wieder schaut er sich im Käfig um. Aber da ist nichts, außer einer Kiste, die in der Ecke steht. Wie kann er zu seiner Banane kommen? Sie haben das Problem wahrscheinlich schon gelöst, und auch der Affe brauchte nicht lange, um auf die richtige Idee zu kommen: Er schob die Kiste direkt unter die Banane, kletterte auf sie und konnte so die begehrte Frucht erreichen. Köhler bezeichnete diese Art der Problembewältigung als Lernen durch Einsicht. Der Affe sah sich einem Problem gegenüber. Er musste die ganze Situation durchdenken, um zu einer Lösung zu gelangen. Als er die Banane dann erreichte, hatte er etwas gelernt. Noch einmal würde er nicht so lange überlegen müssen, sondern gleich auf die Kiste steigen. Die Überlegung, das Denken war hier die wesentliche Komponente für das Lernen – nicht äußere Reize. Das gelernte Verhalten brauchte auch nicht mehr wiederholt zu werden. Es war eine Art „Aha"-Erlebnis, das – einmal verstanden – sofort in Wissen und Verhalten übernommen wurde. Lernen bedeutet hier die Entwicklung von Fähigkeiten zur Problemlösung. Dies geschieht weder zufällig noch durch negative oder positive Verstärkung durch die Umwelt, sondern es basiert auf Neugier und Einsicht. Kernbegriffe der kognitiven Theorie sind Sinn und Struktur. Neues Wissen wird aufgenommen, wenn es dem Lernenden wichtig und sinnvoll erscheint. Bei der Informationsverarbeitung sammelt er nicht mehr nur Fakten und Erfahrungen an, sondern er setzt sich aktiv mit seiner Umwelt auseinander.

Vertreter *konstruktivistischer Theorien* gehen noch weiter: Nach ihrer Ansicht bilden wir ständig neue Einordnungssysteme aus, wir „konstruieren" uns gewissermaßen Bilder von der Welt, die zu unserer Lebenserfahrung und unseren Einstellungen passen. Erinnern Sie noch an Tim, Max, Eva und Marie? Wir hatten die Vorhersage gewagt, dass Max und Eva besser lernen und arbeiten werden als Tim und Marie. Es könnte aber auch ganz anders kommen. Stellen Sie sich vor, dass Tim felsenfest von seinen Qualitäten überzeugt ist. Davon lässt er sich auch durch das Gelächter der Klassenkameraden nicht abbringen. Im Gegenteil: Jetzt will er es allen zeigen! Das Erlebnis hat ihn dazu motiviert, sich auf den nächsten Aufsatz viel besser vorzubereiten. Menschen reagieren auf gleiche Situationen eben ganz unterschiedlich. Wie wir eine Situation bewerten, hängt von unseren ganz individuellen Voraussetzungen ab, unseren Vorstellungen über die Welt und über uns selbst. Definieren kognitive Theorien Lernen als Informationsverarbeitungsprozess, in dem verglichen, bewertet, geordnet und später assimiliert wird, ist Lernen für Konstruktivisten vor allem ein kreativer Akt. Ihrer Meinung nach verändert sich unser Wissen ständig, indem wir es an die konkreten Bedingungen der Lernsituation anpassen. Dabei werden die eingehenden Informationen aus möglichst vielen Richtungen und auf möglichst unterschiedlichen Ebenen betrachtet. Die Ausbildung dieser „Pluralitätskompetenz" ist die Voraussetzung für eine effektive Bearbeitung von Informationen, die netzwerkartig angelegt ist. Während kognitive Theorien sich eher auf interne Verarbeitungsprozesse konzentrieren, stellen konstruktivistische Ansätze vor allem den Austausch zwischen inneren Bewertungen und äußeren Bedingungen in den Vordergrund. Das Ziel des Lernens ist hier mit erfolgreichem Handeln verknüpft. Wird abstraktes Wissen nicht auf konkrete Situationen bezogen, kann es „träge" werden. Träges Wissen besteht aus Kenntnissen, die zwar gelernt wurden, aber nicht in den Situationen angewendet werden können, in denen sie von Nutzen wären.

Zusammengefasst hier noch einmal die vorgestellten Lerntheorien im Vergleich:

Lerntheorie:	Klassisches Konditionieren	Operantes Konditionieren	Kognitive Lerntheorien	Konstruktivismus
Gehirn ist ein	Behälter	Schaltzentrale	Informationsverarbeitendes Gerät	System
Aufgabe des Gehirns	Speichern	Speichern	Erkennen, Strukturieren, Zuordnen	Konstrukte bilden oder modifizieren

Lernende	ist passiv	ist aktiv	ist aktiv und denkt	ist aktiv und kreativ
Gelernt wird	bestimmte input-output-Relation	gewünschtes Verhalten	adäquater interner Verarbeitungsprozess	produktiver Umgang mit schwierigen Situationen
Gelernt wird durch	wiederholte Gleichzeitigkeit der Reizdarbietung	positive oder negative Verstärkung	Strukturieren, Denken, Problemlösung	Bildung und Modifikation von Konstrukten

Abbildung 3: Lerntheorien

Keine dieser Theorien kann für sich allein genommen das Lernen in all seinen Facetten beschreiben oder erklären, sie bieten jedoch Anregungen für bestimmte Lernbereiche. So finden sich beispielsweise in vielen Tipps zum Auswendiglernen Elemente aus dem klassischen Konditionieren. Die Verbindung einer Information mit Assoziationen – beispielsweise die gleichzeitige Darbietung von Vokabeln und Musik – schafft neue Reiz-Reaktions-Muster, die sich tief einprägen können. Auf Erkenntnisse des operanten Konditionierens gehen zahlreiche so genannte Practice-and-Drill-Lernprogramme zurück. Üblich sind hier Frage-Antwort-Systeme, die mit Karteikarten oder auch als Computerprogramm zu bearbeiten sind. Zur „Belohnung" brauchen hier richtig beantwortete Fragen nicht mehr wiederholt werden. Solche Programme sind besonders beliebt beim Lernen von Vokabeln. Daneben bieten kognitive Theorien Lernmethoden an, die die Strukturierung von Informationen erleichtern, zum Beispiel durch das Einordnen von

Daten in hierarchische Systeme von unter- und übergeordneten Beziehungen.

In ihrer Darstellung des Lernens als Aufbau von vernetzten Strukturen kommt die konstruktivistische Theorie der Arbeitsweise des Gehirns am nächsten (vgl. Kapitel 2). Bei der Betonung des Zusammenspiels zwischen Wissen und Handeln gibt es hier auch Berührungspunkte zu Ansätzen, die Lernen als Erwerb von Kompetenzen definieren.

Fürs Leben lernen – Kompetenzen steigern

Ausbildungsziele in der Schule gehen schon lange weit über die bloße Aneignung von Wissen hinaus. So werden im Mathematikunterricht heute nicht mehr nur Grundrechenarten vermittelt, sondern auch logisches Denken und Problemlösungsverhalten trainiert. Schüler lernen im Englischunterricht nicht nur Vokabeln, sondern erwerben darüber hinaus durch die Beschäftigung mit einer anderen Kultur interkulturelle Kompetenzen.

Klippert unterscheidet zwischen Fachkompetenzen, Methodenkompetenzen, sozialen und persönlichen Kompetenzen, die in der Schule gefördert werden sollen. Die Fachkompetenz bezieht sich auf das spezifische Wissen, das vorhanden sein muss, um Klassenziele zu erreichen oder Prüfungen zu bestehen. Damit dies gelingt, muss der Lernende auf eine Vielzahl effektiver Methoden zurückgreifen können (Methodenkompetenz). Bei der Bearbeitung und der Präsentation des Wissens kommt es dann aber auch auf Kompetenzen im zwischenmenschlichen Bereich an: die Fähigkeit zur Teamarbeit oder auch sprachliches Geschick im Austausch mit Mitschülern und Lehrern (soziale Kompetenzen). Die erfolgreiche Bewältigung eines Lernprojekts stärkt am Ende die Selbstsicherheit des Schülers (persönliche Kompetenzen). In der Praxis sind diese unterschiedlichen Kompetenzbereiche nicht getrennt zu sehen, sondern wirken ineinander. Ein gesundes Selbstwertgefühl, also eine hohe persönliche Kompetenz, sollte sich auf ein entsprechendes Fachwissen stürzen, das durch effektive Lernmethoden erworben wurde. Diese Sicherheit auf fachlicher und persönlicher Ebene erleichtert dann auch die Präsentation des eigenen Wissens im Kontakt mit anderen.

In vielen Schulen werden inzwischen Methodenseminare nach Klippert angeboten. Dort lernen Schüler, sich auf unterschiedlichen Ebenen mit einem Thema auseinander zu setzen und dabei sinnvolle Techniken anzuwenden. Klippert hat für diese Art des Lernens den Begriff der *Lernspirale* geprägt. Dieser verdeutlicht die Richtung des Lernprozesses: Es geht nicht um die schnelle gerade Lösung nach einem Ja-oder-Nein-Schema, sondern um inhaltliche Annäherungen aus mehreren Perspektiven. Dabei zeigt der Lehrer Wege auf, weist beispielsweise darauf hin, wo Informationen zu finden sind und demonstriert Methoden. Die Aufgabe der Schüler ist es, in der Kleingruppe einen Teilbereich des Themas eigenständig zu bearbeiten. Die Ergebnisse aus diesen „Arbeitsinseln" werden am Ende als Kurzreferat und/oder durch ein Lernplakat in der Großgruppe präsentiert.

Gemäß des von Montessori geprägten Leitsatzes: „Hilf mir, es selber zu tun!", entsteht eine Lernatmosphäre, in der neues Wissen selbstständig und selbstverantwortlich bearbeitet werden kann. Mit Unterstützung des Lehrers kann sich der Schüler ausprobieren, eigene Wege finden und Lernergebnisse als persönliche Erfolge verbuchen. Der Kompetenzgewinn geht also weit über die Vermittlung von Techniken hinaus. Die im Training gesammelten Erfahrungen können die Schüler dann in den Fachunterricht integrieren. Die Methoden werden damit an die konkreten Bedingungen in der Praxis angepasst. Dies entspricht einer konstruktivistischen Lernauffassung, nach der der Lernende aktiv neue Informationen in bestehende Strukturen integriert, neue Wissensnetze entwirft und Strategien entwickelt, die sein Handeln zum Erfolg führen.

Kompetenztraining an der Hochschule

Der Ausbau von Kompetenzen im außerschulischen Bereich beinhaltet die Orientierung auf die spätere Berufstätigkeit: Ein Kfz-Mechaniker muss wissen, wie ein Motor funktioniert, und dieses Wissen praktisch anwenden können. Er sollte während der Ausbildung jedoch auch auf den Arbeitsmarkt vorbereitet werden. Im Idealfall werden so Theorie und Praxis eng miteinander verknüpft. Im Hochschulbereich geht es ebenfalls nicht allein um die Vermittlung von Fachwissen, sondern um die Entwicklung eines großen Spektrums an Wissen und Können, das für die Ausübung eines Berufes benötigt wird. Ausgangslage solch eines Lernprozesses ist der Wunsch, etwas zu werden, was man noch nicht ist:

Ich will Lehrer werden! ⟶ Ausbildung ⟶ Ich bin Lehrer.

Abbildung 4: Lernen für den Beruf

Um Lehrer zu sein, reichen fachspezifische Kenntnisse allein nicht aus. Die spätere Berufstätigkeit verlangt eine ganze Reihe zusätzlicher Kompetenzen, wie die Strukturierung von Unterrichtseinheiten oder die Bewältigung problematischer Situationen im Klassenzimmer. Eine fundierte Ausbildung muss all diese Aspekte berücksichtigen, um optimal auf die Praxis vorzubereiten. Im Falle des Lehramtsstudiums könnte dies zum Beispiel über die Reflexion des eigenen Lernens geschehen: Während des Studiums muss der Studierende den Lernstoff effektiv bearbeiten, sein kommunikatives Geschick in Gesprächen und Prüfungen beweisen und auf der persönlichen Seite über ausreichend Ausdauer und Selbstsicherheit verfügen. In der Rolle des Lernenden erwirbt er dabei Kompetenzen, auf die er sich als Lehrer stützen kann.

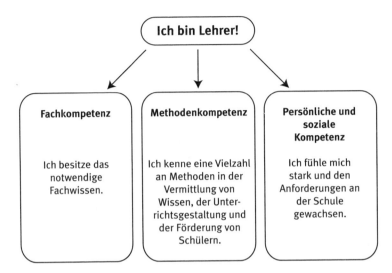

Abbildung 5: Kompetenzschema – Beispiel Lehrer

Auch ein Blick auf Bewertungsprofile in der Wirtschaft hebt die Bedeutung außerfachlicher Kompetenzen für Führungspositionen heraus. Fachliches Wissen und Können wird hier meist als selbstverständlich vorausgesetzt. Gefragt sind daneben Fähigkeiten in der Problembewältigung, dem selbstständigen Arbeiten, der persönlichen Souveränität und dem Umgang mit Kollegen – eben jenen methodischen, persönlichen und sozialen Kompetenzen, auf die schon Klippert verwiesen hat. Ein Studium bietet viele Chancen, sich in all diesen Bereichen zu profilieren und vielfältige Kompetenzen zu entwickeln: Lernprojekte müssen eigenverantwortlich organisiert und durchgeführt werden, individuelle Stärken ausgebaut und Misserfolge verarbeitet werden. Studierende lernen dabei, in vielen Bereichen kompetenter und selbstbewusster zu werden.

Übung: Erstellen Sie Ihr Kompetenzprofil

Auch für Ihre Ausbildung ist sicherlich ein breites Spektrum von Kompetenzen gefragt. Was wissen und können Sie schon? Was wollen Sie noch lernen?

1. Schritt: Unterteilen Sie ein leeres Din-A4-Blatt in drei Spalten: Fachkompetenz – Methodenkompetenz – soziale und persönliche Kompetenz
2. Schritt: Überlegen Sie, über welche Kompetenzen, die für Ihr Studium oder den von Ihnen angestrebten Beruf wichtig sind, Sie schon verfügen und tragen Sie diese in die entsprechenden Spalten ein.
3. Schritt: Überlegen Sie danach, welche Kompetenzen, die für Ihr Studium oder den von Ihnen angestrebten Beruf wichtig sind, Sie noch weiter ausbauen oder sich neu aneignen wollen.
4. Schritt: Überlegen Sie, durch welche konkreten Handlungen Sie diese Kompetenzen trainieren können.
5. Schritt: Nehmen Sie sich für die nächste Woche mindestens eine dieser möglichen Handlungen vor.

2. Leichter und effizienter Lernen – aber wie?

Effektive Lernstrategien und Arbeitsmethoden sind die Voraussetzung dafür, die Anforderungen des Studiums zu erfüllen und damit die eigenen Kompetenzen zu steigern. Bevor wir auf einzelne Techniken eingehen, lassen Sie uns einen kleinen Abstecher in Ihr Gehirn unternehmen, um herauszufinden, was dort beim Lernen eigentlich geschieht. Zurzeit herrscht hier wahrscheinlich Hochbetrieb: Sie haben das Buch aufgeschlagen und schauen auf die Seite. Über die Sehnerven gelangen die Informationen, in diesem Fall die Wörter, ins Verarbeitungszentrum des Gehirns. Dort werden sie mit dem bereits vorhandenen Wissen verglichen und bewertet. Aus einer Anreihung von Wörtern entsteht so eine Bedeutung – und letztendlich Wissen. Auf diesem Weg werden Sie zahlreiche Einschätzungen vornehmen: Wie gefällt Ihnen das, was Sie gerade lesen, ist es interessant oder eher langweilig? Haben Sie das alles schon lange gewusst, oder handelt es sich um neue Informationen? Hier reagiert Ihr Gehirn nicht mehr auf äußere Reize, sondern kommuniziert sozusagen mit sich selbst. Abgrenzungen und Bewertungen werden vorgenommen, Konstrukte gebildet, die Ihnen am Ende bei der Entscheidung helfen, was Sie in Ihre Wissensnetze aufnehmen und was Sie wieder vergessen werden.

Durch die Ergebnisse der Hirnforschung ist es heute möglich, den Prozess der Aufnahme, Verarbeitung und Abspeicherung von Informationen recht detailliert darzustellen.

Ein Blick ins Gehirn

Unser Gehirn ist hauptsächlich aus zwei Zelltypen aufgebaut: den Nervenzellen (*Neuronen*) und den *Gliazellen*, wobei letztere in erster Linie Versorgungs- und Unterstützungsfunktionen für die Nervenzellen erfüllen. Neuronen bestehen aus einem Zellkörper, von dem eine Reihe von Verästelungen abgehen, die *Dendriten*. Außerdem hat jeder Zellkörper einen langen Fortsatz, das *Axon*. Mehrere Axone bündeln sich zu Nerven, die sich über den ganzen Körper verteilen, sodass ein weit verzweigtes System zentraler und peripherer Nervenverbände entsteht.

Informationen aus der Umwelt werden zunächst durch Sinneszellen aufgenommen und dann ins Nervensystem weitergeleitet. Hat ein Neuron über den Zellkörper oder die Dendriten den Impuls einer anderen Zelle aufgenommen, bildet es ein Aktionspotenzial, das sich als elektrische Erregung auf das gesamte Axon ausweitet. Dieses besitzt an seinen Enden Verdickungen, die mit anderen Zellkörpern und Dendriten in Verbindung treten können. Das geschieht aber nicht auf unmittelbarem Wege. Vielmehr wird die elektrische Ladung in chemische Reaktionen umgewandelt. An der Verbindungsstelle, der *Synapse*, werden chemische Botenstoffe, die *Neurotransmitter*, ausgeschüttet, die auf die benachbarten Nervenzellen einwirken und so den Impuls weitergeben. Der Austausch unter den Neuronen geschieht allerdings nicht nur über die Synapsen. Seit einiger Zeit weiß man auch von kleinen Kanälen zwischen den Nervenzellen, den *gap junctions*. Über diese Verbindungswege können die Informationen noch schneller und direkter weitergeleitet werden. Neuronen arbeiten nicht isoliert, sondern operieren in Zellverbänden. Die Art der Aktivierung oder Hemmung mehrerer Nervenzellen erzeugt während der Bearbeitung ein neuronales Muster. Werden diese Muster schließlich dauerhaft im Gedächtnis abgespeichert, bezeichnet man sie als *Engramme*.

Unser Gehirn besteht aus zirka 20 Milliarden Neuronen, die fast alle schon bei der Geburt vorhanden sind. Das Gehirn eines Kindes ist allerdings wesentlich kleiner als das eines Erwachsenen – was ist geschehen? Die Zunahme an Volumen und Gewicht geschieht durch den Ausbau der Nervenverbindungen. Diese sind bei der Geburt noch schwach ausgeprägt, was sich jedoch schon in den ersten Lebensjahren rasch ändert. Kinder lernen jeden Tag und bauen dabei ihre neuronalen Netze aus. Bis zur Pubertät hat jede einzelne Nervenzelle Verbindungen zu anderen Zellen aufgebaut. In manchen Fällen steht eine Zelle mit bis zu 10.000 anderen im Kontakt. Durch fortlaufendes Training werden die Axone immer dicker und leistungsfähiger, bis sie schließlich Informationen 30- bis 40mal schneller weiterleiten können als zum Zeitpunkt der Geburt. Auch das Netz der Dendriten vermehrt sich und bildet neue Verzweigungen. Es kommt jedoch nicht nur zum Ausbau neuronaler Bahnen. Seit einigen Jahren ist bekannt, dass sich Nervenzellen auch bei Bedarf neu bilden. Das Gehirn bleibt also zeitlebens ausbaufähig und kann sich den Anforderungen der Umwelt anpassen – eine Eigenschaft, die als *Neuroplastizität* bezeichnet wird.

Für die Informationsaufnahme, die Verbindung zwischen Sinneszellen und Neuronen, stehen 2,5 Millionen Nervenfasern bereit; davon sind allein eine Million für jedes Auge zuständig, was die Dominanz der visuellen Wahrnehmung unterstreicht. Spitzer vergleicht die Leistungsfähigkeit des Gehirns mit der eines Computers: Über die Neuronen können wir neue Informationen mit einer Kapazität von 100 Megabyte pro Sekunde aufnehmen. Der Output, die Weiterleitung vom Gehirn zu anderen Zellen, um zum Beispiel eine geplante Bewegung auszuführen, ist mit rund 50 Megabyte pro Sekunde nicht minder beeindruckend. Unser Gehirn arbeitet also informationstechnisch wie ein Mega-Prozessor. Das sind Höchstleistungen, aber es kommt noch besser. Denn nur eine von zehn Millionen Nervenverbindungen hat Kontakt mit der Außenwelt, die restlichen ermöglichen Kommunikationsprozesse der Neuronen untereinander. Dabei kristallisieren sich recht bald individuelle Vorlieben bei der Informationsbearbeitung heraus: Manche Wege werden häufiger genutzt als andere. Während Verbindungen, die nur selten oder nie genutzt werden, allmählich verkümmern, werden andere, oft genutzte Wege weiter ausgebaut und bilden deutliche Spuren im neuronalen Netz. Durch häufiges Nachziehen dieser Spuren, zum Beispiel durch Übung und Wiederholung, verfestigen sich diese Wege. Auf diese Weise wird nicht nur Wissen fest verankert, sondern es kommt auch zum Entstehen von Gewohnheiten.

Hauptaufgabe des Gehirns ist also die interne Informationsverarbeitung. Dabei hat es einen enormen Energiebedarf: Mit einem Anteil von nur zwei Prozent am Körpergewicht verbraucht es zirka 20 Prozent der körpereigenen Energie. Das bedeutet viel Arbeit für eine kleine Nervenzelle! Aber sie bekommt auch Hilfe: Jedes Neuron besitzt zirka zehn der schon oben erwähnten Gliazellen, die es versorgen und unterstützen.

Die interne Informationsverarbeitung spielt sich vor allem in zwei Gehirnregionen ab: der *Großhirnrinde* (Isocortex) und dem *limbischen System*. Der Isocortex wird in vier Lappen unterteilt: einen *Hinterhauptlappen* (lobus occipitalis), einen *Schläfenlappen* (lobus temporalis), einen *Scheitellappen* (lobus parientalis) und einen *Stirnlappen* (lobus frontalis). In den sechs Schichten dieser Cortexbereiche werden all unser Wissen und unsere Erfahrung abgespeichert. Die Entscheidung darüber, welche Informationen behalten und welche verworfen werden, entsteht im Zusammenspiel zwischen abgespeichertem Wissen in der Großhirnrinde, Plänen und Bewertungen aus den präfrontalen Regionen und unserem limbischen System. Hier ist nicht nur der Sitz unserer Emotionen, sondern von hier aus steuert auch der *Hippocampus* den weiteren Bearbeitungs- und Abspeicherungsprozess. Jede Information wird eingehenden Prüfungen unterzogen: Ist es wirklich das, was gesucht wird? Passt es zu den eigenen Zielvorstellungen und Werten? Und wenn ja – wo kann es am besten untergebracht werden? Beeinflusst werden diese Entscheidungen in sehr hohem Ausmaß von gefühlsmäßigen Bewertungen. Gelingt es, die Informationen mit positiven Emotionen zu verbinden, geht das Bearbeiten schneller und leichter. Aber nicht nur das: Emotional besetzte Inhalte werden auch viel besser erinnert als „neutrale" Daten. Die Gefühle bergen jedoch auch Gefahren, können zu Fehleinschätzungen führen oder auch – im Falle negativer Emotionen wie Angst oder Stress – Lernprozesse blockieren. Nichtsdestotrotz ist gerade dieser Austauschprozess das Einzigartige an der Informationsverarbeitung des menschlichen Gehirns.

Rechte und linke Gehirnhälfte

Von oben betrachtet besteht das Gehirn aus zwei gleichen Teilen. Beide Hälften sind über ein Bündel von 200 bis 300 Millionen Nervenfasern miteinander verbunden, dem so genannten *Balken* (Corpus callosum). Bei der Informationsaufnahme und Bearbeitung steht jede Hälfte für unterschiedliche Herangehensweisen. Die rechte Gehirnhälfte, auch *rechte Hemisphäre* genannt, ist die Heimat der Bilder, Formen und Muster. Sie arbeitet oft sprunghaft und intuitiv, hat das Gesamte im Auge und verliert sich nicht im Detail. Statt der Unterschiede beachtet sie die Gemeinsamkeiten und Verbindungen. Sie steht auch für Kunst, Musik, Kreativität und Phantasie. Die *linke Hemisphäre* ist der Sitz der Sprache und des logischen Denkens.

Sie sucht nach Ursache-Wirkung-Prinzipien und arbeitet linear, am liebsten Schritt für Schritt. Diese Hälfte steht unter anderem für Naturwissenschaften.

Linke Gehirnhälfte	Rechte Gehirnhälfte
Sprache	Bilder
Detail	Überblick
Logik	Intuition
linear	global
zeitlich	räumlich
schrittweise	gleichzeitig

Abbildung 6: Linke und rechte Gehirnhälfte

Neben diesen schon seit langem geläufigen Zuordnungen wurde in den letzten Jahren ein enger Zusammenhang zwischen der rechten Gehirnhälfte und dem Erkennen von Emotionen festgestellt. Sie gilt außerdem als Sitz unserer Träume. Bei Menschen mit durchtrenntem Balken konnte durch EEG-Messungen in der rechten Hemisphäre aufgrund von REM-Phasen ein Traumgeschehen nachgewiesen werden, an das sich die Versuchspersonen später nicht mehr erinnerten. Da nach Durchtrennung des Balkens keinerlei Austauschprozesse zwischen den Gehirnhälften mehr möglich waren, konnte die Information über den Traum nicht an die linke Seite weitergeleitet und damit nicht bewusst verarbeitet werden. Die Versuchspersonen träumten zwar, wussten es aber nicht. Ergebnisse wie diese haben dazu geführt, die linke Hemisphäre als Sitz des Bewusstseins anzusehen, während die rechte Seite eher mit unbewussten Aufnahme- und Verarbeitungsprozessen in Zusammenhang gebracht wird.

Wie kommt es zur Dominanz einer Gehirnhälfte? Bei Kindern ist bis zum Alter von vier Jahren noch keine Bevorzugung der einen oder anderen Seite festzustellen. Wenn Teile einer Hälfte durch Unfall oder Operation ausfallen, oder eine ganze

Gehirnhälfte fehlt, übernimmt die andere Seite deren Funktion. Ab dem vierten Lebensjahr ist der Balken ausreichend ausgebildet, um weitgehende Austauschprozesse zu ermöglichen. Erst ab diesem Zeitpunkt zeigen sich Bevorzugungen einer Seite, die sich bis zum Alter von neun Jahren abschließend manifestieren. Ergebnisse der Zwillingsforschung legen nahe, dass die Dominanzprägung genetisch festgelegt ist. Durch entsprechendes Training kann ein Funktionsbereich zwar ausgebaut werden, eine Neigung zu Natur- oder Geisteswissenschaften, zu Musik oder Mathematik scheint nach dem Stand der heutigen Forschung jedoch angeboren zu sein. Nur in Einzelfällen ist eine solche Neigung so extrem ausgeprägt wie bei den *Inselbegabten* oder *Savants*, die es bei der Spezialisierung auf eine Seite zu ungewöhnlichen Fähigkeiten bringen. Berichte über Personen mit einer starken linksseitigen Dominanz, die zweistellige Potenzen innerhalb von Sekunden im Kopf ausrechnen können oder andere, rechtsseitig geprägte Mitmenschen, die nach einem kurzen Blick auf die Silhouette einer Großstadt diese detailliert zeichnen können, tauchen in regelmäßigen Abständen in Presse und Fernsehen auf. Für uns „Normalbegabte" ist jedoch die Nutzung beider Hemisphären anzustreben, um die Möglichkeiten des Gehirns voll auszuschöpfen. Dies scheint auch in der Regel zu gelingen, denn mit zunehmendem Alter werden bei Erwachsenen die Unterschiede zwischen der linken und rechten Hälfte immer geringer. Offenbar ist dies die Konsequenz des fruchtbaren Zusammenspiels beider Hemisphären. Zu welchen Erfolgen diese Teamarbeit führen kann, zeigt nicht zuletzt der Blick auf Persönlichkeiten wie Leonardo da Vinci oder Albert Einstein, denen hohe Begabungen in beiden Bereichen attestiert wurden.

Zusammenfassend stellt sich das Lernen aus neurobiologischer Sicht als Austauschprozess weit verzweigter Gehirnareale dar. Eine Information wird niemals isoliert auf nur *einem* Weg über eine Nervenzelle bearbeitet, sondern aktiviert neuronale Netzwerke. Wo dies geschieht und welche Gehirnregionen unter welchen Bedingungen zusammenarbeiten, ist inzwischen sehr genau zu beobachten. Hirnforscher weisen allerdings darauf hin, dass die Art des Austausches – die Frage nach dem „Wie" des Lernens – immer noch viele Rätsel aufgibt, die auch in den nächsten Jahren nicht zu lösen sein werden.

> **Übung: Welche Gehirnhälfte dominiert bei Ihnen?**
>
> Wir bewerten und entscheiden mit beiden Gehirnhälften. Jede Hemisphäre ist jedoch für ganz spezifische Bearbeitungsvorgänge zuständig, was durch die folgende Übung deutlich wird: Planen Sie Ihren nächsten Urlaub!
>
> 1. Schritt: Nehmen Sie sich ein Blatt Papier und unterteilen Sie es mit einem langen Strich in eine rechte und linke Hälfte.
> 2. Schritt: Schreiben Sie nun Aspekte auf, die Sie bei der Planung berücksichtigen wollen und müssen. Was könnte das Ziel der Reise sein? Was ist Ihnen bei der Unterbringung wichtig? Womit wollen Sie die Zeit verbringen? Wie werden Sie die Reise finanzieren? Notieren Sie zunächst alles, worauf die rechte Gehirnhälfte Wert legen würde. Wiederholen Sie dann diesen Schritt mit Schwerpunkten der linken Hemisphäre.
> 3. Schritt: Bei welcher Seite fielen Ihnen mehr Punkte ein? Die Planungsaspekte welcher Seite erscheinen Ihnen wesentlicher?

Bei dieser Übung wird das Zusammenspiel beider Funktionsbereiche deutlich: Die rechte Seite geht eher spontanen Wünschen nach, während die linke alles realistisch überprüft und manches korrigiert, damit der Urlaub nicht im Chaos endet. Das Thema Urlaub aktiviert hier vor allem Argumente der rechten Gehirnhälfte, da es eher mit rechtsseitigen Tätigkeiten – Entspannen, Träumen etc. – verbunden wird. Bei anderen Fragestellungen, zum Beispiel wie ein idealer Arbeitsplatz aussehen sollte, überwiegen dann häufig Argumente der linken Seite. Wenn Sie möchten, wiederholen Sie diese Übung mit einem anderen, eher „linksseitigen" Thema.

Die Entscheidung zur Veränderung

Lernen ist eine spezifische Art des Handelns. Voraussetzung ist eine erlebte Diskrepanz zwischen der Realität („Ich weiß es nicht", „Ich kann es nicht") und einem gewünschten oder geforderten Zustand („Ich weiß es", „Ich kann es"), die aufgehoben oder zumindest verringert werden soll. Um dieses Ziel zu erreichen, sind zahlreiche Aktionen erforderlich: Planung, die Anwendung adäquater Techniken und viel Mühe. Erfolgreiches Handeln bedeutet nicht zuletzt, die richtigen Entscheidungen zu einer Veränderung des augenblicklichen Zustandes zu treffen, sei es in der Bestimmung der Lernziele, der Auswahl der Methoden oder im Umgang mit auftauchenden Problemen.

Nach Stephen Covey unterscheiden sich Menschen in dem Maße, in dem sie bereit sind, Entscheidungen zu treffen und die Verantwortung dafür zu übernehmen. Für ihn ist *Proaktivität* die Voraussetzung für erfolgreiches Handeln. Proaktive Menschen sehen ihre Einflussmöglichkeiten und nutzen sie möglichst weitgehend aus. Sie sind handlungsorientiert, ohne jedoch in blinden Aktionismus zu verfallen, denn sie beachten die Konsequenzen ihres Tuns. Sie nehmen die Verantwortung fürs eigene Leben selbst in die Hand. Demgegenüber sehen sich reaktive Menschen eher als Opfer der Verhältnisse. Ihr Handeln funktioniert nach einfachen Reiz-Reaktions-Mechanismen: Jemand leidet unter einer bestimmten Situation und macht äußere Faktoren oder auch andere Personen dafür verantwortlich: Lehrer, Vorgesetzte, Prüfungsbedingungen oder verhängnisvolle Verwicklungen. Covey greift ebenfalls das

Reiz-Reaktions-Schema auf, sieht allerdings zwischen Reiz und Reaktion einen Entscheidungs- und Bewertungsfreiraum: „Zwischen Reiz und Reaktion hat der Mensch die Freiheit zu wählen." (2000, S. 70)

Reiz ⟶ Entscheidungsfreiraum ⟶ Reaktion

Abbildung 7: Proaktives Handeln

Verantwortung fürs eigene Handeln zu übernehmen heißt nicht nur, für Fehler geradezustehen, sondern auch Erfolge als persönliche Leistung annehmen zu können. Das Wissen um die Beeinflussbarkeit des Ausgangs einer Handlung bestimmt die Motivation. Proaktive Menschen trauen sich daher auch mehr zu und sind weniger leicht durch Misserfolge zu entmutigen als diejenigen, die Anforderungen passiv und hilflos gegenüberstehen.

Auch für Kuhn und Martens ist eine Einschränkung der Entscheidungsfähigkeit ein wesentliches Merkmal für ineffektives Arbeiten. Sie unterscheiden zwischen *handlungsorientierten* und *lageorientierten Einstellungen*, was in weiten Teilen Coveys Theorie über proaktives und reaktives Handeln entspricht. Gezielter als Covey wenden sie sich allerdings den Abläufen im Entscheidungsfreiraum zu und damit der Frage, wie dort Blockaden entstehen können. Dabei greifen sie die unterschiedlichen Verarbeitungsformen der rechten und linken Gehirnhälfte auf: Während die linke Hemisphäre für die Aufstellung und Einhaltung des Arbeitsplans zuständig ist (Intentionsgedächtnis), lagern in der rechten Hemisphäre unbewusste intuitive Handlungsmuster und Erfahrungen (Extensionsgedächtnis). Um Entscheidungen zu fällen, müssen beide Bereiche verbunden werden: Linksseitig wird bestimmt, was zum Plan passt, und welcher Schritt nach den Gesetzen der Logik als Nächstes folgen sollte. Aber nur über eine Verbindung zu den intuitiven Erfahrungsmustern der rechten Seite kann der handlungsorientierte, proaktive Mensch spüren, dass er auf dem richtigen Weg ist. Dieses Gefühl gibt ihm die Sicherheit, Blockaden zu umschiffen und mit neuen Lösungswegen zu experimentieren. Er bleibt auf Kurs, selbst wenn ihm raue Winde ins Gesicht wehen. Lageorientierten, reaktiven Menschen fehlt häufig der Zugang zum Extensionsgedächtnis der rechten Gehirnhälfte. Sie tun zwar das, was von ihnen verlangt wird, spüren aber oft, dass etwas fehlt, dass sie nicht aus einem inneren Impuls heraus handeln, sondern von äußeren Anforderungen gesteuert werden. Daher können sie sich auch nicht über das Vorankommen und das Erreichen von Zielen freuen, sind unmotiviert und geben häufig auf.

Der Entscheidungsfreiraum entspricht auf neurobiologischer Ebene dem Arbeitsspeicher unseres Gehirns. Idealerweise arbeiten hier viele Gehirnfunktionen demokratisch miteinander. Jede hat genügend Raum das zu tun, was sie am besten kann: das Frontalhirn plant, die rechte Gehirnhälfte bettet den Plan in Zusammenhänge ein, die linke achtet auf Einhaltung des Plans und das limbische System aktiviert positive Gefühle. Dabei steht keiner allein, sondern hat Verbindungen zu seinen Kollegen und Kolleginnen, ergänzt deren Tun oder modifiziert es. Diese Art der Zusammenarbeit definiert Kuhn als *Selbstorganisation*, bei der Entscheidungen über Handlungen automatisch fließen können, ohne dass ein kontrollierendes übergeordnetes System eingreifen muss.

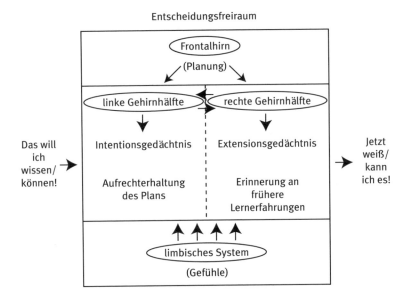

Abbildung 8: Selbstorganisation beim Lernen

Ähnliche Beschreibungen über erfolgreiche Arbeitsabläufe finden wir auch im Bereich der Unternehmensberatung. Nach Senge arbeiten Firmen dann am besten und effektivsten, wenn sie sich zu einer *lernenden Organisation* zusammenschließen. Darunter versteht er eine Gruppe von Menschen, die sich einem gemeinsamen Ziel – einem mission statement – verpflichtet fühlen. Unterstützt wird dabei die Kooperation, aber auch das individuelle Wachstum jedes Einzelnen. Der Erfolg lässt bei solchen Strukturen nicht lange auf sich warten, weil alle Mitarbeiter hoch motiviert sind und entsprechend ihren spezifischen Stärken eingesetzt werden. Nicht lernende Systeme zeichnen sich durch mangelhafte Kooperation, keine gemeinsame Zielvereinbarung und geringes Wachstum aus. Arbeitsvorgänge laufen routiniert ab. Es gibt keinen Raum für innovative Ideen und das Betriebsklima ist zäh und erstarrt. Erfolge werden sich hier nur vereinzelt einstellen, und führen nicht zur langfristigen Motivation der Mitarbeiter. Für Covey wäre dies ein Beispiel für reaktives Handeln.

Halten wir fest: Um Lernerfolge zu erzielen – aber auch, um diese effektiv nutzen und darauf aufbauen zu können –, ist ein hohes Maß an Proaktivität gefragt. Das verlangt eine Vielzahl an Entscheidungen: von der Planung bis hin zur abschließenden Bewertung des Lernprozesses. Das Gehirn arbeitet in diesem Entscheidungsfreiraum als eine lernende Organisation: Unterschiedliche Regionen und spezifische Funktionen kooperieren, um das gemeinsame Lernziel zu erreichen. Durch die Aktivierung möglichst vieler Zellverbände wird deren Wachstum angeregt (Neuroplastizität).

> **Übung: Spüren Sie reaktive Mechanismen auf!**
>
> Reaktive Einstellungen sind uns häufig nicht bewusst. Achten Sie einen Tag lang darauf, wann Sie oder andere Personen in Ihrem Umfeld reaktive Äußerungen machen, wie:
>
> - Da kann man nichts machen.
> - Das Wetter macht mich ganz krank.
> - Ich habe nie Glück.
> - Mit uns machen die da oben doch eh, was sie wollen.

Effizientes Lernmanagement

Frühere Einschätzungen über das Lernen folgten dem so genannten *Trichtermodell*: Das Gehirn wird dabei als Hohlraum gesehen, der gefüllt werden muss. Das Individuum selbst bleibt dabei passiv, nimmt lediglich auf, was oben – durch den Trichter – hineingestopft wird. Wenn beim ersten Mal nicht alles „hängen geblieben" ist, wird der Vorgang eben so lange wiederholt, bis das Wissen „sitzt".

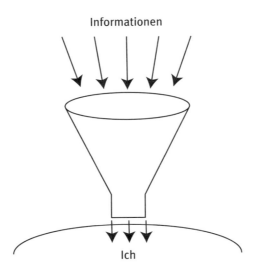

Abbildung 9: Skizze Trichtermodell

Passend zu dieser Theorie wird der Druck als wichtiger Motor fürs Lernen angesehen – frei nach dem Motto: Je häufiger und stärker ich etwas in den Trichter hineindrücke, desto mehr geht auch in den Kopf rein. In der Betonung der häufigen Wiederholungen finden sich Ähnlichkeiten mit den Konditionierungstheorien wieder, vor allem mit den schon erwähnten Practice-and-Drill-Programmen. Auch der Einsatz von Belohnungs- und Bestrafungssystemen zur Steigerung der Lernmotivation verweist auf diese Denkmodelle. Sicherlich werden Sie aber die Schwächen dieses Systems erkannt haben: Die Reduktion auf die Aufnahme der Information vernachlässigt auf sträflichste Weise den Prozess der Bearbeitung im Gehirn. Zuviel Druck erzeugt außerdem negative Gefühle wie Stress bis hin zu Ängsten, was das Lernen eher behindert als fördert.

Parallel zu den Ergebnissen der Hirnforschung wurden in den letzten Jahren Strategien und Techniken entwickelt, die mehr auf die Funktionsweise des Gehirns eingehen. Dieses „gehirngerechte Lernen" nutzt bei der Aufnahme und Verarbeitung von Wissen möglichst viele Gehirnareale, vor allem auch die beiden Gehirnhälften. Es bevorzugt vernetzte Bearbeitungssysteme und bildhafte Darstellungen. Im deutschen Sprachraum ist der Begriff des gehirngerechten Lernens vor allem mit Vera F. Birkenbihl verbunden, die in ihrem inzwischen wohl als Klassiker geltenden Buch *Stroh im Kopf* diese Überlegungen weiter ausführte. Darin kritisiert sie das Trichtermodell mit seinen zahlreichen Wiederholungen und stellt fest, dass eine intelligente – gehirngerechte – Bearbeitung des Lernstoffes mehr wert sei als 20 bis 40 dumme Wiederholungen. Lernen erfordert hier ein hohes Maß an Eigenaktivität. Von der Planung eines Arbeitsvorhabens bis hin zur Präsentation des neuen Wissens sind kontinuierlich Entscheidungen über Ziele und Methoden erforderlich, die den Lernenden dabei unterstützen, seine Wissensnetze aktiv auszubauen (vgl. konstruktivistische Lerntheorien, S. 19f.).

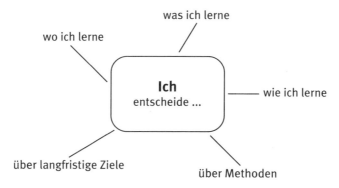

Abbildung 10: Skizze aktives Lernen

Modernes Lernmanagement greift das Modell des gehirngerechten Lernens auf und entwickelt daraus Strategien erfolgreichen Handelns. Während des Lernprozesses können die jeweils folgenden Schritte nur festgelegt werden, wenn der Lernende weiß, worauf es jetzt ankommt, und unter einer Vielzahl von Methoden die passende auswählen kann. In seine

Entscheidungen fließen allerdings auch persönliche Bewertungen, Erfahrungen und Gefühle ein. Im Raum, der zwischen dem Wunsch, etwas zu lernen und der Durchführung von entsprechenden Handlungen liegt, wird geplant, geprüft und entschieden.

Das Zusammenspiel zwischen logischer Prüfung und emotionaler Betroffenheit fällt leicht, wenn die Arbeitsweise des Gehirns genutzt wird und die verschiedenen Komponenten des Verarbeitungsprozesses als lernende Organisation auf ein gemeinsames Ziel hin kooperieren. Wenn hier Verbindungen frei fließen, können die intuitiven Handlungsmuster aus dem Extensionsgedächtnis aufgerufen werden, die dem Lernenden das Gefühl vermitteln, auf dem richtigen Weg zu sein. Dabei wird jeder Handlungsschritt nach der Ausführung einer eingehenden Bewertung unterzogen, jede Lernerfahrung ausgewertet und die zuvor festgelegte Planung überprüft. Effektives Lernmanagement verlangt fortlaufende Entscheidung über die nächsten Schritte und übernimmt die Verantwortung für alles, was als Resultat dieser Entscheidungen geschehen mag, für Erfolge aber auch Fehlschläge. Auf diese Weise werden am Ende nicht nur die zu Beginn formulierten Ziele erreicht, sondern auch Kompetenzen zur Problembewältigung und Selbstmotivierung ausgebaut. Diese Lernprozesse laufen nicht linear ab: Das aktuelle Handeln orientiert sich an früheren Erfahrungen und an in der Zukunft liegenden Erwartungen. Das neu Gelernte verändert bereits abgespeichertes Wissen und kann auch Auswirkungen auf die zuvor festgelegte Planung haben. Oder es treten Wissenslücken auf, die ein Zurückgehen auf schon sicher geglaubte Inhalte erfordern. Bei der Beschreibung des Lernverlaufes hat sich daher immer mehr der Begriff der *Lernschleifen* durchgesetzt. Dieser berücksichtigt zum einen die Variationen auf der zeitlichen Ebene, macht aber zum anderen noch einmal die gegenseitige Beeinflussung unterschiedlicher innerer Bearbeitungsformen während des Lernens deutlich.

Sie haben in diesem Kapitel erfahren, wie komplex die Informationsverarbeitung in unserem Kopf abläuft, wie viele teils verschlungene Wege beschritten werden können und wie eng alle Teile des Gehirns kooperieren. Am effektivsten und leichtesten lernen Sie, wenn Sie die Vielfältigkeit Ihres Gehirns ausnutzen. Sie können Informationen rechtsseitig und linksseitig bearbeiten, logische Schlüsse ziehen und kreative Lösungen suchen, hierarchische Ordnungssysteme und weit verzweigte Konstrukte entwerfen, schnell oder auch langsam lesen. Entscheiden Sie selbst, welche Techniken für Sie sinnvoll sind! Je aktiver Sie vorgehen und Ihr Lernen selbst gestalten, desto erfolgreicher werden Sie bei der Erreichung Ihrer Ziele sein. Und desto mehr wird Ihnen das Lernen Spaß bringen!

3. Lernmodule

Die folgenden Lernmodule beleuchten einzelne Schwerpunkte des wissenschaftlichen Arbeitens. Wir beginnen mit der Planung, widmen uns dann der Aufnahme, Bearbeitung und Abspeicherung von Informationen. Am Ende erfahren Sie dann, wie Lernprozesse zu persönlichen Erfolgen werden können. Zu Beginn jedes Moduls nenne ich Ihnen dabei das *Lernziel*: Was sollten Sie über diesen Bereich des Lernens wissen und welche Entscheidungen werden hier von Ihnen verlangt?

Die Module selbst beginnen mit der Darstellung der spezifischen *theoretischen Grundlagen*. Dieser Teil wird an vielen Stellen durch Übungen unterbrochen, in denen Sie Ihr eigenes Lernverhalten reflektieren können. Weitere Übungen in Verbindung mit konkreten Tipps finden Sie in den *Arbeitsinseln*. Hier erfahren Sie, wie sich die im Theorieteil vorgestellten Inhalte in der Praxis umsetzen lassen. Beziehen Sie die Übungen und Arbeitshinweise nach Möglichkeit auf ein für Sie relevantes Lernvorhaben: Planen Sie gerade das nächste Semester? Halten Sie demnächst einen Vortrag? Stehen Sie kurz vor einer Prüfung? Oder wollen Sie bestimmte Fähigkeiten ausbauen beziehungsweise bestimmte Methoden kennen lernen? Suchen Sie auf jeden Fall nach einem persönlichen Bezug bei der Bearbeitung. Wie schon zuvor dargestellt, lernen Sie dann am besten, wenn das angestrebte Wissen und Können für Sie persönlich bedeutend ist.

In den Arbeitsinseln lernen Sie unsere drei Protagonisten kennen, die wir auf ihren Lernwegen von der Planung bis zum

Erreichen des Ziels begleiten werden: Anne, Paul und Clara befinden sich in unterschiedlichen Lebensabschnitten, haben verschiedene Herausforderungen zu bestehen und unterschiedliche Ziele. Was sie erleben, mit welchen Schwierigkeiten sie zu kämpfen haben und für welche Lösungswege sie sich entscheiden, spiegelt die häufigsten Probleme mit den Anforderungen des Studienalltags wider.

Am Ende jedes Moduls können Sie Ihr Lernergebnis überprüfen: Haben Sie das Lernziel erreicht? Was haben Sie darüber hinaus erfahren?

Modul: Lernplanung – Der gute Start

> **Lernziele für dieses Modul**
>
> **Was Sie wissen sollten:** Grundlagen des Zeit- und Selbstmanagements
> **Was Sie entscheiden müssen:** Was wollen Sie wann warum lernen?

Ein Skipper plant einen längeren Segeltörn. Bevor er in See sticht, wird er einige Vorbereitungen treffen: Er legt den Kurs fest und kalkuliert grob die Dauer der Reise. Das ist wichtig, um ausreichend Proviant mitzunehmen. Danach überprüft er die Ausrüstung. Es wäre doch fatal, wenn er erst auf hoher See erkennt, dass die Leinen brüchig sind oder das Segel einen Riss hat. Zur Grundausstattung gehört selbstverständlich auch ein Erste-Hilfe-Kasten – man weiß ja nie, was alles passieren kann. Und natürlich hat er sich nach Unwetterwarnungen erkundigt. Erst dann bricht er auf, getragen von der Zuversicht, sein Ziel auch tatsächlich zu erreichen. Auf dem Weg wird es sicherlich brenzlige Situationen geben, in denen er sein ganzes Geschick einsetzen muss oder auch Momente des Glücks, wenn das Boot unter günstigen Winden über die Wellen gleitet. Auf so einer Reise kann viel passieren, von dem er jetzt noch nichts weiß. Aber ist das nicht gerade der Reiz dieses Unternehmens?

Betrachten Sie das Lernen doch einmal ähnlich: als eine Reise, die Sie in neue, unbekannte Regionen führt. Sie werden vieles erleben, was Sie jetzt noch gar nicht abschätzen können. Wie bei einem Segeltörn müssen Sie im Vorfeld die Richtung, das Ziel und den Zeitrahmen festlegen, dabei vielleicht schon einige Zwischenetappen einplanen und sich nach den bestmöglichen Startbedingungen erkundigen. Beim Lernen unterstützt Sie kein günstiger Wind, sondern positive Gefühle und die Aktivierung eigener Ressourcen, statt Segel- und Tauwerk brauchen Sie förderliche Arbeitsbedingungen und adäquate Techniken. Und auf dem Weg kommt es natürlich auch auf Ihre ganz speziellen Fähigkeiten an: So wie Sie ohne Segelkenntnisse Ihr Boot nicht sicher ins Ziel bringen können, werden Sie auch ohne eine passende Lernstrategie nicht weit kommen.

Das planende Gehirn

Im Verlauf der Evolution gewann die Handlungsplanung immer mehr an Bedeutung. Der Nahrungsvorrat ging allmählich zu Ende, also musste gejagt werden. Schon im Sommer wurden Felle zu warmer Kleidung verarbeitet, um den Winter zu überstehen. Diese Vorkehrungen beruhten zunächst noch auf einfachen Ursache-Wirkungs-Prinzipien, wie etwa der Erfahrung, dass warme Kleidung vor Kälte schützt. Der Erwerb von Wissen ist ein weitaus komplexerer Vorgang. Erfolge sind hier weniger greifbar als bei der Jagd, wo die mitgebrachte Beute das Ergebnis der Bemühung präsentiert. Um die Motivation zum Lernen aufzubauen und aufrecht zu halten, ist ein hohes Maß an Selbstreflexion gefragt. Warum tue ich das alles?

Was soll das Ergebnis meiner Mühe sein? Und – ist der erwartete Lohn diese Mühe überhaupt wert? Im Gehirn sind Cortex und limbisches System für die Willensbildung zuständig. Austauschprozesse zwischen diesen Arealen laufen über Stränge von Faserverbindungen, die Roth als *ventrale Schleifen* bezeichnet. Hier kommt es zum Zusammenspiel von logischem Denken und Gefühlen, von unbewussten und bewussten Motiven, von Lebenserfahrungen und Visionen.

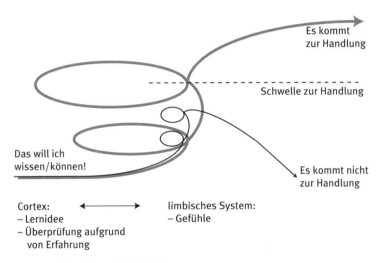

Abbildung 11: Ventrale Schleifen

In diesem Modell entsteht die Idee zur Handlung im Cortex. In unserem Fall ist das der Gedanke „Ich will – oder ich muss – das lernen". Hintergrund dieses Vorhabens kann die Aufforderung eines Lehrers sein, aber auch die Erkenntnis, dass das eigene Wissen nicht ausreicht. Damit es nicht beim bloßen Gedankenspiel bleibt, sondern das Vorhaben auch in die Tat umgesetzt wird, bedarf es der Aktivierung des limbischen Systems. Hier wird das Projekt einer ersten Bedeutungseinschätzung unterzogen. Besteht es diese erste Überprüfung, kehrt es wieder zur Cortex zurück, wo es mit den bisherigen

Lernerfahrungen verbunden wird (Extensionsgedächtnis): Wie liefen ähnliche Projekte in der Vergangenheit? Führten die Mühen damals zum ersehnten Erfolg? Wie groß ist die Wahrscheinlichkeit, auch diesmal erfolgreich zu sein? Diese Einschätzungen lösen im limbischen System weitere positive oder negative Emotionen aus.

Durch das Durchlaufen mehrerer solcher Schleifen zwischen Cortex und limbischem System wird die Bereitschaft zur Ausführung der Handlung entweder gesteigert oder geschwächt. Erst wenn der ursprüngliche Gedanke durch ausreichend große positive Gefühle verstärkt wurde, kann er die Schwelle zur Handlung überschreiten. Aus „Ich will das lernen" wird „Ich werde das lernen".

Lernplanung ist also die Verbindung zwischen Willen und Tun. Was aus neurobiologischer Sicht als das Durchlaufen mehrerer ventraler Schleifen angesehen wird, ist in der konkreten inhaltsbezogenen Sicht die Auseinandersetzung über Ziele und Zeiten: Was will ich eigentlich genau lernen? Wie lange wird das voraussichtlich dauern? Worauf werde ich zugunsten des Lernens verzichten müssen? Oder auch: Ist mein Lernziel bis zum Auslaufen der Frist überhaupt zu erreichen? Um die Schwelle zum Tun zu überschreiten, muss das Ziel erstrebenswert, der Erfolg wahrscheinlich und die erforderliche Anstrengung mit der persönlichen Lebensführung so weit vereinbar sein, dass das limbische System das Vorhaben mit ausreichend positiven Gefühlen stützen kann. Der Austausch zwischen konkreten Zielen, Visionen, Wünschen, bisherigen Lernerfahrungen und Ängsten umfasst beinahe die gesamte Gehirnregion. Lernplanung ist also nicht nur ein äußerst komplexer und ganzheitlicher Prozess, sondern auch individuell unterschiedlich.

Zeitmanagement – Zeitsouveränität entwickeln

Sind Sie manchmal so gestresst, dass Sie sich wünschen, der Tag hätte mehr als 24 Stunden? Vielleicht würden Sie dann ja all das schaffen, was Sie sich vorgenommen haben. Doch das geht natürlich nicht. Jeder Tag ist gleich lang, für jeden von uns. Manchmal, in glücklichen Momenten, würden wir die Zeit gerne anhalten, in anderen Situationen fließt sie wiederum nicht schnell genug. „Du kannst noch so oft an der Olive zupfen, sie wird danach nicht früher reif", lautet ein italienisches Sprichwort, das die Unbeeinflussbarkeit des Zeitablaufes zum Ausdruck bringt. Für jeden von uns vergeht die Zeit also gleich schnell. Eine Stunde kann allerdings in einem Fall effektiv genutzt werden und im anderen sinnlos verstreichen. Die Ausnutzung des zur Verfügung stehenden Zeitrahmens ist sicherlich auch von äußeren Umständen, hauptsächlich jedoch von persönlichen Einstellungen und Vorgehensweisen, geprägt. Ansätze zum Zeitmanagement widmen sich diesen unterschiedlichen Planungs- und Handlungsstrategien im Umgang mit der Konstante „Zeit".

Seit dem Moment, in dem Menschen anfingen, ihre Handlungen bewusst wahrzunehmen und zu planen, haben sie sich Gedanken darüber gemacht, wie die Zeit am besten zu nutzen sei. Das reicht von konkreten Tipps bis hin zu philosophischen Betrachtungen über den Sinn der in sich begrenzten Lebenszeit. Ausgefeilte Strategien zu effektivem Zeitmanagement gibt es dagegen erst seit Mitte des vorigen Jahrhunderts. Seitdem wurden den ursprünglichen Regeln immer mehr Aspekte hinzugefügt. Da sich die neuen Ansätze jeweils auf der Basis älterer Konzepte weiter entwickelt haben, hat sich im Zeitmanagement der Begriff *unterschiedlich Generationen* durchgesetzt.

Die ersten drei Generationen werden als traditionelles Zeitmanagement bezeichnet. Hier stehen Überlegungen im Vordergrund, möglichst zeitsparend und effizient zu arbeiten. Grundlage hierfür sind schriftliche Aufzeichnungen, zunächst einfache To-Do-Listen, später dann auch ausgefeilte Pläne, die sich sowohl auf mittelfristige als auch auf langfristige Zeiträume beziehen.

Selbst wenn Sie keine Ratgeber studiert haben, werden Sie höchstwahrscheinlich einige Planungsstrategien der ersten Generationen im Alltag praktizieren: Wenn Sie sich zu Hause einen Einkaufszettel anfertigen, folgen Sie beispielsweise den Empfehlungen der ersten Generation. Führen Sie einen Kalender oder Terminplaner, in den Sie wichtige Termine eintragen? Dann haben Sie schon die zweite Generation erreicht. Auf der dritten Entwicklungsstufe wird die Planung inhaltlich und zeitlich konkreter. Hier arbeiten Sie mit Wochenplänen, die Ihnen für jeden Tag angeben, wann Sie was zu tun haben. Die Pläne sind jeweils mit einer langfristigen Zielsetzung, einem wichtigen Arbeitsprojekt wie beispielsweise dem Bestehen einer Prüfung, verknüpft. In dieser dritten Generation geht es nicht allein darum, viel zu schaffen. Vielmehr wird der Blick für Prioritäten geschärft. Denn auch jemand, der den ganzen Tag beschäftigt ist, arbeitet nicht unbedingt effektiv, wenn er trotz aller Anstrengungen seinem eigentlichen Arbeitsziel nicht näher kommt.

All diese Ansätze empfehlen den geraden und schnellsten Weg. Mit möglichst wenig Einsatz von Zeit und Energie soll ein möglichst erfolgreiches Ergebnis erzielt werden. Da sich diese Vorstellung an gewinnorientierte Managementstrategien anlehnen, werden die ersten drei Generationen auch als *ökonomischer Ansatz* bezeichnet. In der praktischen Umsetzung dieser Strategien traten jedoch schon bald Probleme auf: In vielen Fällen wurden die Pläne nicht als Hilfs-, sondern als Druckmittel gesehen, gegen die man sich wehren musste. Oder das Erreichen eines Ziels konnte nicht als Erfolg verbucht werden und führte daher nicht zur Zufriedenheit mit der eigenen Leistung. Was war übersehen worden? Bei einer erfolgreichen Handlungsplanung müssen rationale Abschätzungen über Ziele und Zeiten mit Gefühlen, Werten und Visionen in Zusammenhang gebracht werden. Letztere Punkte waren in den ersten drei Generationen zu wenig berücksichtigt worden. In den 90er-Jahren gab es daher auch im Zeitmanagement die

„Ökologische Wende". Ab der vierten Generation standen nun Sinnfragen, individuell unterschiedliche Wertesysteme und allgemeine Lebensplanung im Vordergrund. Ziele sollen hier nicht einfach nur erreicht und abgehakt, sondern als persönlich relevant erfahren werden. Geißler und andere plädieren in ihrem Konzept zur Ökologie der Zeit für einen „weicheren" Umgang mit der Planung, der die unterschiedlichen Rhythmen, der Bedeutung der Themen angemessene Geschwindigkeiten sowie individuelle Lebensgestaltungen berücksichtigt. Der bekannteste Vertreter dieser Richtung im deutschsprachigen Raum ist Lothar Seiwert, dessen Veröffentlichungen nicht zuletzt auch die Generationenfolge widerspiegeln: Sind seine ersten Bücher noch stark an das Gedankengut der dritten Generation gekoppelt, weist er neuerdings immer mehr auf die Ausgewogenheit zwischen Arbeit und anderen Lebensbereichen hin (unter anderem in: *Wenn du es eilig hast, gehe langsam*). Mit diesem Konzept sind wir bei der fünften Generation angelangt, aber die Entwicklung ist sicherlich noch nicht abgeschlossen. In der Generationenfolge baut jede neue Stufe auf der vorherigen auf. Dabei wird Sinnvolles übernommen, vieles ergänzt und meist nur weniges verworfen. Techniken der ersten Generationen zur Protokollierung von Arbeitsabläufen und Aufstellung von Plänen gehören nach wie vor zu den elementaren Hilfsmitteln, um komplexe Projekte erfolgreich abschließen zu können. Die vom ökologischen Ansatz angeregte Auseinandersetzung über Werte und Lebensvisionen strebt allerdings darüber hinaus eine Harmonie zwischen Arbeit und Leben an. Menschen sollen nicht nur effektiver, sondern in erster Linie auch zufriedener sein können. Forderungen nach „schneller, höher und mehr" erhöhen den Leistungsdruck und fördern Ängste vor dem Versagen. Positive Gefühle können dann nicht in ausreichendem Maße aufgebaut werden und die Bereitschaft zur Handlung sinkt.

Finden Sie heraus, welche Art der Planung für Sie die passende ist. Wenn Sie im Grunde ausreichend Zeit haben, aber viel zu lange untätig herumsitzen und über den Anfang und den Inhalt möglicher Lernphasen grübeln, könnte Ihnen eine straffe Planung mit festen Arbeitseinheiten und die Arbeit mit Wochenplänen weiterhelfen (ökonomische Zeitplanung). Wenn Sie sich mit dieser Form nicht anfreunden können, weil Sie der Wochenplan zu sehr an die Stundenpläne der Schule erinnert und Sie sich davon zu sehr unter Druck gesetzt fühlen, probieren Sie doch einmal eine andere Art der Aufzeichnung aus: In seinem 2000 erschienenen Buch *Zeitmanagement für Chaoten* empfiehlt Seiwert hartnäckigen Planungsgegnern die Arbeit mit Mindmaps anstelle der tabellarischen Wochenpläne (mehr zu Mindmaps finden Sie auf Seite 145ff.).

Beherzigen Sie die Prinzipien des ökologischen Ansatzes, wenn Sie nur wenig Zeit zur Verfügung haben und sich von Ihren zahlreichen Verpflichtungen getrieben fühlen. Das Erleben, nur funktionieren und reagieren zu müssen, erschwert den Überblick über das Ganze. Sie sehen dann nur die einzelnen Anforderungen, die Sie irgendwie abhaken. Es fehlt Ihnen die Möglichkeit und die Zeit, die kleinen Erfolge Ihren langfristigen Zielen unterzuordnen. Stattdessen glauben Sie vielleicht, dass der Erfolg schon kommen wird, wenn Sie nur noch mehr schaffen würden. Dieses Getriebensein führt zum Verlust der Zeitsouveränität, dem Gefühl, Herr über die eigene Zeit zu sein. Holen Sie sich in diesem Fall die Herrschaft über Ihr Handeln zurück. Entscheiden Sie sich, welche Ziele für Sie wirklich wichtig sind und welche Sie vermutlich aufgeben müssen. Vielleicht hilft Ihnen dabei der von Vertretern des zeitökologischen Ansatzes gern zitierter Satz: „Wer bedauert auf dem Sterbebett schon, dass er nicht mehr Zeit im Büro verbracht hat?"

Selbstmanagement – selbstverantwortliches Handeln

Ob Sie das erreichen, was Sie sich vorgenommen haben und mit dem Ergebnis am Ende zufrieden sein können, hängt weitgehend von Ihrer Einstellung ab: Wie wollen Sie sein und leben, wie möchten Sie von anderen gesehen werden und wie können Sie das erreichen? Diese Fragen haben die Ansätze des ökologischen Zeitmanagements als Kriterien für eine sinnvolle Planung eingeführt. Strategien zum Selbstmanagement versuchen, darauf Antworten zu geben. Ziel ist hier die Entwicklung von Einstellungen und Vorgehensweisen, die das Selbstbewusstsein und die Handlungskompetenz steigern. Sprenger nennt in seinem 1998 erschienenen Buch *Das Prinzip Selbstverantwortung* drei Stufen der Handlungsplanung: das Wählen, das Wollen und das Antworten. In der 1. Stufe geht es zunächst um die Aufstellung von Zielen (Wählen). Dabei werden sowohl eigene Motive als auch äußere Anforderungen berücksichtigt. So wie Covey stellt Sprenger die Entscheidungsmöglichkeit des Einzelnen heraus. Selbst bei Aufgaben, die Ihnen gewissermaßen „von oben" aufgedrückt werden, sollten Sie sich positionieren: Sie haben die Wahl, sich als Opfer der Verhältnisse zu sehen oder die Situation zu akzeptieren und das Beste daraus zu machen. Die Auseinandersetzung mit fremdbestimmten Zielen erfolgt nach der Regel „Love it, leave it, change it": Sie müssen hinter Ihrem Ziel stehen (love it). Wenn Sie dies nicht tun können, sollten Sie überlegen, ob dieses Ziel so verändert werden kann, dass es für Sie erstrebenswerter ist (change it). Sehen Sie hierfür allerdings keine Möglichkeit, müssen Sie es fallenlassen (leave it). Übersteht es all diese Überprüfungen, wird es in Ihrem Intentionsgedächtnis abgespeichert.

Die 2. Stufe dient der weiteren Überprüfung der Motivation (Wollen). Durch die Verbindung mit positiven Emotionen wird das Ziel zu einer „Herzensangelegenheit". Sprenger warnt davor, den Blick dabei ausschließlich auf die Zukunft, auf das in der Ferne liegende Ziel zu richten. Zum „Wollen" gehört die Umsetzung in der Gegenwart. Das Ziel wird Ihnen nicht zufliegen. Sie werden sich bemühen, vielleicht auch auf etwas verzichten müssen. Erst wenn die persönliche Kosten-Nutzen-Rechnung positiv aufgeht, können Sie sich mit ganzem Herzen einem Ziel verschreiben. Der Prozess dieser Abwägungen entspricht auf der neurologischen Ebene dem Durchlaufen einer Idee durch die ventralen Schleifen: Erst wenn ausreichend positive Gefühle für eine Handlung gesammelt werden, kommt es zur Handlung (vgl. dazu Seite 48f.).

Hat das Ziel diese Kontrollen überstanden, können Sie sich um die Planung der nächsten konkreten Schritte kümmern (Antworten). Dabei ist es Ihre Aufgabe, für günstige Arbeitsbedingungen zu sorgen und zu entscheiden, wann, womit und wie Sie beginnen. Voraussetzung dafür ist neben Kenntnissen über effektive Arbeitstechniken ein hohes Maß an Selbstreflexion: Wie ist Ihr derzeitiger Wissensstand? Was können Sie besonders gut, was macht Ihnen Schwierigkeiten? Wie sehen Ihre augenblicklichen Lebensgewohnheiten aus? Um diese Fragen beantworten zu können, müssen Sie auf Ihre früheren Lernerfahrungen zurückgreifen und gleichzeitig Ihre momentane Lernsituation berücksichtigen. Ein guter Plan beginnt dort, wo Sie jetzt stehen und baut auf dem auf, was Sie bisher erlebt haben. Wenn Sie sich zu Beginn stattdessen zu sehr am Soll-Zustand – dem gewünschten Ergebnis – orientieren, fehlt Ihrem Plan eine realistische Basis.

Nach dem Wählen, Wollen und Antworten können Sie den vor Ihnen liegenden Weg überblicken. Aber – wollen Sie ihn wirklich gehen? Wollen Sie wirklich all die Mühen auf sich nehmen? Wenn an diesem Punkt Zweifel auftreten, sollten Sie Ihr Ziel noch einmal auf der „Wollen-Ebene" überprüfen.

> **Übung: Reise in die Zukunft**
>
> Führen Sie diese Übung im Sitzen oder Liegen durch, machen Sie es sich dabei bequem.
>
> 1. Schritt: Atmen Sie tief durch und schließen Sie die Augen.
> 2. Schritt. Stellen Sie sich nun vor, Sie würden eine Zeitmaschine betreten und in die Zukunft reisen. Sie steigen erst wieder aus, wenn Sie Ihr Lernziel mit Sicherheit erreicht haben. Machen Sie sich nun ein Bild von Ihrer Lebenssituation. Wie könnte Ihr Leben aussehen, wenn alles so läuft, wie Sie es sich wünschen? Natürlich sollten Sie in einem realistischen Rahmen bleiben: Dass Sie im Lotto gewinnen, ist relativ unwahrscheinlich! Bemühen Sie sich aber, Ängste und Gefahren aus dem Blickfeld zu schieben und stattdessen ein positives Bild zu malen!
> Wenn Sie genug gesehen haben, steigen Sie wieder in die Zeitmaschine ein und fahren Sie zurück in die Gegenwart.
> 3. Schritt: Welche Einsichten haben Sie darüber gewonnen, wie Sie in Zukunft leben und arbeiten wollen? Gibt es bestimmte Werte, die für Sie besonders wichtig sind (Freundschaft, Familie, finanzielle Unabhängigkeit etc.)?
> 4. Schritt: Überlegen Sie, wie Ihr Lernziel zu dieser Lebensvision passt. Inwieweit kommen Sie Ihrer Vision durch die Erreichung des Ziels näher?
> 5. Schritt: Schreiben Sie Ihre Erkenntnisse auf oder malen Sie ein Bild von dem, was Sie erlebt haben. Vielleicht hängen Sie das Bild sogar über Ihrem Schreibtisch auf. Der Blick auf den greifbar vor Ihnen liegenden Erfolg kann die Motivation beim Lernen enorm beflügeln.

Die Verbindung des Lernziels mit persönlichen Lebensvisionen und Werten begünstigt den Abschluss eines *Commitments* für Ihr Lernprojekt. Dabei handelt es sich um die Selbstverpflichtung, alles zu tun, was zur Erreichung des Ziels notwendig ist und die Übernahme der Verantwortung für den Ausgang des Unternehmens. Es verstärkt damit die im Intentionsgedächtnis abgespeicherten Zielvorstellungen.

Arbeitsinsel: Den Rahmen setzen (Wählen)

In dieser Arbeitsinsel bestimmen Sie die zeitlichen und inhaltlichen Rahmenbedingungen Ihres Lernprojekts. Wenn Sie das Lernen als eine Art Reise in noch unbekannte Regionen ansehen, müssen Sie wissen, von wo Sie starten und wann Sie wo ankommen wollen. Wenden wir uns als Erstes der *Standortbestimmung* zu:

> Anne studiert im 2. Semester Geschichte und Spanisch. Zu der Entscheidung für diese Studienkombination steht sie nach wie vor: Sie fühlt sich wohl an der Uni, die Seminare sind interessant, und sie hat viele nette Leute kennen gelernt. Ihre Stärke ist das konzentrierte Zuhören in Vorlesungen, deren wesentliche Punkte sie meist kurz und prägnant zusammenfassen kann.

> Paul, ein Politologiestudent im 6. Semester, arbeitet an drei Nachmittagen in der Woche in einem Nachhilfe-Institut. Der Job nimmt viel Zeit in Anspruch, die ihm dann fürs Studium fehlt. Manche Kommilitonen, die mit ihm angefangen sind, haben ihn inzwischen überholt und stehen kurz vorm Examen. Trotzdem findet er es wichtig, neben dem Studium auch noch einen anderen Arbeitsschwerpunkt zu haben. Die finanzielle Unabhängigkeit und die Erfahrung, seinen Job sehr gut zu erledigen, haben ihn selbstbewusster gemacht. Seine Stärke ist die Arbeit mit Texten: Er findet schnell die passende Literatur, und beim Lesen kommt er stets zügig voran. Auch die Anfertigung von schriftlichen Arbeiten ist für ihn kein Problem.

> Clara studiert Jura und bereitet sich auf das schriftliche Examen vor. Sie ist gut organisiert, denn sie hat neben dem Studium eine kleine Tochter zu versorgen. Ihr Mann unterstützt sie und nimmt ihr einen großen Teil des Haushaltes ab. Sie freut sich darauf, bald fertig zu sein und dann wieder mehr Zeit für die Familie zu haben. Ihr Weg zum Examen war zwar mühsam und lang, aber bislang hat sie alles geschafft – warum sollte es also am Ende anders sein? Die mündlichen Prüfungen werden ihr keine Probleme bereiten, denn sie weiß um ihr großes kommunikatives Geschick. Außerdem ist sie stresserprobt.

Anne, Paul und Clara beziehen sich bei ihrer Standortbestimmung zunächst auf das, was bislang gut gelaufen ist und was sie stärkt. Das ist bei allen dreien die positive Einstellung zu ihrem Studium. Paul ärgert sich zwar manchmal darüber, dass er weniger Zeit an der Universität verbringen kann als seine Kommilitonen, er sieht aber auch die positiven Begleitumstände seiner Berufstätigkeit und hat sich mit seiner Situation arrangiert. Auch Claras Studium wird länger dauern als das anderer Jurastudenten. Trotzdem ist sie stolz darauf, dafür neben den familiären Ansprüchen auch noch ausreichend Zeit aufbringen zu können. Jeder kann auf spezielle Stärken zurückgreifen: Bei Anne ist es das Zuhören, bei Paul das Lesen und Schreiben und bei Clara das Reden. Die Erfahrung, etwas gut zu können, stärkt die Zuversicht, Problembereiche ausbauen zu können.

Auch zu Beginn Ihrer Planung geht es zunächst um eine Standortbestimmung: Wo stehen Sie heute? Und wo wollen Sie hin?

> **Übung: Lernkurven 1**
>
> Voraussetzung für die weitere Planung ist die Analyse Ihres bisherigen Könnens und Wissens. Halten Sie Ihren Standort in Form von Lernkurven fest.
>
> 1. Schritt: Nehmen Sie ein leeres DIN-A4-Blatt und tragen Sie darin eine X- und eine Y-Achse ein. Die X-Achse bezeichnet einen Zeitraum und die Y-Achse den Grad des Könnens und Wissens. Tragen Sie auf der Y-Achse Werte von 0 bis 100 und auf der X-Achse Daten von heute bis zu dem Zeitpunkt an, an dem das gewünschte Können und Wissen zur Verfügung stehen soll.
> 2. Schritt: Für welches Thema oder welche Fähigkeit wollen Sie Ihren Lernstand festhalten? Wählen Sie für jeden Aspekt eine andere Farbe.
> 3. Schritt: Tragen Sie Ihren momentanen Kenntnisstand mit der jeweiligen Farbe ein.
> 4. Schritt: Überlegen Sie, wie weit Sie bis zu einem Termin in der näheren Zukunft (Semesterende, Prüfungstermin etc.) kommen möchten. Achten Sie auf realistische Ziele – 100 Prozent sind in der Regel nicht möglich und auch nicht erforderlich. Markieren Sie Ihr Ziel auf der X-Achse.
>
> Tragen Sie in regelmäßigen Abständen Ihre Fortschritte ein.

Die Orientierung am Status quo ist auch die Voraussetzung für die Formulierung von Zielen. Denn nur wenn Sie wissen, was Ihnen noch fehlt, können Sie Maßnahmen in die Wege leiten, das Gewünschte zu erreichen.

> Anne ist mit dem Verlauf des ersten Semesters nicht ganz zufrieden. Dabei war sie voller Elan gestartet, hatte große Lust auf die Uni. Aber sie hat den Arbeitsaufwand unter-

schätzt. Für die Arbeit mit Texten braucht sie wesentlich mehr Zeit als sie gedacht hatte. Sie muss ihre Lesetechnik dringend verbessern. Fürs neue Semester hat sie sich vorgenommen, rechtzeitig mit dem Lernen zu beginnen und von Anfang an alle Veranstaltungen regelmäßig vor- und nachzubereiten. Sie weiß, dass das hart werden kann. Die vielen Pflichtveranstaltungen lassen ihr nur wenig freie Zeit – und leben will sie schließlich auch noch. Aber sie wird es schon irgendwie schaffen!

Paul möchte sein Zeitmanagement verbessern und seine Probleme bei Vorträgen verringern. Zurzeit bereitet er sich auf ein Referat zum Thema *Maßnahmen der Vereinten Nationen zur Deeskalation von Konflikten* vor, das er in drei Wochen halten wird. Bei schriftlichen Arbeiten hat er keine Probleme, aber mündliche Beiträge fallen ihm schwer. Sein letztes Referat lief nicht gut – er hatte sich oft versprochen, war nervös und verlor am Ende den Überblick. Das Feedback des Dozenten war dann auch niederschmetternd. Dieses Mal will er es besser machen.

Claras Hürde ist das Bestehen des schriftlichen Examens. Bislang waren die Resultate ihrer Klausuren unterdurchschnittlich. Vielleicht macht sie bei der Vorbereitung etwas falsch!

Wohin soll Ihre Reise gehen? Manche Ziele sind von sich aus klar umrissen, zum Beispiel einen Text auswendig zu lernen oder sich Formeln einzuprägen. Viele Lernprojekte sind jedoch komplexer: Wenn Sie ein Semester an der Universität erfolgreich abschließen möchten, setzt sich dieses Ziel aus ganz unterschiedlichen Komponenten zusammen: Seminare, Klausuren und Hausarbeiten. Versuchen Sie, Ihre Ziele möglichst *konkret* zu benennen. Welches Lernziel verfolgen Sie in welcher Veranstaltung? Bei welchen reicht die bloße Anwesenheit, für welche wollen Sie sich ausführlich vorbereiten? Welche Seminare sind besonders wichtig für Sie? Ein Wunsch wie „Ich möchte Französisch lernen" ist äußerst unbestimmt. Er sagt noch nichts darüber aus, wie Sie dies anstellen können und wie gut Sie die Sprache beherrschen möchten. Eine konkretere Zielbestimmung könnte folgendermaßen lauten: „Ich möchte einen Kurs in französischer Konversation besuchen, dabei lernen, mich in dieser Sprache einigermaßen verständlich zu machen, um mich bei meinem nächsten Frankreichaufenthalt ein wenig unterhalten zu können." Diese Zielformulierung enthält schon einzelne Aktivitäten (der Besuch des Kurses) und weist auf das angestrebte Ergebnis hin. Das ist die Voraussetzung dafür, am Ende überhaupt überprüfen zu können, ob Sie Ihr Ziel erreicht haben oder nicht.

Bei mehreren oder in sich gefächerten Zielvorstellungen kann auf dieser Stufe der Planung eine Prioritätensetzung nach dem ABC-Prinzip hilfreich sein: Anforderungen, die Sie unbedingt schaffen müssen, bekommen Prioritätsstufe A. Aufgaben, deren Erfüllung zwar wünschenswert, aber nicht unbedingt erforderlich sind, erhalten die Prioritätsstufe B. Alles andere, was Ihnen am wenigsten wichtig und dringlich zu sein scheint, worauf Sie am ehesten verzichten können, wird auf Stufe C geschoben.

> Anne will in diesem Semester regelmäßig an den Veranstaltungen teilnehmen, dort zwei Kurzreferate halten und drei Essays schreiben. Außerdem hat sie noch zwei Klausuren, auf die sie sich vorbereiten muss. Sie möchte am liebsten alle Veranstaltungen vor- und nachbereiten. Wenn sie sich allerdings ihr Semesterprogramm ansieht, hat sie Zweifel, ob das überhaupt zu schaffen ist. Daher belegt sie ihre Veranstaltungen vorsorglich mit Prioritätsstufen: Drei Seminare sind ihr besonders wichtig, bei zwei Vorlesungen, die sie ohnehin nicht sonderlich interessieren, reicht es wahrscheinlich, wenn sie nur anwesend ist. Über die restlichen Veranstaltungen kann sie sich noch kein Urteil erlauben.

Vergessen Sie nicht, Ihre Ziele *schriftlich* festzulegen. So wie Ihnen auf einer Wanderung eine Karte den Weg weist, bieten schriftliche Pläne Orientierungshilfen für Ihr Lernprojekt. Alles, was aufgeschrieben ist, kann nicht mehr so leicht vergessen werden. Darüber hinaus zeigen Ihnen schriftliche Aufzeichnungen, was Sie schon geschafft haben. Das Durchstreichen oder Abhaken von erledigten Arbeitsschritten gibt oft ein gutes Gefühl und steigert so die Motivation.

Manchmal ist ein *Zeitrahmen* für Ihr Lernprojekt durch feste Termine von außen gegeben. Aber selbst wenn dem nicht so ist, sollten Sie das Ende des Lernens möglichst konkret festsetzen. Überlegen Sie, was in den nächsten Wochen auf Sie zukommen wird. Vielleicht holen Sie sich einen Kalender: Haben Sie schon andere feste Termine eingetragen? An welchen Wochenenden wollen Sie noch einmal verreisen, wann kommt der lang angekündigte Besuch? Gehen Sie im Geiste die nächsten Tage und Wochen durch und markieren Sie dann einen Punkt, der zur Erreichung des Lernziels realistisch und günstig ist. Ein Formular zur langfristigen Planung können Sie unter www.studienberatung.fu-berlin.de/e-learning/portal/material/ ausdrucken. Hier können Sie Ihren Zeitrahmen abstecken und haben auf einer Seite den Überblick über das, was Sie erwartet.

Diese erste Festlegung wird sicherlich noch grob sein. Möglicherweise müssen Sie Ihre Planung im Laufe der Zeit noch ändern. Erfahrungsgemäß unterschätzen die meisten Menschen den Umfang des Lernens und überschätzen ihre Geschwindigkeit. Daher sollten Sie schon zu Beginn darauf achten, den Zeitrahmen möglichst großzügig anzulegen, also eher zu viel Zeit einzukalkulieren als zu knapp zu planen.

Arbeitsinsel: Das Ziel mit Bedeutung verknüpfen (Wollen)

Sie wissen jetzt, wo Sie hinwollen, wie lange die Reise voraussichtlich dauern wird und haben diese Rahmenbedingungen schriftlich festgehalten. Dies reicht jedoch noch nicht aus, um ein Commitment für Ihr Lernprojekt abzuschließen. Was fehlt, ist die emotionale und persönliche Verbindung zum Ziel, die Klärung des *Wollens*.

Um ans Ziel zu kommen und dies dann auch als Erfolg erleben zu können, müssen Sie sich nämlich sicher sein, dass Sie auch wirklich dorthin wollen. Gute Vorsätze zu fassen ist nicht schwer, sich dann auch daran zu halten, erfordert dagegen oft ein hohes Maß an Selbstdisziplin, das Sie nur aufbringen können, wenn Sie auch tatsächlich vom Sinn des Unternehmens überzeugt sind. Möchten Sie Ihr Lernziel erreichen, weil es in der Studienordnung steht oder gibt es noch ganz andere, persönliche Gründe? Was gewinnen Sie, wenn Sie das Ziel erreicht haben?

Übung: Warum wollen Sie Ihr Ziel erreichen?

Eine kleine Übung zur Klärung der motivationalen Einstellung ist die Fünf-Fragen-Technik, die im japanischen Managementbereich entwickelt wurde.

1. Schritt: Beantworten Sie schriftlich die Frage, warum Sie Ihr Lernziel erreichen wollen? Beispiel: Warum wollen Sie dieses Buch lesen?
2. Schritt: Formulieren Sie Ihre Antwort in eine neue Warum-Frage um!
Beispiel:
Frage: Warum wollen Sie dieses Buch lesen?
Antwort: Weil ich mehr über das Lernen erfahren möchte.
Frage: Warum wollen Sie mehr über das Lernen erfahren?
Antwort: ...
Wiederholen Sie diesen Schritt noch drei Mal, sodass Sie insgesamt auf fünf Warum-Fragen geantwortet haben.

> 3. Schritt: Wie lautet Ihre letzte Antwort? Was ist Ihnen während der Übung klar geworden?

Diese Übung können Sie auch mit einem Partner durchführen, der die Rolle des Fragenden übernimmt. In meinen Seminaren bilde ich zu Beginn Zweiergruppen, in denen die Motive zur Teilnahme geklärt werden. Dabei kommt es oft zu überraschenden Erkenntnissen, wie das folgende Beispiel zeigt:

A: Warum nimmst du an diesem Kurs teil?
B: Weil ich schneller lesen lernen möchte.
A: Warum möchtest du schneller lesen lernen?
B: Weil ich dann alle Texte lesen könnte.
A: Warum liest du nicht alle Texte?
B: Weil ich zu langsam lese.
A: Warum liest du zu langsam?
B: Weil mich das meist nicht interessiert.
A: Warum interessiert dich das nicht?
B: Weil ich manchmal denke, ich sollte etwas anderes studieren.

In diesem Fall hat sich das anfangs geschilderte technische in ein darunter liegendes Motivationsproblem gewandelt. Es mag sein, dass Student B falsch liest, dass er durch bessere Arbeitsmethoden schneller lesen kann und dann auch mehr Texte schafft als zuvor. All dies wird ihm im Studium allerdings langfristig nur weiter helfen, wenn er seine Einstellung zum Studienfach ändert oder es wechselt. Diese Übung setzt in ihrer Einfachheit die Bereitschaft voraus, sich wirklich mit tiefer liegenden Motiven auseinandersetzen zu wollen. Student B hätte auf die vierte Frage auch antworten können, dass er eben nicht schnell lesen kann, dies jedoch im Kurs lernen möchte. Er hätte damit den Frageweg abgebrochen und wäre wieder zum Beginn der Übung zurückgekehrt. Da die Antworten jedoch nicht wiederholt werden dürfen, musste er nachdenken, welche Gründe neben den methodischen wohl auch noch ausschlaggebend sein könnten. Es gibt noch viele andere Wege, um die Bedeutung des Lernziels zu klären.

> Am Sonntagnachmittag hat sich Clara Zeit für eine *Phantasiereise* in die Zukunft genommen (Seite 105). Dabei ist ihr wieder klarer geworden, warum sie das alles eigentlich tut. Sie stellte sich vor, wie Sie in zehn Jahren in einer Kanzlei als Rechtsanwältin arbeitet. Das war immer schon ihr Traum! Vielleicht ist nach der Ausbildung auch noch die Gelegenheit für ein zweites Kind.

Überlegen Sie, inwieweit sich Ihr konkretes Lernziel in langfristige Perspektiven einfügt: Kommen Sie durch das Erreichen Ihrem Lebensziel näher? Stehen die für das Lernziel erforderlichen Aktivitäten in Einklang mit dem, was Sie für gut und richtig halten?

Außer Ihrem Lernprojekt wird es in der nächsten Zeit noch zahlreiche andere Dinge geben, die Sie erledigen wollen oder müssen: Dazu gehören Verpflichtungen, aber auch Freizeitbeschäftigungen und Urlaubsreisen. Finden Sie möglichst genau heraus, wie viel Zeit Ihnen innerhalb der zuvor festgelegten Zeitspanne für die Arbeit an Ihrem Lernprojekt zur Verfügung steht. Auch hier hilft Ihnen ein schriftlicher Überblick: Schauen Sie in Ihrer Kalenderübersicht nach, was Sie für die nächste Zeit sonst noch geplant haben. Was müssen Sie möglicherweise fallen lassen oder auf einen späteren Zeitpunkt verschieben?

> Anne malt eine Zielscheibe für die kommenden Wochen: In den mittleren Kreis trägt sie all die Aktivitäten ein, die sie unbedingt erledigen möchte. In die äußeren Ringe kommen dann weniger wichtige Aktivitäten, die unwichtigsten sind dabei am weitesten von der Mitte entfernt. Danach hängt sie ihr Bild in ihrem Zimmer auf. So sieht sie jeden Tag auf einen Blick, wo ihre Prioritäten liegen!

Sie werden Ihr Ziel nicht ohne Anstrengungen erreichen. Daher muss Ihnen klar sein, worauf Sie sich einlassen und worauf Sie in der nächsten Zeit vielleicht verzichten müssen. Während des Lernens dürfen Sie dann nicht mehr zu lange darüber grübeln, was Sie jetzt alles lieber täten oder wo Sie jetzt viel lieber wären.

Stellen Sie am besten eine Kosten/Nutzen-Rechnung auf: Wie ist der Einsatz auf Ihrer Seite? Was sind Sie bereit zu geben? Und welchen Gewinn werden Sie daraus ziehen, wenn Sie Ihr Ziel erreicht haben? Hier hilft Ihnen die Vorarbeit des vorherigen Schrittes, bei dem es um die Klärung der Hintergründe für Ihr Projekt ging. Um von diesem Punkt aus weiterzugehen, muss die Kosten-Nutzen-Rechnung am Ende zu Gunsten des Nutzens ausgehen. Überdenken Sie Ihre Vorgaben noch einmal, wenn dem nicht so ist. Beachten Sie dabei, dass Sie beim Herabsenken der Kosten – also der Verringerung Ihrer Bemühungen – aber auch Einstriche beim Nutzen einkalkulieren müssen. Sie können kein hundertprozentiges Erfolgserlebnis erwarten, wenn Sie nur bereit sind, sechzigprozentigen Einsatz zu bringen. Aber vielleicht können Sie sich ja auch mit einem weniger perfekten Endergebnis arrangieren! Sie allein entscheiden darüber, wie hoch Ihr Einsatz sein kann und was Sie erreichen müssen, um am Ende zufrieden sein zu können.

In dem Filmklassiker *Der Pate* steigt Vito Corleone in der Mafia auf, weil er in entscheidenden Situationen Angebote macht, die seine Vertragspartner nicht ablehnen können, da er sie sonst umgebracht hätte. Nach Abwägen der Konsequenzen haben sie sich für ein „Ja" und damit für ihr Leben als das für sie Wichtigste entschieden. Im normalen Leben sind Entscheidungsprozesse sicherlich weniger dramatisch. Bedenken Sie aber, dass Sie in allen Situationen Handlungs- und Entscheidungsfreiräume haben, die Sie auch nutzen sollten, um aus dem „Ich muss" ein „Ich will" zu machen.

Paul möchte nach dem Studium in die Politik gehen, ein Praktikum im Bundestag hat er schon gemacht. Dort hat er auch erfahren, dass einige Abgeordnete immer wieder Referenten suchen. Könnte das eine Chance für ihn sein? Er weiß, dass er für eine Karriere in der Politik an seinen kommunikativen Kompetenzen arbeiten muss. Von ihm wird sicherlich die Fähigkeit verlangt werden, kurze mündliche Darstellungen zu relevanten Themen zu geben. Das Referat ist also nicht nur wichtig, um sein Semesterziel zu erreichen, sondern auch eine gute Gelegenheit zum Training einer Fähigkeit, die er unbedingt verbessern möchte.

Arbeitsinsel: Einen Arbeitsplan aufstellen (Antworten)

Sie haben jetzt die Rahmenbedingungen für Ihr Lernprojekt (Ziele und Zeiten) abgesteckt und wissen, dass der Einsatz die Mühe wert sein wird. Die Überprüfung in den ventralen Schleifen ist positiv verlaufen, und Sie sind bereit zur Handlung. Was jetzt noch fehlt, ist die Konkretisierung der nächsten Schritte. Womit werden Sie beginnen? Hier empfiehlt sich der Einsatz von schriftlichen Arbeitsplänen. Nach Sprenger sind wir damit auf der Ebene der *Antworten* angekommen.

Sicherlich kennen Sie aus Ihrer Schulzeit Stundenpläne. Eigene Einflussmöglichkeiten auf den Ablauf der Unterrichtsstunden sind hier kaum möglich. An Universitäten und anderen Ausbildungsinstituten sind die Anwesenheitszeiten unterschiedlich streng festgelegt: Das reicht von festen Stundenplänen, wie sie inzwischen in den meisten Bachelor-Studiengängen üblich sind, bis hin zu nur wenigen Unterrichtseinheiten mit Anwesenheitspflicht. Wie die äußeren Bedingungen auch sein mögen, Entscheidungen zur Selbstorganisation sind in jedem Fall unverzichtbar. Auch volle Stundenpläne verlangen von Ihnen Gewichtungen: Sie bestimmen Ihre Schwerpunkte und bereiten einzelne Seminare mehr oder weniger intensiv vor. Manche Lehrpläne sind so voll, dass Sie unmöglich alles optimal schaffen können. In diesem Fall sind Kompromisse gefragt. In Einzelbereichen eine schlechtere Note zu akzeptieren kann oft sinnvoller sein, als an unrealistischen Ansprüchen festzuhalten. Ein guter Lernplan nutzt die Spielräume zwischen äußeren Anforderungen und persönlichen Voraussetzungen. Dabei muss er stets realistisch bleiben, denn nur so ist er eine wirkliche Unterstützung.

Bei langfristigen Lernprojekten geben Ihnen Monatsübersichten eine erste grobe Orientierung. Wenn es um die Planung konkreter Schritte geht, haben sich Wochen- und Tagespläne bewährt. Diese sollten über Einteilungen für einzelne Stunden verfügen und ausreichend Raum für eigene Eintragungen lassen. Achten Sie beim Kauf von Kalendern auf diese Punkte! Vorlagen für Wochenpläne finden Sie unter www.studienberatung.fu-berlin.de/e-learning/portal/material/.

Analyse der Arbeitsbedingungen

Passen Sie Ihren Plan an Ihre aktuelle Arbeitssituation an, damit er auf einer realistischen Basis steht:

1. Wann arbeiten Sie am besten?
2. Wie lange können Sie konzentriert arbeiten?
3. Wo können Sie am besten arbeiten?
4. Wie viel Zeit haben Sie neben alltäglichen Verpflichtungen für Ihr Lernprojekt?

Hilfreich zur Beantwortung solcher Fragen ist die Anfertigung von Tagesprotokollen.

> **Übung: Tagesprotokolle**
>
> 1. Schritt – Protokoll: Protokollieren Sie Ihre letzten drei Arbeitstage! Schreiben Sie möglichst genau auf, wann Sie aufgestanden sind, wie lange Sie gefrühstückt und von wann bis wann Sie gearbeitet haben. Je mehr Informationen, desto besser.
> 2. Schritt – Analyse: Orientieren Sie sich bei der Auswertung an folgenden Fragen:
>   Was ist Ihnen aufgefallen?
>   Wann war ein guter Tag?
>   Welche Bedingungen waren dafür verantwortlich?
>   Wann war ein schlechter Tag?
>   Welche Bedingungen waren dafür verantwortlich?
> 3. Schritt – Konsequenzen: Worauf sollten Sie unbedingt achten, wenn Sie einen Plan aufstellen?

Der analytische Blick auf einen ganz normalen Tag kann sehr aufschlussreich sein. Viele Tätigkeiten werden in ihrem Zeitaufwand unterschätzt, beispielsweise Fahrtwege, Einkäufe, Stunden, die Sie am Computer oder vor dem Fernseher verbringen. Wenn Sie Zeit für ein neues Projekt brauchen, müssen Sie sie an anderer Stelle einsparen.

Das Herausarbeiten der Bedingungen für einen guten Arbeitstag bietet Ihnen hilfreiche Informationen für die zukünftige Planung: Brauchen Sie vor allem Ruhe? Können Sie besser zu Hause, im Büro oder in der Bibliothek arbeiten? Bei welchen Aufgabenstellungen fiel das Lernen besonders leicht? Lernen Sie besser am Vormittag, in den Nachmittagsstunden oder am Abend? Umgekehrt bietet die Analyse schlecht gelaufener Tage Aufschluss über das, was Sie zukünftig nach Möglichkeit vermeiden sollten.

> Als Clara ihr Tagesprotokoll sieht, wird ihr deutlich, warum sie sich am Nachmittag nicht mehr konzentrieren konnte:

> Den ganzen Vormittag über war sie in Hektik, erst hat sie ihre Tochter in den Kindergarten gebracht, dann musste der Einkauf erledigt werden. Als sie sich anschließend an den Schreibtisch setzte, hätte sie eigentlich eine Pause gebraucht. Da sie zunächst nicht so genau wusste, womit sie anfangen sollte, hat sie viel Zeit mit dem Hin- und Herüberlegen verbraucht, bevor sie mit dem Lesen anfing. Ihre Schlussfolgerung: Um die knappe Zeit effektiv zu nutzen, muss sie die Arbeitsaufgaben schon vorher festlegen. Und – sie muss mehr auf Pausen achten!

Der genaue Blick auf den bisherigen Arbeitsalltag ist die Grundlage für die zukünftige Planung. Erst wenn Sie das Spezifische Ihrer Arbeits- und Lebensgewohnheiten kennen, können Sie einen konkreten Plan aufstellen, der auch realistisch ist. Und nur so ist es möglich, Ihren Plan mit Erfolgszuversicht zu verknüpfen und die Angst vor dem Scheitern zurückzudrängen. Lassen Sie sich nicht von dem Plan unter Druck setzen, sondern nehmen Sie ihn als freundlichen Begleiter mit auf die Reise. Werfen Sie alte Ratschläge wie „Erst die Arbeit, dann das Vergnügen" über Bord. Wer nur das Erreichen des Ziels in der Zukunft im Kopf hat, verkrampft, denkt stets daran, was alles noch fehlt oder getan werden muss. Planen Sie Ihr Lernvorhaben nicht als Top-Down-Prozess, das heißt ausgehend vom wünschenswerten Zustand hinunter zu Ihrem augenblicklichen Stand, sondern beginnen Sie dort, wo Sie jetzt stehen. Nur so kann das Vergnügen schon bei der Arbeit selbst beginnen, nicht erst wenn alles geschafft ist.

Festlegung konkreter Ziele

Schreiben Sie zunächst auf, welche Aufgaben in dieser Woche oder an diesem Tag für Sie wichtig sind. Das können regelmäßige Tätigkeiten wie die Vor- und Nachbereitung von Seminaren sein oder auch spezifische Teilarbeiten eines langfristigen

Lernprojekts, dem Halten eines Referats oder dem Durcharbeiten eines Buches. Vielleicht orientieren Sie sich auch an den eingangs aufgestellten langfristigen Lernzielen: Was könnten Sie sich in den nächsten Tagen vornehmen, um diesen Zielen näher zu kommen?

Auch hier sollten Sie sich bemühen, möglichst konkret zu sein. Was bedeutet für Sie Vor- und Nachbereitung? Beinhaltet es das Lesen eines Textes, die Durchsicht aller während einer Veranstaltung angefertigten Mitschriften und/oder die Erledigung von Hausaufgaben? Welche Teilarbeiten für das Referat liegen in dieser Woche an: Müssen Sie Bücher besorgen, einen bestimmten Artikel lesen oder die Rohfassung des Vortrags formulieren?

> Neben der regelmäßigen Vor- und Nachbereitung für ihre Veranstaltungen will Anne in dieser Woche mit der Arbeit an ihrem ersten Essay beginnen. Dafür muss sie erst einmal in der Bibliothek nach der geeigneten Literatur suchen.
>
> Paul möchte sich in dieser Woche zunächst einen Überblick über das Thema seines Vortrags verschaffen. Die Literatur hat er sich schon besorgt – nun muss er mit dem Lesen beginnen.
>
> Claras will sich in dieser Woche eine Übersicht über den Prüfungsstoff verschaffen. Dann will sie mit dem Lernen für Strafrecht anfangen.

Zeitaufwand schätzen

Überlegen Sie, wie viel Zeit jede der aufgelisteten Tätigkeiten in Anspruch nehmen wird. Dabei müssen Sie sich nicht auf die Minute festlegen, dies ist auch gar nicht möglich. Eine grobe Einschätzung der Dauer jedes Arbeitsschrittes ist aber für das weitere Vorgehen unabdingbar.

Annes Kalkulation für den benötigten Zeitaufwand sieht so aus:
Bibliotheksbesuch: 4 Stunden.
Vor – und Nachbereitung der Seminare A und B: jeweils 1 bis 2 Stunden pro Seminar

Paul braucht zirka 8 Stunden, um sich in das Thema einzulesen.

Geben Sie bei dieser groben Kalkulation eher zu viel Zeit an als zu wenig. Erfahrungsgemäß überschätzen die meisten unerfahrenen Planer ihr eigenes Tempo und unterschätzen die Zeitintensivität mancher Aufgaben. Das führt in der Praxis dazu, dass die Ziele schon recht bald nicht mehr erreicht werden können und der ganze Plan zusammenbricht.

Orientieren Sie sich an Ihren Tagesprotokollen: Wie lange haben Sie in der Vergangenheit für Bibliotheksbesuche, Lesen oder Schreiben gebraucht? Denken Sie an einen der Kernsätze effektiver Planung: Beginnen Sie dort, wo Sie jetzt stehen – nicht dort, wo Sie hinwollen!

Zeitanalyse

Haben Sie überhaupt ausreichend Zeit, um all das zu schaffen, was Sie sich vorgenommen haben? Können Sie die Arbeit an Ihren Zielen mit Ihren alltäglichen Verpflichtungen in Einklang bringen? Um diese Fragen zu klären, müssen Sie sich die vor Ihnen liegende Woche genau ansehen. Tragen Sie zunächst alle festen Termine in Ihr Übersichtsformular ein. Dazu gehören regelmäßige Arbeits- oder Unterrichtsstunden, aber auch andere Verpflichtungen: Arbeitsgruppentreffen, Arzttermine oder Verabredungen. Überlegen Sie sich danach, was Sie sich darüber hinaus noch vorgenommen haben. Wollen Sie endlich mal wieder die Fenster putzen, einer Freundin einen längeren Brief schreiben oder bestimmte Einkäufe erledigen? Wie wichtig sind diese Tätigkeiten für Sie, was könnten Sie

MODUL: LERNPLANUNG – DER GUTE START   **73**

unter Umständen auch später noch erledigen, was müssen Sie sich aber unbedingt in den nächsten Tagen vornehmen? Auch hier können Sie Prioritäten nach der ABC-Kategorisierung vornehmen. Tragen Sie dann die Vorhaben, auf die Sie nicht verzichten möchten, in die Übersicht ein. Aufgaben, die Ihnen weniger wichtig erscheinen, können Sie zunächst mit Bleistift einfügen und/oder mit einem Fragezeichen versehen. Wie viel Zeit ist zur weiteren Planung übrig geblieben?

Ziele und Zeiten verbinden

Im nächsten Schritt verteilen Sie Ihre Arbeitsziele auf die zur Verfügung stehende Zeit:

> Annes Wochenplan ist relativ voll. Wo kann Sie Ihre Wochenziele unterbringen: Bibliotheksbesuch (4 Stunden), Vor- und Nachbereitung für die Seminare A und B (jeweils 1 bis 2 Stunden)?

	Dienstag	Mittwoch	Donnerstag
07:00			
08:00			
09:00			
10:00			
11:00			Seminar A
12:00	Vorlesung A	Seminar B	
13:00			Vorlesung B
14:00	Mittag	Mittag	

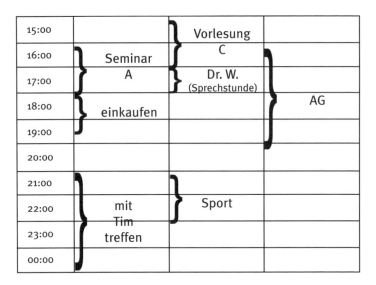

Abbildung 12: Annes Plan

Anne will den Text für Seminar A am Dienstag zwischen 13 und 14 Uhr lesen. Die Nachbereitung hat sie sich für den Abend vorgenommen (19 bis 20 Uhr). Auch die Nachbereitung für Seminar B plant sie am Abend (Mittwoch von 18 bis 19 Uhr). Die einzige Möglichkeit für einen Bibliotheksbesuch bietet der Mittwochmorgen. Wenn sie an diesem Tag etwas früher aufsteht – zirka um 7 Uhr –, könnte sie von 9 bis 11 Uhr nach Literatur Ausschau halten. Das ist zwar weniger Zeit, als sie eigentlich braucht, aber sie will lieber die zwei Stunden nutzen als ganz auf den Bibliotheksbesuch zu verzichten.

Auch Pauls normaler Arbeitstag lässt kaum Freiräume zur Verplanung. An drei Nachmittagen in der Woche arbeitet er im Nachhilfe-Institut und vormittags hat er meist Seminare. Um zumindest einen Überblick über das Thema des Referats zu gewinnen, benötigt er in dieser Woche zirka acht Stunden. Aus Erfahrung weiß er, dass er zu Beginn immer eine gewisse Anlaufzeit braucht. Er muss daher für die Vorbereitung des Referats einen ganzen Tag oder zwei Blöcke à vier Stunden einplanen. Wann hat er ausreichend Zeit dafür?

	Freitag	Samstag	Sonntag
07:00			
08:00			
09:00			
10:00	Vorlesung D		
11:00			
12:00		Frühstück ~~bei~~ Jan	auf- räumen
13:00	Zahnarzt		
14:00			
15:00			
16:00	Seminar C		
17:00			
18:00			
19:00	Seminar nachbereiten		
20:00			
21:00			Kino ~~mit~~ Bettina
22:00	frei		
23:00			
00:00			

Abbildung 13: Pauls Plan

> Paul hat erkannt, dass er während der Woche keine Zeit finden wird. Er hat sich daher entschlossen, die Arbeit auf den Samstag zu legen. Dafür wird er seine Verabredung zum Frühstück bei Freunden absagen müssen. Auf den Kinobesuch mit seiner Freundin Bettina am Sonntag möchte er aber auf keinen Fall verzichten. Wenn er am Samstag gut vorankommt, wird er das auch nicht müssen.

Die Verteilung der Lernziele auf die freien Zeiten erfordert häufig Kompromisse oder auch Verzicht. Da die Zeit nicht veränderbar ist, sind nur Änderungen der Ziele oder der sonstigen Termine möglich. Da Anne nun lediglich zwei statt vier Stunden in der Bibliothek verbringen kann, wird sie sich auf die wesentlichen Texte beschränken müssen. Eigentlich wollte sie auch noch ausführlich im Stichwortkatalog stöbern – aber dafür bleibt keine Zeit. Sie muss ihr Lernziel in Anbetracht des geringeren Zeitbudgets verändern. Paul entscheidet sich für den Verzicht auf eine Verabredung, um an seinem Vorhaben festhalten zu können.

Haben Sie andere Lösungen gefunden? Auch die sind nicht falsch, sondern einfach andere Möglichkeiten. Ob das, was sich Anne und Paul vorgenommen haben, so klappt, wie sie es sich vorgestellt haben, ist ohnehin nicht sicher. Sie haben auf dieser Stufe der Planung die für sie stimmigen Entscheidungen getroffen. Aus den Erfahrungen, die sie dabei machen werden, können sie dann für weitere Planungsprozesse lernen.

Überlegen Sie auch für Ihren Wochenplan, welcher Zeitraum für die Erledigung Ihrer Wochenaufgaben am günstigsten ist. Vielleicht werden Sie dabei – wie Paul – einen schon vermerkten Termin fallen lassen. Vielleicht werden Sie – wie Anne – Ihre Lebensgewohnheiten verändern. Wie dem auch sei, Sie müssen Entscheidungen treffen, mit denen Sie gut leben können.

Die Feinabstimmung

Ihr Wochenplan liegt nun in groben Zügen vor Ihnen. Aber haben Sie auch ausreichend *Pausen* eingeplant? So wie die Nahrung nach dem Essen verdaut werden muss, brauchen auch neue Informationen Zeit zur Verarbeitung. Sicherlich kennen Sie das Phänomen der „unfreiwilligen" Pausen: Sie sitzen am Schreibtisch über einem Buch und registrieren, dass Ihre Augen zwar über die Zeilen wandern, Sie aber schon seit einigen Minuten nichts mehr aufgenommen haben. In diesem Fall ist Ihr Gehirn mit der Bearbeitung der neuen Informationen ausreichend beschäftigt oder inzwischen müde geworden. Sie lernen effektiver, wenn Sie es gar nicht erst so weit kommen lassen und zu einem früheren Zeitpunkt eine Pause einplanen. Im nächsten Modul: Konzentration werden wir noch genauer auf Möglichkeiten der Gestaltung von Lernrhythmen eingehen und dabei auf die Bedeutung der Pausen zurückkommen.

Denken Sie nicht nur während der Arbeitsphasen an einen *Ausgleich* für die Anstrengungen. Achten Sie bei Ihrer Tagesplanung auch darauf, dass Sie ein Gegengewicht zum Lernen aufbauen. Wenn Sie von morgens bis abends ununterbrochen am Schreibtisch säßen, würden Sie bald zusammenbrechen. Sporttermine und Verabredungen behindern nicht das Lernen, sondern unterstützen es. Ein wenig Abstand hilft Ihnen, alles gelassener zu sehen. Und ein Gespräch mit Freunden über das Thema, das Sie gerade bearbeiten, kann Ihnen unerwartete Einsichten vermitteln. Nehmen Sie die Phasen der Entspannung ebenso in Ihren Plan auf wie die des Lernens. Ein gutes Verhältnis zwischen Arbeit und Freizeit steigert Ihr Wohlbefinden. Außerdem führt die Aussicht auf eine Verabredung häufig dazu, dass Sie sich in den Lernphasen eher disziplinieren können. Schließlich wollen Sie rechtzeitig aufbrechen und den Abend nicht mit einem schlechten Gewissen ruinieren!

Zur Feinabstimmung gehört auch die Einplanung von *Puffern*. Schon bei der Einschätzung des Zeitaufwandes für einzelne Aufgaben sollten Sie darauf achten, eher zu viel Zeit als zu wenig anzugeben. Viele Menschen orientieren sich bei der Angabe des Zeitrahmens eher an dem, was sein sollte und nicht an dem, was ist. Dabei wird das eigene Tempo überschätzt und/oder die Schwierigkeit der Aufgabe unterschätzt. Daneben können jeden Tag Dinge passieren, mit denen Sie nicht gerechnet haben: ein unerwarteter Anruf, ein Streit mit dem Mitbewohner oder eine ausgefallene U-Bahn. Wenn Sie zu knapp kalkuliert haben, bricht in solchen Momenten Ihr ganzer Wochenplan zusammen. Aus diesem Grund sollten Sie jeden Tag mindestens 20 Prozent der verplanten Zeit offen lassen. Wenn Sie bisher erst wenig Erfahrungen mit Arbeitsplänen haben, sollte dieser Prozentsatz noch höher liegen.

Auch bei der langfristigen Planung empfehlen sich Puffer. Bei einer dreimonatigen Vorbereitung auf eine Prüfung sollten das zwei bis drei Wochen sein, wobei Sie die eine Hälfte der Zeit auf die gesamte Vorbereitungsphase verteilen und die andere Hälfte ans Ende schieben. Puffer sind eine Art Absicherung, damit Sie Ihr Ziel auch dann erreichen, wenn Probleme auftreten.

Arbeitsinsel: Ein Commitment abschließen

Sie haben nun einen Überblick über das, was Sie in den nächsten Wochen erwartet, und Sie wissen, was ganz konkret als Erstes auf Sie zukommen wird. Wie geht es Ihnen, wenn Sie daran denken: Sind Sie zuversichtlich, alles schaffen zu können? Wenn Sie begründete Zweifel haben, müssen Sie Ihren Plan verändern.

> Anne hat ihren Semesterwochenplan noch einmal kritisch geprüft. Fallenlassen kann Sie lediglich eine Vorlesung, für die Sie in der letzten Zeit ohnehin nichts mehr getan hat. Die anderen Veranstaltungen sind wichtig, weil sie für Ihr Bachelor-Studium ausreichend Punkte braucht. Aber sie

hat die Zielvorstellungen für einzelne Seminare korrigiert: Es gibt Kurse, die ihr wichtig sind, auf die wird sie sich intensiv vorbereiten. Bei anderen reicht dagegen die Anwesenheit. Sie hat erkannt, dass sie sich vom ursprünglichem Ziel, alle Veranstaltungen gut vor- und nachzubereiten und alle Texte zu lesen, trennen muss. Sie hat Entscheidungen getroffen, die zwar wehtun, jedoch die Voraussetzung dafür sind, das Semester erfolgreich abschließen zu können.

Wie es bei ihr konkret weitergeht, ist noch unklar: Wird sie abends noch fit genug sein, um die Veranstaltungen nachzubereiten? Und wie wird es mit dem früheren Aufstehen klappen?

Der beste Plan nützt nicht viel, wenn Sie insgeheim schon zu Beginn wissen, dass er unrealistisch ist. Nur wenn Sie an einen Erfolg glauben, werden Sie die notwendige Mühe aufbringen können, um an Ihrem Ziel anzukommen. Diese Zuversicht ins Gelingen hilft Ihnen beim Anfangen und darf auch auf dem Weg nicht verloren gehen. Sie ist ein Garant für den Aufbau positiver Gefühle, die Ihr Lernen unterstützen. Aber kann man Zweifel und Unsicherheiten einfach verdrängen?

Vieles hat eine positive und eine negative Seite. Oft liegt es an der spezifischen Sichtweise, ob eher das eine oder das andere wahrgenommen wird. Ein berühmtes Beispiel hierfür ist das halbvolle Glas, das sowohl als – schon – halb leer als auch als – noch – halb voll beschrieben werden kann. Mit der Planung läuft es ähnlich. Eine gesunde Skepsis ist notwendig, um mögliche Schwierigkeiten voraussehen zu können. Aber das darf nicht dazu führen, dass Sie die Chancen für einen Erfolg übersehen. Vielen Menschen fällt es allerdings leichter, Gründe fürs Scheitern als fürs Gelingen auszumachen. Diese kritische Einstellung wird nicht selten auch auf die eigene Person bezogen, sodass in der Selbstbeschreibung eher die eigenen Schwächen als die Stärken gesehen werden.

Ein gezielter Blick auf das Positive hat nichts mit Unaufrichtigkeit zu tun. Probleme und Schwächen werden dabei nicht verheimlicht, aber es wird ihnen eine andere Sichtweise gegenübergestellt. Wenn Sie in der folgenden Übung aufgefordert werden, Ihren Plan mit positiven Argumenten zu verbinden, müssen Sie aufrichtig sein, dürfen sich selbst nichts einreden, was Sie in Wirklichkeit nicht glauben. Ihr limbisches System lässt sich nicht betrügen, aber Sie können es mit den Informationen füttern, die bei ihm positive Gefühle auslösen.

> **Übung: Sich selbst stark machen**
>
> 1. Schritt: Schreiben Sie folgenden Satzanfang auf ein Blatt Papier:
>   Ich werde mein Lernziel erreichen, weil ...
> 2. Schritt: Ergänzen Sie diesen Satz mit so vielen Argumenten wie möglich. Erinnern Sie sich an vorherige Erfolge: An die Fähigkeiten, die Sie bei diesen Gelegenheiten eingesetzt haben, die Menschen, die Sie unterstützt haben und auch weiterhin unterstützen werden.
>
> Bewahren Sie dieses Blatt gut auf. Vielleicht wird es in späteren Arbeitsphasen Momente geben, in denen Sie ein wenig Zuspruch gut gebrauchen können!

Sie haben nun die notwendigen Schritte getan, um die Arbeit an Ihrem Lernprojekt zu konkretisieren (Fragen, Wollen, Antworten): Sie wissen, was Sie lernen wollen, warum Sie es lernen wollen und womit Sie anfangen werden. Außerdem haben Sie das notwendige Know-how zur Aufstellung von konkreten Plänen erworben und wissen nun, was in der nächsten Zeit an Arbeit auf Sie zukommt. Es ist Ihnen gelungen, Ihren Plan mit positiven Gefühlen und Erfolgszuversicht zu verknüpfen. Jetzt sind Sie bereit, ein Commitment für Ihr Lernprojekt abzuschließen:

Übung: Ein Commitment abschließen

Ein Commitment ist ein Vertrag, den Sie mit sich selber schließen. Sie bekunden darin Ihre Bereitschaft, die notwendigen Schritte zu gehen und übernehmen die Verantwortung für das Gelingen oder Nicht-Gelingen.

1. Schritt: Setzen Sie einen Vertrag auf – entweder am Computer oder in einer handschriftlichen Version. Geben Sie Ihrem Vertragsformular einen „offiziellen" Charakter: Schreiben Sie deutlich oder wählen Sie in Ihrem Textverarbeitungsprogramm einen besondern Schrifttyp aus.
2. Schritt: Zählen Sie in Ihrem Vertrag auf, was Sie für den Erfolg Ihres Lernprojekt einsetzen werden:
Wie viel Arbeit werden Sie – durchschnittlich in der Woche und/oder am Tag – investieren?
Worauf wollen Sie achten?
Was wollen Sie vermeiden?
Was geschieht bei einem Vertragsbruch?
3. Schritt: Wenn Sie am Computer gearbeitet haben, drucken Sie Ihren Vertrag aus. Unterschreiben Sie ihn.
4. Schritt: Hängen Sie den Vertrag an die Wand oder bewahren Sie ihn gut auf.

Eine Vertragsergänzung:
Sie können Ihr Commitment noch mit einem Slogan oder einem Leitsatz verstärken. Denken Sie an Ihre Stärken und Ihre Ressourcen (Übung: Sich selbst stark machen auf S. 80). Führen Sie sich noch einmal alle Gründe vor Augen, die das Lernziel so erstrebenswert machen. Überlegen Sie sich dann einen Satz, der all dies zum Ausdruck bringt. Verwenden Sie dabei Begriffe, die eine Aktivität beschreiben.

> Beispiele:
> Die Prüfung ist zu schaffen – und ich schaffe es!
> Ich kann es, ich weiß es und ich werde gewinnen!
> Ich kämpfe mich durch bis zum Ziel!
>
> Überprüfen Sie Ihre Wortwahl und Aussage. Sprechen Sie Ihren Satz laut aus und spüren Sie nach, ob er Ihnen wirklich Kraft gibt. Wenn Sie möchten, können Sie den Satz in den Vertragstext des Commitments aufnehmen.

Dieses Commitment ist nicht statisch, sondern kann später durchaus noch nachverhandelt werden. Manchmal verändern sich nämlich Ziele auf dem Weg. Oder Arbeitsstrategien erweisen sich als wenig hilfreich und müssen fallen gelassen werden. Was jedoch niemals aufgegeben werden darf, ist das hundertprozentige „Ja" zur Verantwortung über die getroffenen Entscheidungen. Diese Einstellung entspricht dem, was zuvor als Grundlage für proaktives Handeln herausgestellt wurde.

Tipps zur Lernplanung:

1. Bestimmen Sie Ihren Standort.
2. Formulieren Sie darauf aufbauend Ihr Lernziel.
3. Legen Sie den Zeitrahmen fest.
4. Verbinden Sie Ihr Lernziel mit einer langfristigen Perspektive
5. Verbinden Sie Ihr Lernziel mit einer persönlichen Bedeutung.
6. Entscheiden Sie sich, wo Ihre Prioritäten liegen.
7. Arbeiten Sie mit schriftlichen Plänen.
    – Planen Sie dabei vom Großen zum Kleinen, von der groben Übersicht zum einzelnen Tag!
    – Werden Sie dabei immer konkreter!
    – Setzen Sie schon zu Beginn Prioritäten!

- Orientieren Sie sich an Ihren jetzigen Arbeitsgewohnheiten, daran, wie es ist, nicht an dem, wie es sein sollte!
- Beginnen Sie keine Arbeitseinheit, ohne zu wissen, wann Sie aufhören!
- Beginnen Sie keine Arbeitseinheit, ohne zu wissen, was das Ziel Ihrer Bemühungen ist!

8. Unterstützen Sie Ihren Plan durch den Abschluss eines Commitments.

Lernergebnisse dieses Moduls

Beantworten Sie die folgenden Fragen:

Was wollen Sie lernen?
Warum wollen Sie das lernen?
Wie werden Sie anfangen?
Haben Sie einen Lernplan aufgestellt?

Modul: Konzentration

Lernziele für dieses Modul

Was Sie wissen sollten: Grundkenntnisse über den Aufbau von Konzentration und Arbeitsbedingungen, die konzentriertes Lernen begünstigen.

Was Sie entscheiden müssen: Was tun Sie, um sich besser und länger zu konzentrieren?

Die Welt ist voller Informationen: Bilder, Buchstaben, Gesichter, Stimmen, Gerüche und vieles mehr umgeben uns den ganzen Tag. Wenn Sie versuchen würden, alles aufzunehmen, wären Sie schnell überfordert. Um sich neues Wissen gezielt anzueignen, müssen Sie daher festlegen, was wichtig und wesentlich ist, und worauf Sie Ihre Aufmerksamkeit lenken wollen. Denn Konzentration bedeutet nichts anderes als das Zusammenziehen geistiger Energie auf einen festgelegten Fokus. Doch selbst bei der spannendsten Aufgabe und dem größten Interesse wird Ihre Konzentration irgendwann nachlassen. Abschweifende Gedanken oder das Gefühl, dass nichts mehr in den Kopf hineingeht, sind Symptome dafür, dass der Fokus verloren gegangen ist. Ursache hierfür sind oft normale Ermüdungserscheinungen. Wenn solche „Aussetzer" allerdings zu früh oder zu häufig auftreten, können sie auch auf Fehler in der Planung und Durchführung des Lernens beruhen.

In diesem Modul erfahren Sie, wie Sie am besten ausreichend Konzentration aufbauen und sie möglichst lange halten können.

Das konzentrierte Gehirn

Der Begriff „Aufmerksamkeit" wird häufig genutzt, um zwei ganz unterschiedliche Zustände zu beschreiben: Zum einen ist damit der linear ansteigende messbare Zustand der Wachheit gemeint, der den Gegensatz zum Schlaf markiert. Diese Art der Aufmerksamkeit wird auch als *Vigilanz* bezeichnet. Die Vigilanz steigt oder sinkt aufgrund physiologischer Prozesse (Ermüdung) oder durch äußere Reize, zum Beispiel dem Klingeln eines Weckers. Erhöhte Vigilanz ist die Voraussetzung für konzentriertes Arbeiten. Wenn Sie müde und erschöpft sind, Hunger oder Schmerzen haben, wird Ihre Aufmerksamkeit eher nach innen – auf Ihre eigenen Körperfunktionen – gezogen, deren Bedürfnisse nun vorrangig befriedigt werden wollen. Für die Bearbeitung anderer Aufgaben ist dann nicht mehr ausreichend Energie vorhanden. Auf der anderen Seite finden wir die *Konzentration* – die aktive Steuerung der Aufmerksamkeit auf ein festgelegtes Ziel hin. Dieses Ziel kann sowohl in der äußeren Umgebung liegen, wie beispielsweise dem Lesen eines Buches, als auch in uns selbst, in unseren Gedanken oder Gefühlen verankert sein. Die *Informationsverarbeitungskapazität* unseres Wahrnehmungssystems, das heißt die uns zur Verfügung stehende Menge an geistiger Energie, bleibt stets konstant. Sie bildet gewissermaßen ein Depot in unserem Gehirn, aus dem mehr oder weniger große Anteile abgerufen werden. Wir können also Konzentration nicht neu schaffen, sondern lediglich über ihre Aufteilung entscheiden. Wenn wir unsere Aufmerksamkeit auf einen bestimmten Punkt lenken, muss sie woanders abgezogen werden. Deutlich wird dies, wenn wir uns die verschiedenen Formen der Konzentration ansehen:

Bei der *selektiven Aufmerksamkeit* gibt es einen Fokus, auf den möglichst viel geistige Energie gebündelt wird. Dieser Fokus kann eng oder auch sehr breit gefasst sein, sich auf ein bestimmtes Detail oder den Gesamtüberblick beziehen. Wesentlich ist allerdings, dass es immer nur einen aktuellen Fokus gibt. Alle anderen Wahrnehmungen werden bewusst in den Hintergrund gedrängt.

Eine andere Art der Konzentration ist die *geteilte Aufmerksamkeit*. Hier werden mehrere Wahrnehmungsaufgaben gleichzeitig bearbeitet: Sie hören Musik, erinnern sich dabei an die Situation, als Sie genau diese Melodie zum ersten Mal gehört haben und lesen außerdem in einer Zeitung. Oder Sie unterhalten sich während eines Spaziergangs mit einem Freund, achten außerdem auf den Straßenverkehr und registrieren, wie sich über Ihnen dunkle Wolken zu einem Gewitter zusammenbrauen. In der Praxis sind die Übergänge zwischen selektiver und geteilter Aufmerksamkeit fließend. Die meiste Zeit sind wir offen für alle Wahrnehmungen. Erst wenn etwas auftaucht, das uns besonders auffällt und uns wichtig erscheint, richten wir unsere Aufmerksamkeit gezielt auf diesen Punkt.

Auch bei der Steuerung der Aufmerksamkeit gibt es eine Aufgabenteilung der linken und rechten Gehirnhälfte. Über die rechte Gehirnhälfte laufen breit gefächerte Konzentrationsprozesse. Dazu gehören die selektive Aufmerksamkeit mit weitem Fokus und auch die geteilte Aufmerksamkeit. Da die rechte Gehirnhälfte für das räumliche Sehen zuständig ist, ist ihr Blickwinkel größer. Er umfasst sogar Bereiche, die eigentlich zum Sehfeld der linken Hälfte gehören. In klinischen Studien fanden Deutsch und Springer heraus, dass bei Ausfall oder Schädigung der rechten Gehirnhälfte deutlich mehr Aufmerksamkeitsdefizite auftreten als bei Wegfall der linken Seite. Die Stärke der linken Gehirnhälfte liegt in ihrem detaillierten Blick. Sie übernimmt daher immer dann die Führung, wenn sich der Fokus der selektiven Aufmerksamkeit verengt und genaues, auf den Punkt konzentriertes Arbeiten gefragt ist.

Der Grad der Aufmerksamkeit lässt sich durch das verstärkte Auftauchen bestimmter Wellen der Gehirnaktivität im EEG ablesen. Das reicht von Gammawellen, die in Phasen höchster Aufmerksamkeit bis zu 60 Ausschläge in der Sekunde aufweisen, bis hin zu Deltawellen, die im Stadium des Tiefschlafes lediglich einmal in der Sekunde zu beobachten sind. Vom Tiefschlaf abgesehen, nehmen wir in jeder dieser Phasen Informationen auf. Für die bewusste Informationsaufnahme, wie sie fürs Lernen typisch ist, spielen vor allem Alpha-, Beta- und Gammawellen eine Rolle. Das verstärkte Auftauchen von *Alphawellen* signalisiert eine breit gefächerte Aufmerksamkeit. In diesem Zustand sind Sie entspannt und ruhig. Das ist die Voraussetzung dafür, dass Sie viele Informationen auf einmal aufnehmen können. Bei der Umschaltung auf die Aufnahme mit engem Fokus dominieren *Betawellen*. Die Informationsverarbeitungskapazität ist hier auf wenige Punkte beschränkt. Andere Wahrnehmungen werden zurückgedrängt. In diesem Fall sind Sie angespannt und können dies im Einzelfall entweder als angenehm oder unangenehm erleben. Eine noch weiter gehende Einengung der Aufmerksamkeit geht einher mit verstärkter Aktivität von *Gammawellen*. Typisch für diesen Zustand sind Situationen, in denen Ihre Aufmerksamkeit ganz in die Erledigung einer Aufgabe einfließt und Außenreize nicht mehr wahrgenommen werden, wie es in extremen Stresssituationen oder auch während tiefer Meditationen geschieht.

Für die Einengung des Fokus auf die Erledigung einer Aufgabe ist viel Disziplin notwendig, um sich nicht ablenken zu lassen. Diese Anstrengung wird gern investiert, wenn sie Erfolge und Einsichten bringt. Der oder die so Konzentrierte erlebt sich als arbeitsfähig und „voll bei der Sache". Wenn es gelingt, diese Anstrengung auch noch als persönlich relevant zu erleben, können sogar Glücksgefühle erlebt werden, die so genannten „flow"-Erfahrungen.

Konzentrationsverläufe

Bei den meisten Menschen sind im Tagesverlauf zwei Phasen erhöhter Vigilanz festzustellen: die erste in den Vormittagsstunden und die zweite in den späten Nachmittagsstunden. Natürlich gibt es Unterschiede zwischen Früh- und Spätaufstehern, sodass die genaue Stundenangabe dieser Hochs schwanken kann.

Selbst wenn Sie ausgeruht und fit sind, ist die Konzentration jedoch nur für einen sehr begrenzten Zeitraum konstant. Wenn wir etwas gefunden haben, was unsere Aufmerksamkeit fesselt, sind wir durchaus fähig, uns für einen längeren Zeitraum, vielleicht sogar für Stunden damit zu beschäftigen. Nach zirka 50 Minuten – manchmal auch schon früher – fängt unsere geistige Energie jedoch langsam an abzusinken. Viele Lernexperten empfehlen daher das Einplanen von kurzen Pausen zu einem Zeitpunkt, an dem die Konzentration noch nicht zu weit abgesunken ist. Selbst wenn Sie sich noch fit fühlen, gibt Ihnen eine rechtzeitige Erholung wieder so viel neue Energie, dass ein hoher Level von Aufmerksamkeit länger gehalten werden kann, als wenn Sie ohne Pause so lange weiterarbeiten, bis es gar nicht mehr geht. Solche kurzen

Unterbrechungen sollten nicht länger als zehn Minuten dauern und nicht mit der Aufnahme neuer Informationen verbunden sein. Die würden die zuvor aufgenommenen Inhalte nämlich überlagern. Das bedeutet: Kein Radio hören, keine Zeitung lesen und keine Telefongespräche führen – aber wie wär's mit einer Tasse Tee?

Sie können die Konzentration jedoch viel länger aufrechterhalten, wenn Sie den Fokus erweitern oder ihn aufteilen. Neue Impulse beleben die Gehirnzellen, sei es durch Variationen in der Fokusbreite oder durch Veränderung des Ziels der Aufmerksamkeit. Wie sieht dies in der Praxis aus? Stellen Sie sich vor, dass Sie einen Text zirka 20 Minuten mit hoher Geschwindigkeit gelesen haben, um sich einen Überblick zu verschaffen. Danach wechseln Sie den Fokus und das Lernziel. In einem zweiten Durchgang verlagern Sie Ihre Aufmerksamkeit auf zuvor als wichtig markierte Stellen. Ziel ist nun nicht mehr der Überblick, sondern die Beantwortung von ganz konkreten Fragen. Ihr Gehirn bekommt eine neue Aufgabe, eine neue Herausforderung, der es sich mit neuer Energie widmen kann. Auch in diesem Fall unterstützen kurze Pausen das Lernen. Lenken Sie beispielsweise vor dem Themen- und Fokuswechsel Ihre Konzentration nach innen: Schließen Sie die Augen und überlegen Sie, wie das zuvor Aufgenommene zu dem passt, was Sie erwartet haben oder schon wussten. In dieser Phase des Rekapitulierens können Sie Ihre Fragestellung an die bisherigen Erkenntnisse anpassen und gegebenenfalls überdenken. Der Fokus des zweiten Lesedurchganges wird dadurch noch enger und präziser.

Wenn Sie kurze Pausen *und* veränderte Bearbeitungsformen einsetzen, planen Sie weniger nach der Uhr, sondern machen Sie den Ablauf der Konzentration von der Bestimmung Ihres Lernziels und der Festlegung auf eine Methode abhängig. Ausführliche Tipps zur konzentrierten Bearbeitung wissenschaftlicher Texte finden Sie im nächsten Modul: Wissen aufnehmen, ab S. 103.

Arbeitsinsel: Aus Erfahrungen lernen

Grundvoraussetzung für konzentriertes Arbeiten ist eine ausreichend hohe Vigilanz. Die größte Motivation und die interessanteste Aufgabe helfen Ihnen nicht weiter, wenn Sie zu müde sind, um sich zu konzentrieren. Orientieren Sie sich daher bei der Planung Ihrer Arbeitsphasen an Ihren persönlichen Leistungskurven. Finden Sie heraus, ab wann Sie morgens einsatzbereit sind, wie lange Sie konzentriert arbeiten können und wie viel Stunden Schlaf Sie brauchen.

> **Übung: Persönliche Leistungskurve**
>
> 1. Schritt: Beantworten Sie anhand Ihrer Arbeitsprotokolle folgende Fragen:
>   Wann stehen Sie in der Regel auf?
>   Zu welchen Tageszeiten können Sie am besten arbeiten?
>   Zu welchen Tageszeiten sind Sie am wenigsten konzentriert?
>   Wann gehen Sie schlafen?
> 2. Schritt: Malen Sie Ihre persönliche Leistungskurve auf!

Anne hatte sich fest vorgenommen, am Dienstag in der Mittagspause den Text für das Seminar am Nachmittag zu lesen. Sie war dann aber zu erschöpft, um sich konzentrieren zu können. Besser lief es in der Bibliothek. Sie hatte keine Probleme mit dem frühen Aufstehen. Gut geklappt hat es auch mit der Nachbereitung am Abend. Im Gegensatz zum Lesen fällt ihr das Zuhören und Mitschreiben bei Vorlesungen leicht. Das Durchgehen und Abheften ihrer Aufzeichnungen hat ihr sogar Spaß gemacht.

Annes Leistungshochs liegen am Vormittag und am späten Nachmittag. Das frühere Aufstehen ist für sie kein Problem, und sie kann um neun Uhr aufnahmebereit am Schreibtisch sitzen. Da ihr das Lesen schwer fällt und sie dafür eine große

Menge an Konzentration braucht, war der Zeitpunkt für die Bearbeitung des Textes auch nicht schlecht gewählt – wenn er einfacher gewesen wäre und sie danach ein weniger anspruchsvolles Programm erwartet hätte.

Bei der Einplanung der zweiten Leseaufgabe in die Mittagszeit hat Anne allerdings nicht berücksichtigt, wie wichtig ihr das gemeinsame Essen mit den Kommilitonen ist. Dabei isst sie viel und auch reichlich – schließlich ist seit dem Frühstück für sie schon viel Zeit vergangen. Ohne diese Erholungsphase hat sie Probleme, den Veranstaltungen am Nachmittag zu folgen. Mit der ausgiebigen Mittagspause im Hintergrund ist sie demgegenüber am Abend noch fit genug, um ihre Vorlesungen nachzubereiten.

Die Analyse bisheriger Lernerfahrungen bietet wertvolle Hinweise für das weitere Vorgehen. Wenn Sie wissen, was Ihre Konzentration fördert und was sie stört, können Sie die Lernphasen so planen, dass die Arbeit leichter und effektiver gelingt.

> Clara hat nun eine Übersicht über ihren Lernstoff. Nach ihrem Plan will sie jeden Tag von 10 bis 15 Uhr lernen. In dieser Zeit ist ihre Tochter im Kindergarten. Natürlich hat sie auch eine längere Mittagspause von zirka 90 Minuten eingeplant. Damit bleiben ihr immer noch mehr als drei Stunden „Netto"-Arbeitszeit. Aber in der Praxis gelingt es ihr meist nicht, sich auf das Lernen zu konzentrieren. Wenn sie sich an den Schreibtisch setzt, spürt sie nur noch Müdigkeit, obwohl sie doch eigentlich ausgeschlafen hat. Und selbst wenn es ihr dann gelingt, eine gewisse Zeit konzentriert zu arbeiten, passiert irgendetwas – das Telefon klingelt oder ihre Gedanken schweifen ab. Dann unterbricht sie die Arbeit und ist meist zu entmutigt, um einen neuen Anlauf zu wagen. Warum klappt es nur nicht?

Wiederholte Misserfolgserlebnisse haben die Tendenz, sich zu einem negativen Selbstbild zu formieren. Clara ist schon fast so weit, ihre gescheiterten Bemühungen als Wesenzug zu akzeptieren. „Ich kann mich nun einmal schlecht konzentrieren", sagt sie jetzt häufig zu sich und anderen.

An diesem Punkt ist es wichtig, gegenzusteuern! Wenn keine hirnorganischen Störungen oder starke psychische Beeinträchtigungen vorliegen, ist jeder in der Lage, sich zu konzentrieren – es fragt sich nur, in welchen Situationen.

> **Übung: Wobei sind Sie konzentriert?**
>
> Jeder Mensch hat die Fähigkeit, sich zu konzentrieren. Finden Sie heraus, unter welchen Bedingungen es Ihnen am besten gelingt!
>
> 1. Schritt: Wann waren Sie das letzte Mal hoch konzentriert? War es beim Lesen eines spannenden Buches, bei einem anregenden Gespräch oder bei einer Freizeitbeschäftigung?
> 2. Schritt: Schreiben Sie auf, welche Bedingungen in dieser Situation dazu geführt haben, dass Sie sich konzentrieren konnten. War es der Inhalt des Buches, das Thema des Gesprächs, die Art der Tätigkeit, das Gefühl, voranzukommen, oder andere förderliche Umstände?
> 3. Schritt: Vervollständigen Sie den folgenden Satz: Ich kann mich konzentrieren, wenn …
>
> Finden Sie möglichst viele Aspekte, die Ihre Konzentration fördern. Schreiben Sie so viele Sätze mit diesem Satzanfang auf, wie Ihnen einfallen.

Clara erkennt, dass sie sich durchaus konzentrieren kann, zum Beispiel beim wöchentlichen Kartenspiel mit Freunden, beim Spielen mit ihrer Tochter oder beim Hören einer

CD. Der Kontakt mit anderen Personen scheint sich förderlich auf ihre Konzentrationsfähigkeit auszuwirken. Und das konzentrierte Zuhören fällt ihr leichter als das Lesen.

Claras aktuelle Lernsituation sieht dagegen ganz anders aus: Meist sitzt sie allein am Schreibtisch über ihren Büchern und Unterlagen. Dieser Ort ist für Sie inzwischen schon zum Inbegriff ihres Scheiterns geworden. Vielleicht sollte sie lieber woanders lernen – irgendwo, wo sie sich nicht so isoliert und vom Leben abgeschnitten erlebt. Außerdem sollte sie ihre offenkundige Neigung zu akustischer Aufnahme besser nutzen und die zu lernenden Inhalte öfter mündlich wiederholen. Ideal wäre hier die Unterstützung durch eine Arbeitsgruppe.

Clara weiß jetzt, dass sie sich konzentrieren könnte, wenn sie ihre Arbeit anders organisiert. Sie beschließt, eine Kommilitonin anzurufen, die sich ebenfalls auf die Klausuren vorbereitet. Vielleicht hat sie ja Interesse an regelmäßigen Treffen.

Ebenso wichtig wie das Herausfinden günstiger Bedingungen für konzentriertes Arbeiten ist die Analyse problematischer Situationen: Wann ist es Ihnen besonders schwer gefallen, sich zu konzentrieren? Die Antwort auf diese Frage ist nicht automatisch die Umkehrung der vorherigen nach den günstigen Bedingungen. Arbeitsbedingungen sind nur selten ideal und Störungen wirken sich unterschiedlich stark aus.

Paul wollte am Samstag eigentlich um zehn Uhr am Schreibtisch sitzen, die Verabredung zum Frühstück hatte er daher abgesagt. Aber dann ist alles ganz anders gekommen: Zuerst las er morgens zu lange in der Zeitung. Als er seine Arbeit schließlich um halb elf begann, konnte er sich nicht konzentrieren. Er dachte stattdessen mit Bedauern an die abgesagte Verabredung und ärgerte sich darüber, dass

> er nun zuhause bleiben musste. Außerdem stiegen immer wieder Erinnerungen an die letzte Präsentation in ihm auf. Das verstärkte seinen Ärger nur noch.

Paul hat die Kränkung über das negative Feedback des Dozenten immer noch nicht überwunden. Sein vorherrschendes Gefühl ist Ärger: auf den Dozenten, auf seine Lebenssituation, weil er arbeiten muss und daher während der Woche kaum Zeit zum Lernen findet, und auch auf sich selbst, weil er heute so viel Zeit unnütz vertan hat. All diese negativen Emotionen haben einen Großteil seiner Informationsbearbeitungskapazität besetzt. Um sich auf sein eigentliches Lernziel konzentrieren zu können, muss es ihm gelingen, den Sinn seiner Tätigkeit wieder mehr in den Vordergrund zu rücken. Das Referat soll unbedingt ein Erfolg werden.

> Paul erkennt, dass ihn der Ärger nicht weiterbringt. An seiner Lebenssituation kann er nichts ändern, und das letzte Referat ist Vergangenheit. Das Einzige, was er jetzt noch beeinflussen kann, ist dafür zu sorgen, dass er nicht noch mehr Zeit vergeudet. Noch ein verlorener Tag wäre doch wirklich das Letzte!

Arbeitsinsel: Den Fokus ausrichten

Um konzentriert zu arbeiten, brauchen Sie einen Fokus für Ihre Aufmerksamkeit. Beim Lernen wird dieser Fokus durch Ihr Lernziel bestimmt: Was wollen oder müssen Sie lernen? Die Lernziele bestimmen die Art der Fragestellung. Möchten Sie sich erst einmal einen Überblick über ein Thema verschaffen? Dann wird Ihre Fragestellung eher allgemein ausfallen: Worum geht es hier eigentlich? Wovon handelt dieser Artikel? Die adäquate Bearbeitungsform ist hier die selektive Aufmerksamkeit mit breitem Fokus. Ihre Fragestellungen werden spezifischer, und der Fokus der Aufmerksamkeit enger, wenn Sie bereits über Vorwissen verfügen: Was wissen Sie bereits? Was ist neu? Was sagt dieser Autor zu dem Punkt, den Sie in Ihrem Vortrag herausstellen wollen? Was steht im Buch zu dem Thema, das Sie gerade bearbeiten? Überlegen Sie, welche Konzentrationsform dem Ziel und dem Material angemessen ist: Wollen Sie sich einen groben Überblick verschaffen, wählen Sie einen breiten Fokus und lesen den Text möglichst schnell. Suchen Sie spezifische Informationen, sollten Sie dagegen auf einen engen Fokus umschalten.

Grundvoraussetzung für die Bereitstellung von Aufmerksamkeit beim Lernen ist eine ausreichend große Bedeutung des angestrebten Ziels. Warum wollen Sie einen bestimmten Text lesen? Warum sitzen Sie heute gerade in dieser Vorlesung? Sicherlich muss nicht jede neue Information für Sie persönlich wesentlich sein. Manches können Sie nach der Prüfung oder nach der Klausur wieder vergessen. Wenn Ihnen daher auf den ersten Blick kein Grund für die Konzentration einfällt, denken Sie ruhig etwas länger nach! Zu welchen negativen Konsequenzen könnte es kommen, wenn Sie das Buch nicht lesen oder jetzt die Vorlesung verlassen würden?

Bei allen Entscheidungen, auch bei der über die Bereitstellung ausreichend großer Aufmerksamkeit, ist das limbische System beteiligt. Wenn Sie Zweifel am Sinn der Aufgabe oder am Erfolg haben, werden zu wenig positive Gefühle aktiviert. Das Lernen wird verschoben oder aufgegeben.

> Pauls Einstellung zu seinem Lernprojekt war sehr ambivalent: Einerseits wollte er sein festgelegtes Ziel erreichen, andererseits war seine Grundhaltung immer noch sehr negativ. In seiner Unentschlossenheit tat er Dinge, die die Konzentration auf das Lernen erschwerten. Beispielsweise zögerte er das Anfangen durch zu langes Zeitunglesen heraus – eine als Vorbereitung für die Arbeit mit Texten ohnehin ungünstige Tätigkeit, da dabei die Augen zusätzlich strapaziert werden.

Überzeugen Sie sich vor dem Beginn des Lernens davon, dass Sie das vor Ihnen liegende Arbeitsziel tatsächlich erreichen wollen und auch können. Bei eventuellen Zweifeln müssen Sie die Aufgabenstellungen so verändern, bis sie Ihnen positiv gegenüberstehen. Finden Sie nach all diesen Abwägungen immer noch keinen Grund, sich mit der Information zu beschäftigen, ist sie wahrscheinlich wirklich nicht wichtig, und Sie sollten sich nicht weiter mit ihr abgeben.

> Paul hat sich sehr über den „verlorenen" Samstagvormittag geärgert. Schließlich hatte er eine andere Verabredung fürs Lernen abgesagt! Am Nachmittag hat er sich die Konsequenzen vor Augen gehalten, wenn er den ganzen Tag nichts schaffen würde: Während der folgenden Woche hätte er keine Zeit, und dann bliebe wieder erst das nächste Wochenende fürs Lernen übrig. Noch ein Wochenende will er aber nicht opfern. Er ist jetzt fest entschlossen, seinen Plan zu erfüllen – selbst wenn er auch noch den Sonntag daran arbeiten muss.

Wenn es Ihnen gelingt, eine Tätigkeit mit ausreichend Bedeutung und innerer Motivation zu belegen, können Sie auch dann konzentriert arbeiten, wenn Sie für anderes schon zu müde sind.

> Eine von Annes Stärken ist die Fähigkeit, das Wesentliche in Vorträgen erfassen zu können und es schriftlich festzuhalten. Ihre Aufzeichnungen sind zwar gut, aber manchmal unleserlich, sodass sie manches nach einiger Zeit nicht mehr lesen kann. Anne weiß daher, dass ihr die regelmäßige Nachbereitung der Vorlesungen, das heißt das Durchsehen und Ergänzen ihrer Unterlagen, viel Zeit sparen wird. Diese Aufgabe ist ihr wichtig, und Anne tut sie gern, ist das doch eine ihrer Stärken. Daher kann sie dafür auch noch am Abend ausreichend Konzentration aufbringen.

Sie wissen nun, was Sie als Nächstes tun, wie Sie es tun und warum Sie es tun. Jetzt geht es darum, Arbeitsbedingungen zu schaffen, die die Konzentration weiter fördern. Manche Gegebenheiten können Sie nicht beeinflussen: Klassenzimmer, Seminarräume oder Vorlesungssäle sind nicht immer optimal auf die Aufnahme von Informationen konzipiert. Auch die Anfangszeiten von Vorlesungen und Seminaren werden von anderen festgelegt. Nichtsdestotrotz gibt es eine Reihe von Bedingungen, über die Sie zumindest mitentscheiden können. Dazu gehört in erster Linie die Planung selbstständiger Lerneinheiten: Wann werden Sie lesen, wiederholen oder sich mit Ihrer Arbeitsgruppe treffen? Aber auch Ihren persönlichen Arbeitsplatz zu Hause können Sie so gestalten, dass Sie konzentriert lernen können: Achten Sie auf ausreichend Licht, eine rückenfreundliche Sitzhaltung und eine übersichtliche Arbeitsfläche. Wenn sich auf Ihrem Schreibtisch Unterlagen stapeln und Sie kaum Platz für Ihr Lernmaterial finden, ist es sehr schwer, sich aufs Arbeiten zu konzentrieren. Manchmal wirkt der Blick auf ein motivierendes Bild oder ein Blumenstrauß auf dem Tisch Wunder! Lernen bedeutet nicht Verzicht aufs Wohlfühlen.

Arbeitsinsel: Am Ball bleiben

Selbst wenn es Ihnen gelungen ist, eine ausreichend hohe Konzentration aufzubauen, kann sie doch schnell wieder schwinden. Was können Sie tun, um möglichst lange konzentriert zu bleiben?

Abwechslung hält fit

Sie können Ermüdungen entgegenwirken, indem Sie die Art der Konzentration wechseln: Schalten Sie Ihren Fokus von breit auf eng oder auch von außen nach innen. Wenn Sie zu lange mit selektivem Fokus arbeiten, besteht die Gefahr, dass

Sie sich im Lernstoff „verbeißen" und wichtige Informationen außerhalb Ihres Fokus nicht mehr aufnehmen, obwohl sie wesentliche Erkenntnisse beinhalten. Bleiben Sie flexibel, fixieren Sie sich nicht zu sehr auf einzelne Bäume, sonst sehen Sie dann den sprichwörtlichen Wald nicht mehr.

Die für die Aufnahme und Verarbeitung von Informationen zur Verfügung stehende Energie – die Informationsverarbeitungskapazität – ist begrenzt. Je mehr Aufmerksamkeit auf Ihr Lernprojekt bezogen wird, desto weniger bleibt für andere Aufgaben übrig. Sie können Konzentrationsstörungen und Ablenkungen also dadurch vorbeugen, indem Sie möglichst viel Gehirnaktivität fürs Lernen reservieren: Hören Sie dem Vortrag nicht nur zu, sondern schreiben Sie auch die wichtigsten Gedanken auf. Lesen Sie nicht nur, sondern machen Sie sich auch Notizen am Rand oder sprechen Sie die wichtigsten Begriffe laut aus.

> Während Anne in der Vorlesung sitzt, überlegt sie, was von dem Gehörten wichtig ist. Manches stellt der Dozent selbst als bedeutsam heraus, indem er es auf die Tafel schreibt oder wiederholt. Aber Anne weiß, dass sie sich darauf nicht verlassen kann. Wenn sie ihre eigene Fragestellung aus den Augen – beziehungsweise aus den Ohren – verliert und nur noch „passiv" zuhört, lässt ihre Konzentration nach und ihre Aufmerksamkeit sucht sich dann andere Ziele, vielleicht Themen, die mit der Vorlesung nichts mehr zu tun haben. Sie folgt den Ausführungen des Dozenten dann nur noch halbherzig, und manche für sie interessanten Aspekte könnten ihr so entgehen.

Auch das Hören einer CD während des Lesens muss nicht störend sein, sondern kann die Informationsaufnahme sogar unterstützen. Die Musikstücke sollten jedoch einen gleichmäßigen Rhythmus haben und rein instrumental sein. Da Sprachbeiträge die gleichen Aufnahmewege wie gelesene Wörter nutzen, kommt es ansonsten zu Konkurrenzsituationen, in denen eine Information die andere verdrängt. Und der Sieger wird nicht immer die Information sein, die Sie auch behalten wollen! Aus dem gleichen Grund ist auch davon abzuraten, während des Lesens Radio zu hören oder fernzusehen.

Wenn Sie die Aufnahme- und Verarbeitungswege schon von Beginn an möglichst breit nutzen, fördern Sie nicht nur die Fokussierung der Aufmerksamkeit aufs Lernen, sondern schaffen darüber hinaus auch die besten Voraussetzungen für die spätere Verankerung der Informationen im Gedächtnis. Denn: Je mehr Gehirnaktivität eingesetzt wird, desto besser wird behalten!

Achtung, fertig, los ...

Stellen Sie sich vor, dass Sie für die Erledigung mehrerer mittelschwerer Rechenaufgaben nur drei Minuten Zeit haben. Sicherlich würden Sie nicht lange überlegen, sondern sich gleich an die Arbeit machen. Während dieser Aufgabe werden Sie kaum anfällig für ablenkende Gedanken oder Störungen sein. Schließlich läuft die Zeit!

In meinen Kursen arbeite ich häufig mit Zeitlimits. Die Bearbeitungsaufgaben sind dabei klar umrissen und haben einen Schwierigkeitsgrad, der von allen Teilnehmern zu bewältigen ist. Diese Grundvoraussetzungen ermöglichen schnelle Erfolgserlebnisse: Viele Studenten erleben sich hier zum ersten Mal seit langem wieder als jemand, der konzentriert und effektiv arbeiten kann.

> Paul hat aus dem Verlauf des Samstags gelernt und sich am Sonntag gleich um 10 Uhr an den Schreibtisch gesetzt. Von 13 bis 15 Uhr hat er eine längere Pause eingeplant. Danach will er noch einmal bis 18 Uhr weiterarbeiten. Wenn er gleich anfängt, kann er sich am Abend noch mit seiner Freundin treffen.

Zeitlimits helfen dabei, die Aufmerksamkeit zu bündeln. Gerade bei Tätigkeiten, deren Inhalt für Sie weniger spannend ist, kann die Vorstellung, alles bald geschafft zu haben, das Anfangen erleichtern. Danach haben Sie dann Zeit für andere Aktivitäten!

Können Sie sich trotz hoher Motivation und günstiger Arbeitsbedingungen nicht aufs Lernen konzentrieren, weil Sie immer an andere Dinge denken? Abschweifende Gedanken sind häufig ein Zeichen dafür, dass andere – mehr oder weniger wichtige – Themen eine Bearbeitung fordern oder auch ein Konflikt nicht zufrieden stellend gelöst wurde. Innere psychische Instanzen lenken dann große Teile der Informationsbearbeitungskapazität auf das, was Sie zuvor verdrängt hatten. Lösungsmöglichkeiten für solche Konzentrationsprobleme können sehr langwierig und komplex sein: Vielleicht ist es das Beste, das Lernen zu unterbrechen und sich um das zu kümmern, was zurzeit wichtiger erscheint. Wenn Sie dies nicht wollen, muss es Ihnen gelingen, die Bedeutung des Lernziels zu erhöhen. Halten Sie sich beispielsweise vor Augen, welche Konsequenzen ein Abbruch des Lernens zum jetzigen Zeitpunkt für Sie hätte.

Sie können aber auch auf Zeitlimits zurückgreifen: Entscheiden Sie nicht, welches Thema das wichtigere ist – Ihr Lernziel oder Ihre Grübeleien –, sondern suchen Sie nach einem Kompromiss. Planen Sie dafür feste Zeiten fürs Arbeiten und für die Auseinandersetzung mit den Themen ein, auf die Ihre Gedanken beim Lernen immer wieder umschwenken. Damit drängen Sie diese nicht ständig zurück, sondern sagen ihnen: „Ihr seid wichtig. Aber zurzeit bin ich gerade mit anderen Dingen beschäftigt. Heute Abend von 17 bis 18 Uhr werde ich mich um euch kümmern – jetzt nicht!"

Arbeitsinsel: Konzentrationstraining

Effektive Lernstrategien erfordern ein Pendeln der Konzentration zwischen breitem Fokus (Alphawellen) und engem Fokus

(Beta- und Gammawellen). Im Alltag wechseln Sie mehrmals zwischen den unterschiedlichen Konzentrationsformen, ohne sich viele Gedanken darüber zu machen. Beim Lernen müssen Sie Ihre Aufmerksamkeit jedoch bewusst auf die eine oder andere Art ausrichten. Die Steuerung der Konzentration erfordert jedoch eine gewisse Übung!

Bei der Aufnahme von Informationen mit breitem Fokus werden in erster Linie Alphawellen aktiviert. Wenger nennt dieses Aktivitätsniveau den Alpha-Zustand. Charakteristisch hierfür ist ein hohes Maß an Entspannung, das aber auch die Aufnahme großer Informationsmengen nicht ausschließt. Die folgende Übung zur Aktivierung des Alpha-Zustandes geht auf Scheele zurück, den Erfinder des Photoreadings.

Konzentrationsübung Alpha-Zustand:

1. Schritt: Setzen sie sich bequem hin. Stellen Sie sich vor, es läge eine Mandarine in Ihrer Hand. Wie würde sie sich anfühlen, wie schwer wäre sie, wie würde sie riechen? Wiegen Sie die imaginäre Frucht in Ihren Händen. Vielleicht werfen Sie sie auch in die Luft und fangen sie dann wieder auf.
2. Schritt: Wenn Sie ein Bild von der Mandarine aufgebaut haben, schließen Sie die Augen. Legen Sie sie nun in Gedanken auf Ihrem Kopf ab. Konzentrieren Sie sich auf den Punkt, an dem die Frucht Ihren Kopf berührt. Keine Angst, sie kann nicht herunterfallen! Sie ist mit Ihrem Kopf auf magische Weise verbunden. Die Mandarine hat noch andere erstaunliche Eigenschaften: Wie eine Seerose auf dem Teich kann sie sich öffnen und schließen. Stellen Sie sich vor, wie sich die Schale öffnet und das saftige Fruchtfleisch sichtbar ist. Wenn Sie möchten, können Sie sich ein Stück nehmen und es in Ihren Mund stecken.

> 3. Schritt: Spüren Sie, wie sich die Frische immer mehr ausbreitet. Ihre Gedanken halten nun nichts mehr fest. Von Ihrem Hinterkopf aus hat sich ein Kraftfeld entwickelt, das immer größere Kreise zieht. Bald erfasst es das ganze Universum.
> 4. Schritt: Wenn Sie nun wieder die Augen öffnen, versuchen Sie weiter an die Mandarine zu denken, die von unsichtbaren Fäden gehalten auf Ihrem Kopf thront.

Bei der Aufnahme von Informationen mit engem Fokus geht es mehr um die Qualität als um die Quantität. Wichtige Informationen werden aus der Fülle von Daten herausgezogen und schon ansatzweise bearbeitet. Übungen, mit denen Sie dies trainieren können, brauchen ein Ziel, eine Fragestellung, nach der Sie sich richten können:

> **Konzentrationsübungen selektive Aufmerksamkeit**
> - Lesen Sie eine Seite eines beliebigen Textes und merken Sie sich, wie oft das Wort „und", „der" oder „ist" vorkommt.
> - Hören Sie mit geschlossenen Augen ein Musikstück. Wie viele Instrumente entdecken Sie?
> - Schließen Sie die Augen und lassen Sie sich einen Gegenstand reichen, den Sie für zirka 30 Sekunden abtasten. Erkennen Sie, worum es sich handelt?

Beide Konzentrationsarten lassen sich auch sehr gut durch Entspannungsverfahren wie dem Autogenen Training, der Progressiven Muskelrelaxation oder auch durch Yoga und Zen-Meditation trainieren. Bei der regelmäßigen Anwendung üben Sie, die Aufmerksamkeit auf einzelne Körperregionen und auf die Atmung zu lenken, also die Konzentration mit einem engen Fokus.

Am Ende ihrer Mittagspause macht Anne regelmäßig Autogenes Training. Das ist für sie eine Einstimmung auf die Seminare am Nachmittag. Danach fühlt sie sich nämlich stets wacher und konzentrierter. Ab und zu wiederholt sie die Übungen abends im Bett, vor allem, wenn sie nicht einschlafen kann, weil ihr noch so viele Dinge durch den Kopf gehen. Wenn sie dann die Formeln des Autogenen Trainings durchgeht, bleibt kein Platz für Grübeleien. Meist spürt sie schon während der Übung die steigende Müdigkeit und schläft danach gleich ein.

Entspannung ist nicht das Gegenteil sondern eine Variante der Konzentration. Hierbei wird die Aufmerksamkeit nach innen gelenkt. Da visuelle und akustische Außenreize dabei weitgehend ignoriert werden, können sich diese Aufnahmewege tatsächlich ausruhen. Entspannungsübungen bereiten daher in idealer Weise auf das gezielte Lesen oder Zuhören vor. Die Konzentration nach innen bewirkt darüber hinaus ein Gefühl der Ruhe und Gelassenheit und ist eine ideale Beschäftigung in kurzen Erholungspausen. Entscheiden Sie sich daher für eine Entspannungsform, die Sie regelmäßig anwenden.

Tipps zum konzentrierten Arbeiten

1. Finden Sie heraus, unter welchen Bedingungen Sie sich am besten konzentrieren können (wo am Tag liegen Ihre Hochs und Tiefs, was stört Sie, was stützt die Konzentration?).
2. Sorgen Sie für förderliche Arbeitsbedingungen.
3. Stützen Sie Ihre Motivation durch die Verbindung des Lernziels mit persönlicher Bedeutung.
4. Wählen Sie einen Fokus, der Ihrer Aufgabestellung und dem Material entspricht.
5. Variieren Sie Lernwege und Fokussierungen.
6. Aktivieren Sie bei der Aufnahme möglichst viele Gehirnareale.

7. Wirken Sie durch Pausen und Fokusveränderungen der Ermüdung des Gehirns entgegen.
8. Arbeiten Sie mit Zeitlimits.
9. Praktizieren Sie regelmäßig eine Form von Entspannungstraining.

Lernergebnisse dieses Moduls

Beantworten Sie die folgenden Fragen:

Wann und wie können Sie am besten arbeiten?
Wie können Sie Ihre Konzentration verbessern?

Modul: Wissen aufnehmen

Lernziel dieses Moduls

Was Sie wissen sollten: Grundlagen über Aufnahmeformen, Techniken des Lesens und Zuhörens

Was Sie entscheiden müssen: Welche Techniken werden Sie bei der Informationsaufnahme einsetzen?

Vorstellungen über traditionelle Lernsituationen sehen häufig so aus: Ein Lehrer steht vorn in der Klasse und redet, während die Schüler seinen Worten lauschen. Wenn er dann etwas an die Tafel schreibt, zücken die Schüler Stifte und Hefte und schreiben alles ab. Solche Bilder suggerieren, dass Schüler nur wenig Einflussmöglichkeiten aufs Lernen haben: Der Lehrer bestimmt, wann zugehört, was gesehen und was aufgeschrieben wird.

Unabhängig davon, ob das Lernen in der Schule jemals so war oder noch ist, sieht selbst organisiertes Lernen ganz anders aus: Hier entscheiden Sie, wie Sie die Informationen aufnehmen. Um beispielsweise eine Fremdsprache zu erlernen, stehen Ihnen viele Möglichkeiten offen: Sie können ein Lehrbuch, eine Kassette, eine CD-ROM kaufen oder einen Kurs besuchen. Wenn Sie nicht die Zeit und die Möglichkeit haben, dies alles zu tun, müssen Sie sich für oder gegen bestimmte Methoden entscheiden. Jeder Weg bietet Vor- und Nachteile. Auswahlmöglichkeiten können in der Praxis beschränkt sein. Aber auch bei relativ vorstrukturierten Lernsituationen – zum Beispiel bei Vorlesungen – sollten Sie die vorhandenen Spielräume ausnutzen: Wie können Sie sich auf den Termin vorbereiten? Mit welcher Konzentrationsform werden Sie zuhören (breiter oder enger Fokus)? Was werden Sie aufschreiben und wie?

Wie Sie sich entscheiden, hängt sowohl von der Bedeutung und der Beschaffenheit des Lernstoffes als auch von Ihren ganz persönlichen Präferenzen ab. Wissen Sie, über welche Sinne Sie Informationen am besten aufnehmen?

Aufnahmewege

Um diese Frage zu beantworten, möchte ich Sie zu einer kleinen Phantasiereise einladen:

> **Übung: Die Sinne schärfen**
>
> Ihre Sinnesorgane sind ständig auf Empfang geschaltet. Aber über welche Aufnahmewege nehmen Sie Informationen am besten auf?
>
> 1. Schritt: Lesen Sie zunächst die Anleitung aufmerksam durch.
> 2. Schritt: Schließen Sie die Augen und gehen Sie in Gedanken ans Meer oder ins Gebirge. Greifen Sie dabei ruhig auf Erinnerungen an Urlaubsreisen zurück.
> 3. Schritt: Wenn Sie ein Bild aufgebaut haben, gehen Sie nacheinander jede Wahrnehmungsart einzeln durch:
>
>   Was riechen Sie?
>   Was schmecken Sie?
>   Was fühlen Sie?
>   Was hören Sie?
>   Was sehen Sie?
>
> 4. Schritt: Versuchen Sie in einem zweiten Durchgang jeweils zwei Formen der Informationsaufnahme zu verbinden, zum Beispiel das Sehen und Schmecken, das Hören und Fühlen.
> 5. Schritt: Was ist Ihnen aufgefallen? Bei welcher Wahrnehmungsart ist Ihnen am meisten eingefallen?

Haben Sie gespürt, wie Ihre Füße den Sand berührten? Hörten Sie das Rauschen des Meeres, sahen Sie das Blau des Himmels, schmeckten Sie das Salz auf den Lippen und rochen Sie die würzige Luft? Wahrscheinlich haben Sie sich an alles erinnert, allerdings unterschiedlich schnell und stark.

Für jeden Menschen stellt sich die Welt ein wenig anders dar. Kinder nehmen Informationen zunächst hauptsächlich über Haut, Geschmacks- und Geruchssensationen auf, die so genannten kinästhetischen Wege. Sie fassen alles an, stecken es in den Mund, um es zu schmecken, wollen sich bewegen, sich selbst und die Welt um sie herum spüren. Später kommen – im Rahmen des Spracherwerbs – immer mehr akustische Aufnahmewege dazu. Erst durch die Einschulung wird die visuelle Wahrnehmung die vorherrschende, eine Entwicklung, die sich dann im Erwachsenenalter manifestiert, wo zirka 80 Prozent aller Informationen über die Augen aufgenommen werden.

Jeder dieser drei Aufnahmewege hat spezifische Eigenschaften sowie Vor- und Nachteile: Die *akustische Wahrnehmung* ist besonders wichtig für den Spracherwerb. Nur durch das Lesen von Büchern können Sie nicht lernen, französisch zu reden. Sie müssen die Aussprache hören, sich selbst am besten beim Reden zugehört haben, um mit der Sprache vertraut zu werden. Sie lernen auch über akustische Bahnen, wenn Sie Vorträgen zuhören oder mit anderen diskutieren. Ein Nachteil dieser Aufnahmeart ist ihre Flüchtigkeit. Wie schon eine Redensart sagt, geht dabei manches zum einen Ohr hinein und gleich zum anderen wieder hinaus. Sie können kein Konzert unterbrechen, um das Orchester zu bitten, eine Stelle, die Ihnen besonders gefallen hat, noch einmal zu spielen. In Vortrags- oder Gesprächssituationen ist es nicht immer möglich, den Redner um eine Wiederholung seiner Aussage zu bitten.

Demgegenüber bietet die *visuelle Aufnahme* Möglichkeiten, das Tempo selbst zu bestimmen: Sie können sich ein Bild im Museum so lange ansehen wie Sie wollen, etwas schnell oder langsam lesen. Für die meisten Erwachsenen ist dies die Hauptaufnahmeform, in der dann auch große Fertigkeiten entwickelt wurden: Wir können Details genau fixieren, uns einen Überblick verschaffen, können Bilder aufnehmen, Buchstaben und Gesichter erkennen und innerhalb kürzester Zeit interpretieren. Aber auch auf diesem Weg gibt es Stolpersteine: Manche Eigenschaften eines Begriffs erkennen wir nur, wenn wir etwas spüren oder berühren. Was es bedeutet, sich an einem scharfen Gegenstand zu schneiden, erfahren wir erst, wenn wir uns tatsächlich geschnitten haben. Und das Radfahren lernt man auch nicht durchs Zuschauen.

Bestimmte Dinge, wie beispielsweise das Radfahren, lernen Sie über *kinästhetische Wege*, die über Bewegungen und Körperwahrnehmungen aktiviert werden. Auch wenn Sie etwas aufschreiben, wählen Sie diesen Aufnahmekanal. Obwohl Sie vieles im wahrsten Sinne des Wortes am besten be-„greifen" können, fehlt Ihnen häufig die Einbettung der Erfahrung ins Wissen (vgl. Modul: Wissen abspeichern auf S. 163). Sie können dann beispielsweise zwar Skifahren, aber haben Probleme dabei, genau zu beschreiben, was Sie da eigentlich tun, das heißt, welche Bewegungsabläufe Sie wann einsetzen.

Jede Bahn der Informationsaufnahme endet im Gehirn in spezifischen Arealen: Es gibt Bereiche, die für Gerüche, Berührungen, Töne, für Gesichtererkennung, Farben und vieles mehr zuständig sind. Die Aktivität in diesen Gehirnregionen ist allerdings nicht unbedingt an die spezifischen Aufnahmewege gekoppelt. Wenn Blinde eine Rose ertasten, entsteht auch in ihrem Gehirn eine Bildvorstellung über diese Blume, die dann allerdings durch viele andere Wahrnehmungen ergänzt wird. Generell ist es so, dass bei der Aufnahme nicht nur ein Kanal, sondern mehrere aktiviert werden. Diese Empfangsstationen sind über beide Gehirnhälften verteilt, mit entsprechend modifizierten Aufgabenbereichen. In der rechten Gehirnhälfte werden beispielsweise Sehimpulse für die räumliche Einordnung bearbeitet, in der linken das Erkennen einzelner Buchstaben. Während Sie etwas betrachten, sind die anderen Aufnahmewege nicht ausgeschaltet. Vielleicht ist da noch ein bestimmtes Geräusch oder ein Geruch, den Sie gar nicht bewusst wahrnehmen, aber der sich trotzdem seinen Weg in das Gehirn bahnt. Das ist bei der Informationsaufnahme jedoch nur dann hinderlich, wenn die einzelnen Informationen miteinander konkurrieren oder sich widersprechen, wenn zum Beispiel der Lärm so groß ist, dass Sie sich nicht aufs Lesen konzentrieren können.

> **Übung: Mehrere Kanäle nutzen**
>
> Unsere Wahrnehmungswege sind oft von Gewohnheiten geprägt. Wir sehen Bilder, schmecken Nahrungsmittel, hören Musik. Versuchen Sie doch einmal, Ihre Wahrnehmungswege zu erweitern!
>
> - Welchen Geruch hat das Buch, das Sie gerade lesen?
> - Welche Geräusche nehmen Sie beim Lesen auf?
> - Welche Bilder entstehen in Ihrem Kopf, wenn Sie Ihre Lieblingsmusik hören?
>
> Üben Sie sich im Bilden von Wahrnehmungsassoziationen: Setzen Sie sich bequem hin, schließen Sie die Augen und denken Sie an Ihr Studium oder Ihre Arbeit.
>
> - Welche Farbe fällt Ihnen dazu ein?
> - Welcher Geruch wäre passend, welcher Geschmack, welche Musik?
> - Gibt es eine entsprechende Körperhaltung?
> - Was fällt Ihnen sonst noch ein?
>
> Sie können diese Übung so lange machen wie Sie wollen. Schreiben Sie danach Ihre Wahrnehmungen auf: Meine Arbeitsstelle/mein Studium ist …

Einen Test zur Feststellung Ihrer Lerntyps finden Sie im Internet unter www.konlernweb.de.

Das lesende Gehirn

Der weitaus größte Teil der Informationen wird über die Augen aufgenommen. Von den insgesamt 2,5 Millionen Nervenfasern, die für die Informationsaufnahme zuständig sind, laufen allein zwei Millionen zwischen den Augen und dem

Gehirn. Auch beim Lernen ist der visuelle Aufnahmeweg der am meisten genutzte. Eine effektive Lesetechnik ist daher eine wesentliche Voraussetzung für den Erfolg.

Das Lesen ist eine relativ junge menschliche Fähigkeit. Erste Schriftzeichen tauchen vor ungefähr fünf- bis sechstausend Jahren auf. Für die Entwicklung des Gehirns ist dies ein sehr kurzer Zeitraum – zu kurz, um ein eigenes Areal fürs Lesen aufzubauen. Zum Vergleich: Sprache gibt es seit zirka 100.000 Jahren, und in diesem Fall konnte ein spezielles Sprachzentrum ausgebildet werden. Gelesene Informationen laufen daher über Areale, die eigentlich für andere Formen der Aufnahme geschaffen sind. Das geschieht zunächst über visuelle Bahnen, schließlich ist Lesen ein Spezialfall der visuellen Wahrnehmung. Im Gehirn werden die Wörter in der Nähe des für die Gesichtererkennung zuständigen Bereichs bearbeitet. So wie ein Gesichtsausdruck erkannt und interpretiert wird, scheint auch das Wort als ganzheitliches Objekt verarbeitet zu werden. Wenn es danach um die Sinnerfassung geht, verlässt das Wort die visuelle Wahrnehmung und geht in akustische Bahnen über. Im so genannten *Wernicke Sprachzentrum* sind auch schon vorher die Bedeutungen von Worten – allerdings in gehörter Form – erfasst worden. Beim Lesen wird hier das gesehene mit dem gesprochenen Wort verbunden und ein Sinn entsteht. Das Wernicke Zentrum ist durch dicke Faserbündel mit dem motorischen Sprachzentrum verbunden. Die visuell aufgenommene, sinnhaft verarbeitete Information findet so einen Ausdruck als gesprochenes Wort.

Bei Kindern, die lesen lernen, können wir dies auf anschauliche Art beobachten: Sie nehmen Buchstaben, Silben oder einzelne Worte auf, versuchen ihnen eine Bedeutung zu geben und sprechen das Wort dann laut aus. Hier sind also visuelle, akustische und kinästhetische Wege beteiligt – wobei der letztere Aufnahmekanal häufig noch dadurch verstärkt wird, dass ein Finger als Lesehilfe über die Textstellen gleitet. Diese Art des Lesens ist allerdings recht langsam. Je mehr und je häufiger wir lesen, desto eher verzichten wir auf das laute Mitlesen, obwohl die Informationen auch weiterhin über unser Sprachzentrum laufen. Die Bearbeitung von Texten gelingt schneller und ist auch weniger mühsam. Nun brauchen wir die Tätigkeit selbst nicht mehr zu lernen, sondern greifen nach einem Buch, weil es Informationen enthält, die wir wissen wollen, oder auch weil wir uns von der Lektüre angenehme Gefühle erhoffen. Auch die Entscheidung zum Lesen ist das Resultat von Austauschprozessen zwischen Frontalhirn (Planung: Das sollte ich lesen) und dem limbischen System (Emotionen: Das Lesen wird meine Stimmung heben).

Bei der Bearbeitung der visuell aufgenommenen Informationen in Sinnzusammenhänge sind beide Gehirnhälften aktiv: Substantive, bei denen eine Verbildlichung leicht fällt, wie Stuhl, Haus oder Katze, werden eher rechtsseitig aufgenommen und verarbeitet. Abstrakte Begriffe, zum Beispiel Worte wie Demokratie, Glück oder Politik, laufen dagegen meist über die linke Seite. Die rechte Hemisphäre schaltet sich ein, wenn die schnelle, eindeutige Zuordnung nicht vorrangig gefragt ist. Sie vergleicht dann die neue Information mit ihren Erfahrungen und ist dabei auch offen für außergewöhnliche Verknüpfungen und Assoziationen. Das passt zu ihrer eher breit angelegten Verarbeitungsweise, die mehr Raum für Mehrdeutiges und Mögliches bietet. Beim Lesen ergänzen sich beide Hemisphären. Eine Seite könnte allein den Sinn eines Textes nicht oder nur mit großen Einschränkungen erfassen. Effizientes Lesen baut daher auf den Fähigkeiten beider Gehirnhälften auf.

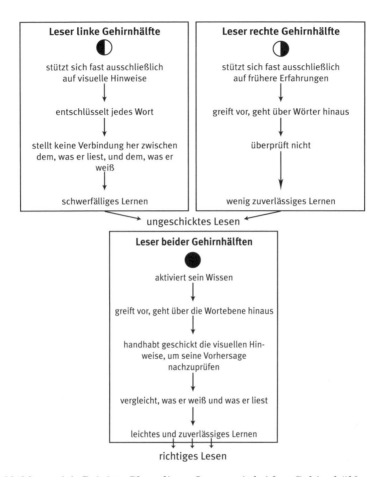

Abbildung 14: Brigitte Chevalier – Lesen mit beiden Gehirnhälften

Lesen ist eine Höchstleistung neuronaler Informationsverarbeitung. Es läuft über visuelle, akustische und kinästhetische Bahnen, weckt Gefühle, verlangt Entscheidungen über die Bedeutung des Inhalts und regt unser Gehirn beidseitig zu Assoziationen und Sinnfindungsprozessen an. Kurzum – kaum eine andere Aktivität ist mit ähnlich intensiver Gehirnaktivität verbunden.

Das hörende Gehirn

Der Erwerb von Wissen läuft heute in erster Linie über visuelle Bahnen. Das war jedoch nicht immer so. Vor der Erfindung des Buchdrucks wurden Erfahrungen und Kenntnisse mündlich weitergeben. Auch Kinder lernen noch viel über akustische Bahnen und können daher auch Informationen über diesen Lernweg besser aufnehmen als manch ein Erwachsener. Wird die Fähigkeit des konzentrierten Zuhörens von allen Fünf- bis Siebenjährigen noch zu 90 Prozent beherrscht, sinkt der Prozentsatz bei den über 17-Jährigen auf nur 28 Prozent. Durch die Überbetonung des Sehens und Lesens werden während der Schulzeit andere Aufnahmeformen vernachlässigt. Um Vorträgen oder Vorlesungen zu folgen, müssen Sie diese Fähigkeit wieder beleben. Damit Ihre akustischen Bahnen wieder zu alter Leistungsfähigkeit zurückfinden, eignen sich Übungen, bei denen die visuellen Aufnahmekanäle abgeschaltet sind. Wenn Sie die Augen schließen, aktivieren Sie ganz automatisch akustische und kinästhetische Wahrnehmungen. Sie werden die Welt um sich herum ganz anders wahrnehmen als zuvor.

Übungen zur akustischen Wahrnehmung – breiter Fokus:
- Setzen Sie sich auf eine Parkbank und schließen Sie die Augen. Was hören Sie?
- Öffnen Sie ein Fenster und schließen Sie die Augen. Was hören Sie?
- Lauschen Sie mit geschlossenen Augen einem Hörbuch.

Wie bei der visuellen Aufnahme können Sie auch hier zwischen der Aufnahme mit breitem und engem Fokus wählen.

> **Übungen zur akustischen Wahrnehmung – enger Fokus:**
> - Essen Sie mit geschlossenen Augen eine Scheibe Brot. Achten Sie dabei auf Ihre Kaugeräusche.
> - Setzen Sie sich mit geschlossenen Augen auf eine Parkbank. Versuchen Sie, verschiedene Geräusche zu isolieren und Gruppen zuzuordnen (Tiere, Menschen, Autos, Wind etc.).
> - Hören Sie mit geschlossenen Augen ein Musikstück. Erkennen Sie die einzelnen Instrumente?

Um einen Vortrag zu hören, brauchen Sie nicht die Augen zu schließen. Die visuellen Informationen können das akustisch Aufgenommene unterstützen. Folien und Zeichnungen verdeutlichen noch einmal die wichtigsten Punkte. Visuelle Reize können jedoch auch ablenken oder in die Irre führen. Das, was der Dozent als wichtige Erkenntnis an die Tafel schreibt, muss nicht unbedingt das sein, was Sie am spannendsten finden. Häufig erliegen wir dem Vorurteil, dass das Geschriebene mehr Wert besitzt als das Gehörte. Dabei können scheinbar unwichtige mündliche Hinweise für Ihr Lernziel wesentliche Informationen enthalten. Bleiben Sie während der Vorlesung daher stets wach und aufmerksam!

Die Entdeckung der Schnelligkeit

Vor einiger Zeit unterhielt ich mich mit einem Freund, der Mal- und Zeichenkurse für zukünftige Kunsthochschulstudenten anbietet, so genannte Mappenkurse. Ein wichtiger Bestandteil seines Unterrichts sind Übungen, bei denen die Teilnehmer nur wenige Minuten Zeit haben, den Körper eines Aktmodells zu skizzieren. Danach wechselt das Modell seine

Pose, und es muss eine neue Skizze angefertigt werden. Was auf den ersten Blick wie eine Arbeit im Akkordtakt wirkt, ist in Wirklichkeit ein wunderbares Training im Erfassen des Wesentlichen: Anfängerfehler beim Zeichnen, wie das Verharren in Details oder das Zögern vor dem ersten Aufsetzen des Bleistiftes, sind hier nicht mehr möglich. Das Zeitlimit erzwingt gewissermaßen den Mut zur Lücke. Die Kursteilnehmer können gar nicht anders, als den Ausdruck der gesamten Figur auf sich wirken zu lassen und ihn auf ihre ganz individuelle Weise wiederzugeben. Auch das Herunterschrauben von Leistungsansprüchen fällt nun leichter: Schließlich geht es hier nicht ums „Schönmalen", sondern darum, das Wesentliche zu erfassen.

Inzwischen habe ich eine ähnliche Übung in meine Kursen integriert: Dabei zeige ich wenige Sekunden lang verschiedene Fotos, auf denen zunächst Gegenstände, später auch Landschaften zu sehen sind. Die Teilnehmer haben die Aufgabe, in der begrenzten Zeit das für sie Wesentliche aufzumalen. Selten ist die Atmosphäre im Kurs konzentrierter als bei dieser Übung. Und später wird häufig Erstaunen darüber zum Ausdruck gebracht, wie viele Informationen trotz des knappen Zeitlimits aufgenommen und verarbeitet werden konnten. Übungen wie diese verdeutlichen die Vorteile schnellen geistigen Arbeitens:

- Durch das hohe Maß an Informationsverarbeitungskapazität, das auf die Wahrnehmung gelenkt wird, fällt die Konzentration auf die Aufgabe und das Abwehren störender Impulse leichter.
- Durch die Aufnahme mit breitem Fokus geht der Überblick nicht verloren und man verliert sich nicht so leicht in Details.
- Durch die schnelle Aufnahme stellen sich auch schnell erste Erfolge ein, was die Motivation hebt.

- Durch das Fokussieren auf den Gesamtüberblick und die Steigerung der Motivation ist diese Art der Aufnahme gehirnfreundlich. Sie entspricht der Arbeitsweise des vernetzten Gehirns, wo detaillierte Informationen in eine übergeordnete Struktur eingepasst werden.

Übung: Auf die Schnelle ...

In verschiedenen Phasen des Lernprozesses kann die schnelle Arbeit mit Zeitlimits dabei helfen, den Blick auf das wirklich Wichtige zu richten und Blockaden zu lösen. Versuchen Sie innerhalb der nächsten 60 Sekunden:

- zu sagen, warum Sie gerade dieses Fach studieren.
- Ihr augenblickliches Lernprojekt schriftlich in Stichworten zu skizzieren.
- aufzuschreiben, was Sie in den nächsten sechs Monaten unbedingt schaffen möchten.
- eine Beschreibung zur politischen Lage Deutschlands oder gleich ganz Europas zu formulieren, oder Pläne zur Verbesserung der wirtschaftlichen Situation zu entwickeln.

Seien Sie ruhig mutig. In so kurzer Zeit wird niemand ausgefeilte Konzepte von Ihnen erwarten, aber vielleicht haben Sie einen überraschend guten Gedanken.

Arbeitsinsel: Steigerung der Lesegeschwindigkeit

„Wer schnell liest, hat am Ende nur wenig behalten." Einwände wie diese höre ich häufig. Sie bauen allerdings auf einer Fehleinschätzung auf: Geschwindigkeit und Verständnis sind nämlich zwei voneinander unabhängige Größen. Langsames Lesen führt nicht automatisch zu besserem Verständnis. Bei geringem Tempo kann sich der Leser beispielsweise in Details festbeißen und den Überblick verlieren. Das wird beim schnellen Lesen nicht so leicht passieren, dafür können aber wichtige Informationen in der Eile übersehen werden.

Um Texte effizient zu bearbeiten, ist daher der variable Einsatz unterschiedlicher Lesegeschwindigkeiten zu empfehlen. Das schnelle Lesen vermittelt den Überblick, das langsame geht dagegen mehr ins Detail. Um das passende Tempo wählen zu können, müssen Sie allerdings Techniken des schnellen Lesens beherrschen. Denn: Wer schnell lesen kann, kann auch langsam lesen. Umgekehrt geht das nicht! Bevor wir darauf eingehen, wie Sie Ihre Lesegeschwindigkeit steigern können, sollten Sie erst einmal herausfinden, wie schnell Sie zurzeit lesen.

> **Übung: Ermitteln Sie Ihre Lesegeschwindigkeit**
>
> Unter www.studienberatung.fu-berlin.de/e-learning/uebung/schneller_lesen/ finden Sie einen Test zur Messung der Lesegeschwindigkeit mit vorgegebenen Texten zum Ausdrucken. Sie können den Test aber auch mit einem Text Ihrer Wahl durchführen. Dabei ermitteln Sie zunächst die durchschnittliche Wortanzahl der Zeilen, indem Sie die Worte aus drei Zeilen addieren und die Summe dann durch drei dividieren. Bei Zeitungsartikeln liegt die durchschnittliche Wortanzahl zwischen sechs und sieben. Stellen Sie eine Stoppuhr auf eine Minute und beginnen Sie mit dem Lesen. Nach Ablauf der Zeit markieren Sie die Stelle, bis zu der Sie gelesen haben. Addieren Sie nun die Zeilenanzahl mit der durchschnittlichen Wortanzahl. Das Ergebnis ist der Wert für Ihre Lesegeschwindigkeit.

Die Lesegeschwindigkeit wird in Wörtern pro Minute gemessen (wpm). Ein Wert unter 200 wpm entspricht dem Lautlesen und ist sehr langsam. Wenn Sie unter diesem Wert liegen, sollten Sie Ihre Lesetechnik dringend verbessern. Werte zwischen 200 und 400 wpm weisen auf ein flüssiges, routiniertes Lesen hin, allerdings im mittleren Tempo. Wenn Sie in Studium und Beruf viel Literatur bearbeiten müssen, werden Sie mit diesem Wert den Anforderungen kaum gerecht werden können. Ab 400 wpm nähern wir uns dann den Regionen des schnellen Lesens.

Um die Lesegeschwindigkeit zu steigern, brauchen Sie etwas Übung. Mit einer entsprechenden Anleitung geht das natürlich viel besser. Ein ausführliches Training bieten unter anderem Ott und Chevalier. Auch im Rahmen der e-learning-Angebote der Freien Universität Berlin finden Sie unter dem folgenden Link ein kurzes Übungsprogramm zum schnellen Lesen: www.studienberatung.fu-berlin.de/e-learning/portal/studienverlauf/. Bei regelmäßigem Training können Sie Ihre Lesegeschwindigkeit innerhalb kurzer Zeit mit Leichtigkeit auf Werte um 600 wpm steigern. Im Wesentlichen bauen alle Übungsprogramme auf folgenden Richtlinien auf:

Legen Sie das Lernziel und den Fokus fest

Sie verlieren viel Zeit, wenn Sie gar nicht wissen, warum Sie den Text eigentlich lesen. Möglicherweise erscheint Ihnen dann alles gleich wichtig oder auch gleich uninteressant. Je genauer Sie schon im Voraus Ihr Lernziel formuliert haben, desto schneller können neue Informationen während des Lesens Ihren Schwerpunkten zugeordnet werden.

Sie können sowohl mit einem breiten als auch mit einem engen Fokus schnell lesen. Ein breiter Fokus zielt eher auf den Überblick. Dabei vernachlässigen Sie zunächst alle Details. Wenn Sie nach ganz konkreten Informationen suchen, beispielsweise einer Definition, einer Literaturangabe oder einer Jahreszahl, verengt sich der Fokus. Nun lesen Sie schnell, ohne auf den Überblick zu achten, vernachlässigen Sinnzusammenhänge, bis Sie die passende Textstelle gefunden haben. Sie kennen diese Art des Lesens sicherlich aus dem Nachschlagen in Lexika oder Telefonbüchern.

> In Pauls englischem Text tauchte schon mehrmals das Wort „enfranchisement" auf – ein Begriff, den er nicht kennt. Aus dem Sinnzusammenhang heraus kann er die Bedeutung nicht erschließen. Er holt sich daher ein Wörterbuch und schlägt es an der passenden Stelle auf. Ganz oben auf der Seite steht zunächst „energetic". Er geht mit dem Finger die ganze Wortreihe nach unten durch bis er auf „enfranchisement" stößt. Die deutsche Übersetzung lautet: Freilassung. Zufrieden schlägt er das Wörterbuch wieder zu.

Wenn Sie sich für eine Fragestellung und den entsprechenden Fokus entschieden haben, dürfen Sie beides nicht leichtfertig aufgeben. Sicherlich können neue Einsichten neue Entscheidungen erfordern, aber damit wird sich höchstwahrscheinlich die Bearbeitungszeit verlängern.

> Clara will am Montagabend einen Text lesen. Sie hat dafür nur 30 Minuten Zeit und will ihn daher nur kurz überfliegen, um sich einen Überblick zu verschaffen. Doch schon zu Beginn stößt sie auf eine Formulierung, die sie nicht versteht, und sie schlägt in einem anderen Buch nach, um eine Erklärung zu finden. Auf der zweiten Seite wird dann eine interessante Urteilsbegründung zu einem Fall dargelegt, der dem ihrer letzten Klausur ähnelt. Auch hier unterbricht sie das Lesen und macht sich ein paar Notizen, die sich auf diesen Fall beziehen. Nach 30 Minuten hat sie noch nicht einmal die Hälfte des Textes geschafft!

Clara hatte sich vor dem Lesen zwar ein Lernziel gesetzt, dieses aber aus den Augen verloren. Es wäre in diesem Fall klüger gewesen, beim schnellen überblicksartigen Lesen zu bleiben, wichtige Stellen erst einmal am Rand zu markieren, um dann später noch einmal darauf zurückkommen zu können.

Erweitern und zentrieren Sie den Fixierungsbereich Ihrer Augen

Wenn Kinder das Lesen lernen, orientieren sie sich zunächst an sehr kleinen Einheiten, beispielsweise Buchstaben, Silben oder einzelnen Wörtern. Jede dieser Einheiten wird mit einer Augenfixierung aufgenommen. Um schneller lesen zu können, muss die Aufnahmemenge dieser Fixierungen vergrößert werden. Der „normale" erwachsene Leser nimmt mit einer Fixierung zirka drei Wörter auf. Dabei werden beispielsweise Artikel und Adjektive auf das dazugehörige Substantiv bezogen und zu einer Wortgruppe verbunden. Für eine Lesegeschwindigkeit von mehr als 400 Wörtern in der Minute müssen Sie mindestens doppelt so viele Wörter gleichzeitig aufnehmen.

> **Übung: Schneller lesen 1**
>
> Lesen Sie den folgenden Text, indem Sie die Augen auf die Mitte der Zeile fixieren:
>
> Als Paul
> sich im August letzten Jahres
> gerade auf seine Klausur vorbereitete,
> bekam er einen Brief seines Vermieters,
> in dem er ihn über anstehende
> Renovierungsarbeiten
> informierte. Das war genau das, was
> Paul gefürchtet hatte.
> Warum passieren solche
> Dinge immer zum ungünstigsten
> Zeitpunkt? Er hörte schon förmlich die
> Presslufthämmer, spürte, wie die Wände

vibrierten und stellte sich vor, wie
er fluchtartig das Haus würde
verlassen müssen. Aber
wohin? In die Bibliothek? Dort hatte
es schon vorher mit dem Lernen
nicht funktioniert.
Was sollte er
also tun? Könnte er seinen Vermieter
bitten, zunächst in einer anderen
Wohnung zu beginnen? Er wählte die
Nummer der Hausverwaltung und schilderte
sein Problem. Eine freundliche Dame
fragte nach dem Termin seiner
Klausur. Dabei stellte
sich heraus, dass die Arbeiten im
Haus erst später beginnen
würden. Pauls Erleichterung mischte
sich mit peinlichen Gefühlen: In seiner
Panik hatte er gar nicht
genau auf das Datum
geachtet. Na ja, typischer
Prüfungsstress!

Ein Training zur Erhöhung der Lesegeschwindigkeit fängt mit solchen kurzen Zeilen an. Wenn Sie sich an die Fixierung der Mitte gewöhnt haben, wird die Länge der Zeilen erhöht, bis sie der in „normalen" Texten gleicht. Die Erweiterung der Fixierungen lässt sich sehr gut mit Zeitungsartikeln üben. Die Spaltenform der Texte erleichtert das großflächige Abtasten der Zeilen. Konzentrieren Sie sich beim Lesen auf die Mitte jeder Zeile, und versuchen Sie, die Wörter am Anfang und Ende aus den Augenwinkeln aufzunehmen. Achten Sie beim Lesen von Zeitungsartikeln auf die Richtung der Augenbewegungen. Um schnell zu lesen, dürfen Ihre Augen nicht von links nach rechts wandern, sondern sollten sich um den Mittelpunkt der Zeilen nach unten hin bewegen.

Orientieren Sie sich an Schlüsselwörtern

Sie steigern Ihre Lesegeschwindigkeit nicht nur durch die Erhöhung der Aufnahmekapazität pro Fixierung, sondern auch durch die Orientierung an Schlüsselwörtern, die zu Ihrer Fragestellung passen.

> **Übung: Schneller lesen 2 – Schlüsselwörter suchen**
>
> Nehmen Sie wieder Ihre Tageszeitung zur Hand. Lesen Sie die Überschrift eines Artikels. Damit verschaffen Sie sich erste Hinweise über den Inhalt. Merken Sie sich vier Wörter, die Sie anhand der Vorinformationen aus der Überschrift im Text erwarten.
>
> Beispiel: **Schon wieder Überfall auf Bankfiliale**
> *Täter entkommen*
>
> Mögliche Schlüsselwörter: Bank, Überfall, Raub, Geld, Flucht, Täter, Polizei
> Lesen Sie dann den Artikel möglichst schnell. Achten Sie beim Lesen auf die ausgewählten Schlüsselwörter. Tauchen Sie auf? Wenn ja, wie oft?

Beim Lesen wissenschaftlicher Texte sind Schlüsselwörter häufig schwieriger auszumachen. Orientieren Sie sich hier vor allem an Ihrer konkreten Fragestellung: Was wollen Sie wissen? Welche Stichworte fallen Ihnen zu den gewünschten Informationen ein?

Bleiben Sie im Lesefluss

Um viele Informationen schnell aufzunehmen, dürfen Sie sich nicht im Detail verlieren.

> Paul sitzt über einem englischen Lehrbuch. Obwohl er aus der Schule sehr gute Englischkenntnisse mitbringt, bereitete ihm der Text zunächst doch etliche Probleme. Am Anfang hat er fast jeden Fachausdruck im Wörterbuch nachgeschlagen, was sehr mühsam war und dazu führt, dass er kaum vorankam. Inzwischen läuft es jedoch besser: Wenn er jetzt auf einen Begriff stößt, den er nicht kennt, liest er erst einmal weiter. In den meisten Fällen ergibt sich dann die Bedeutung aus dem Sinnzusammenhang. Jetzt greift er nur zum Wörterbuch, wenn es zum Verständnis des Textes unbedingt notwendig ist.

Das Lesen längerer fremdsprachlicher Texte oder Romane ist sehr mühsam, wenn Sie ständig die Bedeutung einzelner Worte nachschlagen müssen. Bei guten Grundkenntnissen einer Sprache erschließt sich Ihnen der Inhalt auch ohne wörtliche Übersetzungen. Sie lesen dann nicht nur schneller, sondern auch effektiver und weniger mühsam. Dieses Phänomen ist durchaus übertragbar auf das schnelle Lesen muttersprachlicher Texte. In beiden Fällen geht es darum, sich vom Wort-für-Wort-Lesen zu lösen und in den Lesefluss zu kommen. Dabei erfassen Sie die Kernaussagen des Textes und verlieren sich nicht so leicht im Detail. Verständnisfragen im Zusammenhang mit unklaren Begriffen oder Formulierungen klären sich dann meist beim weiteren Lesen.

Lesen Sie mit beiden Gehirnhälften

Wenn Sie einen Text mit einer Fragestellung lesen und/oder gezielt nach Schlüsselwörtern durchsuchen, sind beide Gehirnhälften aktiv: Die rechte Seite versucht, im Gelesenen einen Sinn zu erkennen, ist dabei jedoch häufig ungenau. Erst der präzise Blick der linken Seite ermöglicht die endgültige Zuordnung. Schnelles – und auch effizientes – Lesen baut daher auf ein enges Zusammenspiel zwischen den beiden Gehirnhälften auf. Dies trainieren Sie, indem Sie beim Lesen neue Informationen in schon vorhandene Strukturierungsmuster einfügen.

> **Übung: Schneller lesen 3 – Lesen mit beiden Gehirnhälften**
>
> Lesen Sie den folgenden Text. Fügen Sie in die Lücken ein Wort ein, das ein Möbelstück bezeichnet. Und: Welche Wörter beziehen sich auf den menschlichen Körper?
>
> Das Chaos war nicht mehr zu übersehen. Überall in der Wohnung lagen Zettel, Bücher und Stifte. Anne konnte nun einmal nicht lange am _____ sitzen. Nach einer Stunde spürte sie Verspannungen im ganzen Körper. Manchmal reichten ein paar Lockerungsübungen im Sitzen auf dem _____ aus: Dann rollte sie die Schultern oder streckte die Arme aus. Aber nach Möglichkeit wechselte sie den Arbeitsplatz. Lesen kann man schließlich auch auf dem _____! Vor dem Einschlafen ging sie dann meist noch einmal ihre Karteikarten im _____ durch. Einziges Problem war das Aufschreiben. Das Buch auf den Knien war nicht die ideale Unterlage. Und wenn sie den Stift aus der Hand legte, gab es schon mal Flecken. In ihrem _____ lagen damals etliche T-Shirts mit unterschiedlichen Farbklecksen.

Benutzen Sie eine Lesehilfe

Lesehilfen einzusetzen, beispielsweise einen Stift oder den eigenen Finger, ist nicht „kindisch", sondern eine Erleichterung für die Augen. Die Fixierungen sind ruhiger und gezielter, wenn sie auf ein Objekt bezogen werden.

Trainieren Sie regelmäßig und halten Sie Ihre Erfolge fest

Wenn Sie regelmäßig üben, werden Sie schon bald Erfolge feststellen können.

Arbeitsinsel: Das Lesen wissenschaftlicher Texte

Wenn Sie Romane oder Gedichte lesen, brauchen Sie keine ausgefeilte Technik. Sie können langsam oder schnell lesen, bestimmte Stellen wiederholen, die Ihnen besonders gefallen, sich von der Handlung oder Sprache mitreißen lassen oder die Zeilen oberflächlich überfliegen. Bei der Bearbeitung wissenschaftlicher Texte sieht dies ganz anders aus. Hier sollen die Informationen kritisch bewertet und sinnvoll geordnet werden. Der Leser muss entscheiden, was wichtig oder unwichtig ist, was behalten werden soll und was nicht. Hierfür ist ein hohes Maß an Aktivität erforderlich. Robinson griff diesen Gedanken auf und entwickelte die wohl bekannteste Lesemethode: das *aktive Lesen*. Er empfiehlt darin fünf Stufen der Textbearbeitung. Das folgende Modell zum Lesen wissenschaftlicher Texte ergänzt Robinsons Stufen um die Aspekte, die zuvor als wesentlich herausgestellt worden sind.

Schritt 1: Planung ist alles

Beginnen Sie nicht unvorbereitet mit dem Lesen. Berücksichtigen Sie bei der Planung sowohl inhaltliche als auch motivationale und mentale Aspekte.

motivationale Einstimmung:	Warum wollen/müssen Sie diesen Text lesen? Wie wichtig ist dieser Text für Sie? Freuen Sie sich darauf, ihn zu lesen oder sehen Sie das eher als unangenehme Aufgabe?
inhaltliche Einstimmung:	Welches Thema behandelt der Text? Was wissen Sie schon darüber? Was interessiert Sie am meisten? Welche neuen Informationen erhoffen Sie sich?
mentale Einstimmung:	Sind Sie ausgeruht und fit fürs konzentrierte Arbeiten?

Diese Fragen beziehen sich auf Ihre Erwartungen und Einstellungen zum Text. Zur Planung gehören aber auch die äußeren Bedingungen:

Materialprüfung:	Wie umfangreich ist der Text? Wie schwierig ist der Text?
Zeitprüfung:	Von wann bis wann werden Sie den Text lesen?

Schon im Modul Lernplanung haben Sie erfahren, wie wichtig die zeitliche Festlegung einer Arbeitseineinheit ist. Es ist wesentlich leichter, sich auf den Text zu konzentrieren, wenn Sie wissen, wie viel Zeit Ihnen zur Verfügung steht. Wie weit Sie in diesem Zeitraum mit welchem Lesetempo kommen werden, hängt natürlich vom Umfang und Schwierigkeitsgrad des Textes ab. Alle Informationen, die Sie in dieser Planungsphase zusammengetragen haben, münden in der Festlegung eines Lernziels: Suchen Sie Antworten auf bestimmte Fragen? Ist der Text so wichtig, dass Sie ihn mit viel Zeit intensiv bearbeiten müssen? Oder reicht Ihnen in Anbetracht des knappen Zeitbudgets ein schneller Überblick über die wesentlichen Inhalte? Formulieren Sie am Ende der Planung eine möglichst konkrete Fragestellung oder ein möglichst konkretes Lernziel.

Um es beim Lesen nicht aus den Augen zu verlieren, sollten Sie es schriftlich festhalten.

Wenn Clara einen juristischen Text liest, hat sie mehrere Fragen im Hinterkopf:

Was muss ich für die Prüfung wissen?	Auf diese Stellen muss sie besonders achten.
Was davon weiß ich schon?	Diese Stellen überfliegt sie meist. Noch einmal alles aufzufrischen ist aber nicht schlecht. Außerdem stärkt es ihre Erfolgszuversicht, wenn sie erkennt, wie viel sie schon weiß.
Was muss ich noch lernen?	Diese Stellen muss sie sich intensiver ansehen.

Nach Chavalier spielt sich das wirklich Wichtige beim Lesen schon davor ab. Eine gute Vorbereitung ist die beste Voraussetzung dafür, später das Wesentliche eines Textes zu erkennen und das Lernziel zu erreichen.

Schritt 2: Schnelles Lesen

Beginnen Sie mit einem ersten schnellen Lesedurchgang, unabhängig davon, ob Ihre Fragestellung eher eng oder breit angelegt ist. Selbst bei Texten, die Sie später noch intensiv bearbeiten werden, bekommen Sie so einen ersten Überblick. Markieren Sie dabei die Stellen, die Ihnen wichtig erscheinen oder die Sie nicht verstanden haben. Oder notieren Sie parallel zum Lesen Stichwörter mit den entsprechenden Seitenangaben. Hüten Sie sich aber davor, zu viel aufzuschreiben. Das würde Sie aus dem Lesefluss bringen.

Schritt 3: Rekapitulieren

Lenken Sie nun den Fokus Ihrer Konzentration nach innen. Lösen Sie Ihre Augen vom Text oder schließen Sie sie. Ändern Sie die Sitzhaltung. Denken Sie an das, was Sie gerade gelesen haben.

Rekapitulieren Sie das Gelesene:	Was haben Sie gerade erfahren? Was war besonders wichtig? Was haben Sie nicht verstanden?
Unterziehen Sie den Text einer kritischen Würdigung:	Lohnt es sich, ihn nochmals intensiv zu bearbeiten? Wenn ja, worauf sollten Sie dann besonders achten?
Beziehen Sie das Gelesene auf Ihre Fragestellung:	Hat Ihnen der Text das geboten, was Sie sich erhofft hatten?

Der ideale Zeitpunkt für das erste Innehalten und Reflektieren ist nach zirka 15 Minuten gekommen. Eine zu frühe Unterbrechung könnte den Lesefluss unterbrechen.

Schritt 4: Festhalten

Durch das schnelle Lesen haben Sie einen Überblick über den Text bekommen. Nun gilt es, die bisherigen Erkenntnisse festzuhalten und das weitere Vorgehen zu planen. Schreiben – oder zeichnen – Sie die Ergebnisse des ersten Bearbeitungsprozesses auf: Was haben Sie verstanden? Was ist Ihnen noch unklar? Welche Stellen wollen Sie nochmals intensiver lesen? Wenn Sie danach noch einmal in den Text zurückgehen, werden Sie sich mit geschärftem Blick gezielt den wichtigen Stellen zuwenden können.

Es kann aber auch sein, dass Sie sich gegen die weitere Bearbeitung entscheiden. Nicht jeder Text ist die Mühe wert, die Sie bei einem intensiven Lesen investieren. Sie sparen viel Zeit und Energie, wenn Sie dies rechtzeitig herausfinden. Oder Sie stellen fest, dass Sie alle wesentlichen Informationen schon im ersten Lesedurchgang erfasst haben. Auch dann können Sie den zweiten Durchlauf überspringen. Möglicherweise erkennen Sie aber auch, dass der Text nicht zu Ihrer Fragestellung passt. Entscheiden Sie in diesem Fall, was Ihnen wichtiger ist: das Festhalten an Ihrer Fragestellung oder die Bearbeitung des Textes.

Schritt 5: Vertieftes Lesen

Lesen Sie nun noch einmal die markierten Stellen. Wechseln Sie dabei auf einen engen Fokus und bearbeiten Sie die betreffenden Textpassagen in einem langsamen Tempo. Übertragen Sie die Erkenntnisse der erneuten Bearbeitung parallel zum Lesen in Ihre schriftlichen Aufzeichnungen.

Wiederholen Sie die Schritte zwei bis fünf, bis Sie den ganzen Text gelesen haben, beziehungsweise bis der fürs Lesen eingeplante Zeitrahmen nahezu ausgeschöpft ist. Das Lesen hört allerdings mit dem Lesen noch nicht auf!

Schritt 6: Abschließende Einordnung und Bewertung

Fügen Sie die neuen Informationen in Ihre schon bestehenden Wissensnetze ein. Damit lösen Sie sich endgültig vom Ausgangstext, aus dem Sie nun die entscheidenden Daten herausgezogen haben. Wissenschaftliches Arbeiten beruht nicht auf Nacherzählungen von Texten, sondern auf der Auseinandersetzung mit den darin enthaltenen Informationen.

Vergleichen Sie daher am Ende Ihre Erkenntnisse mit der ursprünglichen Fragestellung:

- Sind Ihre eingangs gestellten Fragen beantwortet worden?
- Was haben Sie erfahren?

- Welche Fragen sind noch offen beziehungsweise neu aufgeworfen worden?
- Was haben Sie darüber hinaus erfahren?
- Planen Sie auch die nachfolgenden Schritte: Was lesen Sie als Nächstes?

Dieser Ablauf erscheint nur auf den ersten Blick langwierig und kompliziert. Wenn Sie diese Herangehensweise erst einmal verinnerlicht haben, werden Sie die einzelnen Stufen schnell und mühelos durchlaufen. In jeder Phase nutzen Sie die Wahl- und Gestaltungsmöglichkeiten voll aus: Sie entscheiden, wann und wie lange Sie den Text schnell lesen und welche Stellen Sie noch einmal langsam bearbeiten möchten. Verzichten Sie auch bei kompakten Texten nicht auf das schnelle Lesen und das Rekapitulieren. Der Einwand „Das muss ich ja doch alles lernen!" ist kein Gegenargument zu dem geschilderten Ablauf. Selbst wenn Sie beim ersten Lesen inhaltlich nicht allzu viel aufnehmen konnten, bekommen Sie so doch zumindest einen Überblick über das, was Sie erwartet. Die Planung der nächsten Schritte wird dadurch konkreter und auch realistischer. Darüber hinaus ist diese Art des Lesens gehirnfreundlich, da unser Gehirn netzwerkartig arbeitet und neue Inhalte besser aufnimmt, wenn es sie in ein vorher aufgebautes Netzwerk integrieren kann. Ein lineares Vorgehen, wie es das langsame Lesen Seite für Seite beinhaltet, wirkt dagegen ermüdend. Nehmen Sie sich daher – egal um welche Art Text es sich handelt – die Zeit für einen Schnelldurchgang. Ihr Gehirn wird es Ihnen danken!

> Clara bearbeitet ihre Texte jetzt mit der neuen Lesetechnik: Sie verschafft sich beim Lesen mit breitem Fokus zunächst einen schnellen Überblick. Sie fühlt sich gut bei dem Gedanken, dass sie alles – wenn auch mit Verständnislücken – schon einmal bearbeitet hat. Diese Zuversicht steigt dann bei jeder Lücke, die sie beim langsamen Lesen mit engem Fokus schließen kann. Sie fühlt sich nicht mehr

von dicken Büchern unter Druck gesetzt, sondern bestimmt selbst über ihr Lesen.

Arbeitsinsel: Vorträgen und Vorlesungen folgen

Die Aufnahme von Informationen beim Hören von Vorlesungen und Vorträgen gleicht in vielen Aspekten dem Ablauf des Lesens. Manche Entscheidungsmöglichkeiten sind hier allerdings eingeschränkt: Ein Vortragender gibt das Tempo und die Richtung vor – er entscheidet darüber, wie schnell der Lernstoff dargeboten wird und welche Stellen herausgehoben oder wiederholt werden. Auf der anderen Seite können die Erwartungen der Zuhörer ganz unterschiedlich sein. Für jemanden mit geringen Vorkenntnissen ist ein Überblick über das Thema durchaus ausreichend, während sich der Experte genauere Informationen versprechen wird. Auch Sie können schon vor dem Zuhören festlegen, was Sie besonders interessiert:

Schritt 1: Vorbereitung

Bestimmen Sie die inhaltliche Zielrichtung: Was wissen Sie schon über dieses Thema? Welche neuen Informationen erwarten Sie vom Vortrag? Was hat der Dozent/Professor in der letzten Woche gesagt? Stimmen Sie sich auf die Aufnahme der Informationen ein: Richten Sie Ihre Konzentration auf einen breiten oder engen Fokus aus.

Schritt 2: Aktives Zuhören

Wechseln Sie während des Zuhörens den Fokus Ihrer Aufmerksamkeit: Folgen Sie dem Vortrag bei einer breit gefächerten Fragestellung mit offener Aufmerksamkeit. Schalten Sie bei wichtigen Informationen auf einen engeren, selektiven Fokus um. Ziehen Sie zusätzliche Aufnahmekanäle heran: Schreiben Sie die für Sie wichtigen Informationen auf. Bleiben Sie nicht stumm: Fragen Sie den Vortragenden, wenn Sie etwas nicht verstanden haben oder trauen Sie sich ruhig, etwas anzumerken, was Ihnen wesentlich erscheint.

Schritt 3: Rekapitulieren

Bearbeiten Sie möglichst zeitnah Ihre Aufzeichnungen. Stellen Sie dabei die für Sie wichtigen Punkte heraus:

- Was haben Sie erfahren?
- Welche Fragen sind noch offen beziehungsweise neu aufgeworfen worden?
- Welche wichtigen Informationen haben Sie darüber hinaus gewonnen?
- Betten Sie die neuen Informationen in Ihre Wissensnetzwerke ein.
- Planen Sie die nächsten Schritte: Wie werden Sie fortfahren? Was wollen Sie noch einmal nachschlagen?

Empfehlenswert ist das Rekapitulieren von Vorlesungen und Vorträgen innerhalb der nächsten 24 Stunden. Später könnte ein Großteil der Informationen schon vergessen und manche handschriftlichen Notizen nicht mehr entzifferbar sein.

> Anne nimmt sich jetzt jeden Abend Zeit für die Nachbereitung der Vorlesungen. Sie fasst die Inhalte jeder Veranstaltung auf einer Seite zusammen.

Die Beschränkung auf eine Seite ist eine gute Übung, das wirklich Wichtige in kurzen Worten zusammenzufassen. Es lohnt sich, eine entsprechende Vorlage in Ihrem Computer abzuspeichern, und sie so immer wieder aufs Neue benutzen zu können. Ergänzen Sie dieses Blatt dann mit Unterlagen wie Fotokopien oder auch Ihren handschriftlichen Notizen, und heften Sie alles in einem entsprechend eingerichteten Ordner ab.

Wie bei so vielen Techniken wird Ihnen auch diese Art der Nachbereitung zunächst mühsam erscheinen. Aber mit ein wenig Routine benötigen Sie für die Zusammenfassung pro Veranstaltung maximal 15 bis 20 Minuten – ein Zeitaufwand, der sich langfristig auszahlt. Am Ende des Semesters haben Sie auf diese Weise systematisch geordnete Unterlagen, die das Wiederholen sehr erleichtern.

Tipps für die Aufnahme von Wissen

Bestimmen Sie vor der Aufnahme:

1. die inhaltliche Zielrichtung/Fragestellung
2. den Aufnahmekanal
3. die zum Lernziel passende Fokussierung/Lesegeschwindigkeit
4. die Dauer der Aufnahme
5. Stimmen Sie sich mental auf die Aufnahme ein (zum Beispiel Alpha-Zustand beim Lesen mit breitem Fokus).
6. Nehmen Sie die Informationen möglichst aktiv auf, nutzen Sie viele Lernwege und aktivieren Sie beide Gehirnhälften.
7. Variieren Sie während der Aufnahme die Fokussierungen und Lernwege.

Lernergebnisse für dieses Modul

Beantworten Sie folgende Fragen:

Welcher Lerntyp sind Sie (vor allem visuell, akustisch oder kinästhetisch)?
Wie schnell können Sie lesen?
Welche Texte werden Sie demnächst mit welcher Geschwindigkeit lesen?
Wie können Sie Vorträgen und Vorlesungen besser folgen?

Modul: Wissen vernetzen

> **Lernziel für dieses Modul**
>
> **Was Sie wissen sollten:** Grundlagen über Denk- und Strukturierungsprozesse
>
> **Was Sie entscheiden müssen:** Welche Strukturierungsmodelle passen zu Ihren Lerninhalten?

Jeder Leser von Kriminalromanen weiß, wie unzuverlässig Zeugenaussagen sein können. Da ist sich jemand ganz sicher, den Täter erkannt zu haben, identifiziert ihn aufgrund untrüglicher Merkmale, und doch kann sich am Ende alles als Irrtum herausstellen. Auch im Roman *Abbitte* von Ian McEwan nehmen verhängnisvolle Geschehnisse aufgrund von Fehleinschätzung ihren Lauf: Briony, ein dreizehnjähriges Mädchen, wird Zeugin einer Straftat und ist davon überzeugt, den Täter erkannt zu haben. Später kommen ihr Zweifel, und sie hätte gern „die Bedeutung des Wortes *gesehen* erläutert oder doch zumindest verkompliziert, sodass es weniger *sehen* als mehr *wissen* meinte" (S. 245). Sie erkennt immer mehr, wie sehr ihre Vermutungen und Interpretationen ihre Wahrnehmung bestimmt haben: Sie hatte das gesehen, was in ihr Denksystem passte.

Wie wird aus dem, was wir gesehen oder gehört haben, Wissen? Auf dem Weg von der Aufnahme bis zur endgültigen Abspeicherung im Gehirn wird jede neue Information eingehend geprüft und bewertet. Dabei spielen bereits vorhandene Einordnungsmuster eine wesentliche Rolle, die sich aufgrund persönlicher Erfahrungen, aber auch durch allgemein gültige Regeln ausgebildet haben. Beim Lernen können solche Muster einerseits hilfreich sein, auf der anderen Seite aber auch eine effektive Bearbeitung behindern. Manchmal ist es nämlich ratsam, fest gefügte Denkschemata zu verlassen, um sich neue Perspektiven zu eröffnen.

Das strukturierende Gehirn

Stellen Sie sich vor, es gäbe eine neue Trendsportart: das Fautieren. Sie sind davon begeistert und fautieren täglich zwischen 15 und 17 Uhr. Ein Freund fragt, wie Sie den gestrigen Nachmittag verbracht haben. Was antworten Sie? Haben Sie gefautiert oder fautiert? Sicherlich werden Sie sich für die zweite Variante entscheiden, aber warum? Wenn Sie Deutsch als Fremdsprache gelernt haben oder es unterrichten, werden Sie die entsprechende Regel kennen, dass nämlich ein Verb auf -ieren das Partizip Perfekt ohne „ge" bildet. Ist Deutsch allerdings Ihre Muttersprache, haben Sie diese Struktur im Verlauf Ihres Spracherwerbs ganz automatisch aufgenommen. Sie kennen das Muster, ohne sich dessen bewusst zu sein und beantworten die oben gestellte Frage „intuitiv" oder „dem Gefühl nach" richtig. Dabei hat die Art und Weise, wie Sie zu dieser Antwort gelangen, nichts mit dem Gefühl zu tun, sondern verdeutlicht lediglich den Prozess der Informationsbearbeitung in unserem Gehirn.

Die im Gehirn für die Zuordnung in Strukturen zuständige Instanz ist der Hippocampus, ein Teil des limbischen Systems. Er ist der Regisseur des Arbeitsspeichers, den alle neuen Informationen durchlaufen müssen. Seine Aufgabe ist es, darüber zu entscheiden, was in die entsprechenden Gedächtnisspeicher gelangt und was verworfen wird. Dabei orientiert er sich in hohem Maße an Strukturen: Passt eine Information in ein bereits vorhandenes Muster oder zu einer Fragestellung, wird sie weitergeleitet. Manchmal unterlaufen ihm dabei jedoch auch Fehler. Dann kommt es zu falschen Zuordnungen, weil Informationen übersehen oder nicht richtig interpretiert wurden. Wenn der Hippocampus durch die Aufnahme neuer Hinweise einen Fehler erkennt, revidiert er seine vorherige

Entscheidung sofort und bettet die Daten in andere – besser passende – Muster ein. Um solche Korrekturen vornehmen zu können, behält er in vielen Fällen noch über mehrere Tage den Zugriff auf schon abgespeicherte Informationen. Der Hippocampus ist allerdings auch offen für zweideutige und mehrschichtige Zuordnungsmöglichkeiten. Lesen Sie bitte die folgende Buchstabenreihe:

Abbildung 15: ABC

Sind Sie sich ganz sicher, dass der mittlere Buchstabe ein B ist? Ihr Hippocampus wird zunächst eine eindeutige Struktur erkennen: Es handelt sich um eine Buchstabenreihe und der Buchstabe zwischen A und C ist das B. Außerdem sieht das Zeichen ja auch wirklich wie das vertraute „B" aus. Vielleicht werden Sie – und Ihr Hippocampus – diese Einschätzung jedoch noch einmal überdenken, wenn Sie die folgende Anordnung sehen:

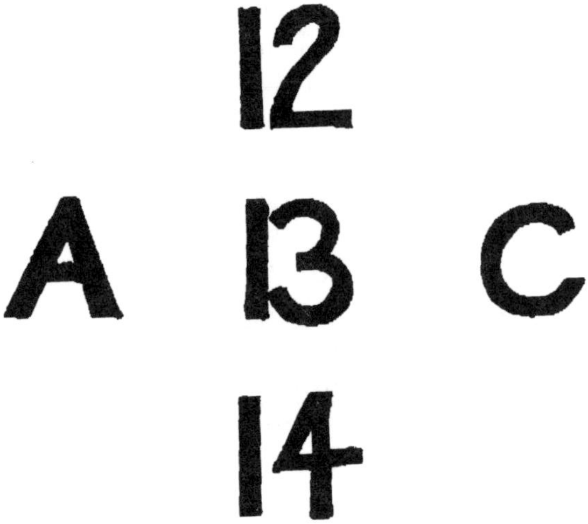

12

A 13 C

14

Abbildung 16: ABC – 2

Hier werden gleich zwei mögliche Zuordnungsschemata aktiviert: eine Zahlenfolge und eine Buchstabenreihe. Möglicherweise schwankt Ihr Hippocampus, tendiert mal zu der einen, dann wieder zu der anderen Deutung. Dieses Phänomen wird als *Kipp-Wahrnehmung* bezeichnet.

Noch ein Beispiel für die Arbeitsweise des Hippocampus – schauen Sie sich bitte die folgende Zahlenreihe an:

2 – 4 – 6 – ?

Welche Zahl kommt Ihrer Meinung nach als Nächste? Tippen Sie auf die 8? Dann haben Sie ein System erkannt, eine Regel, die besagt, dass von der einen zur nächsten Zahl jeweils die 2 addiert wird (2, 4, 6, 8, 10 ...). Sie könnten sich aber auch für die 12 entscheiden. Dieses System ist etwas komplizierter, aber nicht weniger passend: Verdopplung und anschließende Addition von 2 (2, 4, 6, 12, 14, 28 ...). Und in dieser kurzen Zahlenfolge würden sich auch noch andere Systeme entdecken lassen.

Peter Watson, ein britischer Psychologe, der diese Aufgabe einer großen Anzahl von Probanden vorlegte, hatte eine ganz einfache Regel im Sinn: Die nächste Zahl sollte „nur" größer sein als die vorherige. Danach wären alle Zahlen, die auf sechs folgen, eine richtige Antwort gewesen. Watson konnte allerdings beobachten, dass sich die weitaus größte Anzahl der Versuchsteilnehmer für das Plus-zwei-System entschied. Er folgerte daraus, dass wir bei der Strukturierung von Informationen einfache, aber klar abgrenzbare Regeln bevorzugen. Das „Höhere-Zahl-Prinzip" ist demnach zu beliebig, das „Erstverdoppeln-dann-zwei-addieren-Prinzip" zu kompliziert.

Komplexer wird die Zuordnung, wenn die Informationen vielschichtiger und die Fragestellungen breiter sind. Wie gelingt es dem Hippocampus in Kommunikationsprozessen oder beim Lesen, die Struktur, das „Wesentliche" zu erkennen? Lassen Sie uns hierfür einen kleinen Ausflug in die Soziolinguistik unternehmen: Nach Chomsky nehmen wir Worte nicht linear – also Wort für Wort – auf, sondern suchen schon beim Hören und Lesen nach der Kernaussage, der „Tiefenstruktur", die auf der semantischen Ebene bearbeitet werden kann. Beschreibungen, Füllwörter und grammatikalische Wendungen, die die Bedeutung des Satzes nicht grundlegend verändern, sind nur Transformationen einer Grundaussage, die bei der Bearbeitung von Sprache oder Text herausgefiltert werden muss. So wie unser Hippocampus in den vorherigen Beispielen nach Zuordnungen und Mustern gesucht hat, steht er bei der Bearbeitung von Informationen aus Texten oder Vorlesungen vor der Aufgabe, die hinter Anreihung von Worten stehende Tiefenstruktur zu erfassen. Dabei helfen ihm entsprechende Vorinformationen: Was wollen Sie wissen? Was wissen Sie schon? Was ist hier neu, was anders? Schon die Formulierung dieser Fragen erleichtert dem Hippocampus die Arbeit: Nun weiß er, wonach er suchen muss. Noch besser ist es natürlich, wenn wir ihm noch klarere Vorgaben geben: Was sagt beispielsweise Autor A zu Thema B? Und wie unterscheiden sich die

Aussagen von C von denen D's? Wenn solche Einengungen nicht möglich sind, kann der massive Zufluss weiterer Informationen helfen. Der Hippocampus, für den Schnelligkeit kein Problem ist, bekommt so ausreichend Material, um verschiedene Zuordnungen zu erproben. Fehleinschätzungen können auf diese Weise schnell korrigiert werden, bis die endgültige Struktur gefunden ist.

Die gelungene Zuordnung von Informationen sorgt für positive Stimmung. Haben Sie sich nicht auch schon darüber gefreut, nach viel Mühen am Ende eine Lösung gefunden zu haben? Nach Csikszentmihalyi sind unsere Gedanken zu Beginn meist chaotisch. Wenn es uns dann gelingt, Ordnung ins Chaos zu bringen, entstehen Glücksgefühle (flow): Der Knoten platzt, Strukturen werden deutlich und Gedanken können frei fließen. Erfahrungen wie diese fördern nicht nur das Behalten, sondern machen auch Lust auf mehr: mehr Wissen und mehr Denken.

Was ist Intelligenz?

Die Art und Weise, wie wir Informationen bearbeiten, gibt Aufschluss über unsere Intelligenz: Für Roth zeigt sich Intelligenz denn auch darin, wie mit einfließenden Informationen umgegangen wird, wie relevante Daten erkannt und weitergeleitet werden, und wie es gelingt, diese Daten sowohl untereinander als auch mit vorherigem Wissen zusammenzufügen. Besonders stellt er dabei die Schnelligkeit und Einfachheit der Bearbeitung heraus. Denn überdurchschnittlich intelligente Menschen finden bei Problemstellungen schneller die richtige, meist auch einfachere Lösung, behalten leichter den Überblick und verlieren sich nicht so leicht in Details wie weniger Begabte. Aus neurologischer Sicht ist die Größe des Gehirns dabei nicht entscheidend, wohl aber die Anzahl der Neuronen und Nervenverbindungen, sowie deren Leitungsgeschwindigkeit. All diese Aspekte sind weitgehend trainingsabhängig: Je öfter Sie wahrnehmen, denken, einordnen und abspeichern, desto größer wird das Netzwerk Ihres Wissens und desto schneller und leichter kommen Sie auf Gedankenverbindungen und Lösungen.

Als Beispiel für eine Person mit hoher Intelligenz wird immer wieder Albert Einstein genannt. Seit seinem Tod im Jahre 1955 untersuchten die berühmtesten Hirnforscher Proben seines Gehirns, um dort den Schlüssel für seine Genialität zu entdecken. Erst 1985 konnten Unterschiede zu „normalen" Gehirnen festgestellt werden. Das Verhältnis von Gliazellen zu Neuronen war sowohl im rechten als auch im linken Bereich des superioren Frontalhirns sowie im rechten und linken inferioren Parientallappen überdurchschnittlich groß. Gliazellen unterstützen die Arbeit der Neuronen. Wenn neue Gliazellen produziert werden, ist dies ein Hinweis auf hohe neuronale Aktivität. Die Entdeckung dieser Zellhäufungen im Frontalhirn verstärkt noch einmal die Bedeutung dieses Hirnareals für anspruchsvolle geistige Tätigkeiten. Die gleichmäßige Verteilung auf die rechte und linke Seite weist auf zahlreiche laterale Austauschprozesse hin: Einsteins Fähigkeiten waren nämlich nicht nur auf das logisch-naturwissenschaftliche Denken beschränkt. Er spielte leidenschaftlich gern Geige, war vielseitig interessiert und sah alles immer auch in globalen Zusammenhängen.

Einen wesentlichen Unterschied zwischen beiden Gehirnhälften haben die Forscher dann allerdings doch noch gefunden: Die überdurchschnittliche Häufung von Gliazellen im Verhältnis zu Neuronen war im linken inferioren Parietalhirn besonders auffällig – und das ist ein Bereich, der für außerordentliche mathematische Begabung verantwortlich ist. Unklar ist, ob Einsteins Gehirn schon bei seiner Geburt diese spezifischen Merkmale aufwies oder ob sich diese Auffälligkeiten erst durch seine Beschäftigung mit der Mathematik ausgebildet haben. Mit diesen Überlegungen sind wir bei der Frage angelangt, inwieweit Intelligenz eher angeboren ist oder erworben werden kann. Nach heutigem Erkenntnisstand wird durchaus von einer genetischen Disposition ausgegangen, wobei diese allerdings nach der Geburt durch Förderung ausgebaut werden kann oder aber verkümmert. Einigkeit herrscht auch darüber, dass Intelligenz aus einer Reihe von Fähigkeiten besteht. Das am weitesten ausdifferenzierte Modell ist dabei das von Gardner, der insgesamt acht Formen der Intelligenz benennt:

1. sprachliche Intelligenz, als Sensibilität für das gesprochene und geschriebene Wort sowie als Fähigkeit, Sprachen zu erlernen und sich sprachlich auszudrücken,
2. logische, mathematische Intelligenz, als Fähigkeit, Probleme logisch zu analysieren und mathematische Operationen durchzuführen,
3. musikalische Intelligenz, als Begabung zum Musizieren und Komponieren
4. körperlich-kinästhetische Intelligenz, als körperliche Ausdruckskraft und handwerkliches Geschick,
5. visuell-räumliche Intelligenz, als herausragende räumliche Orientierung, Erfassen von Proportionen und Begabung in der bildenden Kunst,
6. interpersonale-soziale Intelligenz, als Fähigkeit andere zu verstehen und mit ihnen zu kooperieren,
7. intrapersonelle Intelligenz, als Fähigkeit zur Selbstreflexion und
8. naturalistische Intelligenz, als Einblick in naturwissenschaftliche Grundlagen der Umwelt.

Wie unschwer zu erkennen ist, umfasst dieses Modell der *Multiplen Intelligenzen* nahezu das ganze Spektrum menschlichen Denkens und Handelns. Gardner legt Wert darauf, dass keine dieser Fähigkeiten als bedeutender anzusehen ist als eine andere. Vielmehr seien Bewertungen über den Vorrang einer bestimmten Intelligenzform kulturellen Schwankungen unterworfen. Ein australischer Ureinwohner, der kaum Kontakt zur westlichen Kultur hat, kann in seinem Umfeld als einer der Intelligentesten gelten, in einer Großstadt wie Sydney jedoch schon bei den einfachsten Anforderungen versagen.

Einen Selbsttest zum Modell der Multiplen Intelligenzen finden Sie unter www.kooperatives-lernen.de.

Nach Gardner zeigt sich intelligentes Handeln in der Fähigkeit, die persönlichen Begabungen so einzusetzen, dass die anfallenden Probleme adäquat gelöst werden können. Intelligentes Lernen bedeutet demnach, dass Sie bei Aufnahme, Bearbeitung und Abspeicherung von Wissen die Techniken einsetzen, die Sie schnell und leicht ans Ziel bringen. Und eine kluge Entscheidung orientiert sich sowohl an persönlichen Stärken als auch an der Beschaffenheit der Aufgaben, die den Einsatz bestimmter Methoden rechtfertigt.

Denken mit beiden Gehirnhälften

Gardners Modell ist zugleich als Kritik an herkömmlichen Intelligenztests zu sehen, die überwiegend sprachliches und logisch-mathematisches Wissen abfragen. Die Fähigkeit, neues Wissen zu integrieren oder ein neuartiges Problem zu lösen, werde hierbei nur unzureichend erfasst, obwohl dies doch gerade eine Voraussetzung für intelligentes Handeln sei. Mit seiner Kritik an der Vorherrschaft von Logik und Sprache bei der Beurteilung von Denk- und Lernstrategien steht Gardner nicht allein. Auch De Bono und Michalko fordern eine stärkere Berücksichtigung von Phantasie und Kreativität. De Bono propagiert das „laterale Denken" und bezeichnet damit eine enge Verzahnung von Fähigkeiten der rechten und linken Gehirnhälfte.

Schauen Sie sich das folgende Quadrat an. Wie können Sie es in vier gleich große Flächen unterteilen?

Abbildung 17: Quadrate

Sicherlich war das für Sie keine Schwierigkeit! Aber was haben Sie getan, als Sie eine Lösung gefunden hatten? Haben Sie nach weiteren Lösungsmöglichkeiten gesucht? Es gibt nämlich viele! Einseitiges – linkshemisphärisch geprägtes – Denken gibt sich mit der ersten Lösung zufrieden. Dieses Denksystem arbeitet linear, also nach einem einfachen Frage-Antwort-Prinzip. In vielen Situationen ist das sicherlich die adäquate Herangehensweise, kann aber auch das Finden anderer – möglicherweise viel interessanterer – Lösungen unterbinden. Laterales Denken lässt sich die Möglichkeiten offen und sucht nach mehr als einem Weg. Eine Strategie, die auch Albert Einstein beherzigte: „Ich gebe mich nicht damit zufrieden, wenn ich eine Stecknadel im Heuhaufen gefunden habe, sondern suche weiter." (Zitiert in Michalko 2001, Seite 9.)

Wie viele Quadrate sehen Sie auf der unteren Abbildung?

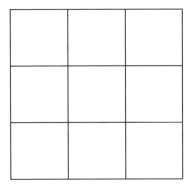

Abbildung 18: Neun Quadrate?

Auch dies scheint auf den ersten Blick eine einfache Aufgabe zu sein. Ihre linke Gehirnhälfte kommt wieder zu einem schnellen und einfachen Ergebnis: 3 x 3 = 9. Wahrscheinlich ahnen Sie schon, dass es auch mehr sein können. Dazu müssen Sie sich von der gewohnten Struktur, in diesem Fall den kleinen Quadraten, lösen. Bilden nicht alle neun Quadrate ein großes? Und wenn Sie vier kleine zusammenfassen, erhalten Sie dann nicht auch ein mittelgroßes Quadrat? Um diese – insgesamt 14 – Quadrate zu erkennen, hilft Ihnen die räumliche Wahrnehmung der rechten Gehirnhälfte.

Laterales Denken ist die Verbindung von Logik und Phantasie: zwei Fähigkeiten, die nur auf den ersten Blick nicht zusammenpassen. Zur Lösung von Problemen können und sollten Sie auf beide Bearbeitungsmöglichkeiten zurückgreifen. Kennen Sie die Überlegungen zur Quadratur des Kreises? Eigentlich etwas ganz Unmögliches, denn was hat ein Kreis mit einem Quadrat zu tun? Aber gerade diese Verbindung ist der Schlüssel für nahezu unbegrenzt viele Lösungsmöglichkeiten unserer ersten Quadrataufgabe:

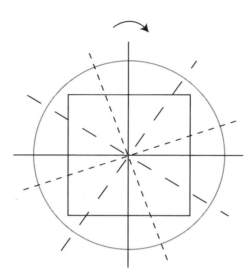

Abbildung 19: Unbegrenzte Lösungsmöglichkeiten

Durch Drehung des rechtwinkeligen Kreuzes um den Mittelpunkt herum können Sie die Form der vier Teile leicht variieren. Mathematisch genau taxiert verändern sie dabei nicht ihre Größe. Nur im Zusammenspiel zwischen Logik und Phantasie, zwischen mathematischem und räumlichem Denken und damit zwischen linker und rechter Gehirnhälfte wird diese Lösungsmöglichkeit entdeckt. Wichtiger Bestandteil des lateralen Denkens ist die Kreativität. Wie die Phantasie wird sie zu den rechtshemisphärischen Fähigkeiten gezählt. Roth beheimatet sie im präfrontalen Cortex, also in dem Bereich, der bei allen anspruchsvollen geistigen Aktivitäten beteiligt ist. Kreativität steht aber auch in enger Verbindungen zum Dopaminstoffwechsel – dem Botenstoff, der für angenehme Gefühle zuständig ist. Viele Menschen erleben durch kreative Tätigkeiten Glücksgefühle, „flow"-Erfahrungen, was durch Einsatz kreativer Techniken auch aufs Lernen übertragen werden kann.

Laterales Denken aktiviert breite Gehirnareale. Durch das Spiel mit vielen Möglichkeiten, der Suche nach neuen Wegen und kreativen Lösungen belebt es wenig genutzte Bahnen und vermehrt die synaptischen Verknüpfungen. Bei der Bearbeitung von Informationen sollten Sie daher dieser Art des Denkens so viel Raum wie möglich gewähren, und dies nicht nur, um die Leistungsfähigkeit Ihres Gehirns zu steigern und die Strukturierung der Informationen phantasievoller zu gestalten, sondern auch deshalb, weil das Denken so mehr Spaß macht.

Arbeitsinsel: Mit Strukturen arbeiten

Lernen bedeutet kontinuierliche Arbeit an Wissensnetzen. Dieser Prozess hört niemals auf, weil wir niemals ausgelernt haben. Immer wieder gibt es neue Informationen, die bereits vorhandenes Wissen ergänzen oder auch manchmal auf den Kopf stellen. Die Wissensnetze sind daher nicht starr, sondern sehr flexibel und dehnbar.

Schon zu Beginn dieses Moduls haben Sie Beispiele dafür kennen gelernt, wie das Gehirn neue Informationen auf schon zuvor gespeicherte Muster bezieht. Dabei handelte es sich um Einordnungsmuster, die sich im Laufe der Zeit aufgrund von Erfahrungen ausgebildet haben. Es sind Regelwerke, die sich durch häufige Nutzung tief eingeprägt haben und zur ersten Orientierung in dieser Welt voller Sinneseindrücke dienen. Wenn es nun darum geht, eine Grundstruktur für Ihr Lernprojekt zu konstruieren, dürfen Sie sich nicht auf schon vorhandene Systeme verlassen, sondern müssen Ihre Lernbasis neu festlegen. Sicherlich können Sie sich dabei auf vorherige Erkenntnisse stützen, aber das Lernziel – und damit die Richtung Ihres Arbeitens – wird anders sein als bei allen anderen Unternehmungen.

Ein weit verbreitetes und beliebtes schriftliches Strukturierungsmodell ist das *Mindmap*. Bei dieser von Buzan entwickelten Technik wird das Thema oder der Hauptbegriff in die Mitte eines Blattes geschrieben. Hiervon ausgehend bilden sich strahlenförmig Unterbegriffe aus, wobei die Bedeutung einzelner Aspekte durch ihre Position zur Mitte hin zum Ausdruck gebracht wird: Im Zentrum steht das Wichtigste, untergeordnete Informationen befinden sich an der Peripherie.

> **Übung: Entwerfen Sie ein Mindmap über Ihr Lernprojekt**
> 1. Schritt: Schreiben Sie Ihr Thema in die Mitte eines Blattes (mindestens DIN-A3)! Fällt Ihnen auch ein Logo, ein Symbol für Ihr Thema ein? Dann fügen Sie auch dies in den Mittelkreis ein.
> 2. Schritt: Entwickeln Sie danach die Äste: Welche Hauptaspekte sind bei Ihrem Thema zu beachten?
> 3. Schritt: Halten Sie die Inhalte in eindrücklicher Form fest. Fassen Sie sich bewusst kurz – für jeden Aspekt sollte ein Wort reichen. Verdeutlichen Sie inhaltliche Aussagen durch Bilder und/oder Symbole. Verwenden Sie Farben!
> 4. Schritt: Arbeiten Sie sich von der Mitte auf die Randbereiche (Zweige) vor. Beachten Sie auch hier die im Schritt drei genannten Hinweise.
> 5. Schritt: Ziehen Sie am Ende noch einmal die Linien mit einem dicken Stift nach, damit die Struktur deutlich wird.

Das Mindmap ist gerade zu Beginn ein ideales Strukturierungsmodell, da es das laterale Denken berücksichtigt. Hier notieren Sie erst einmal grob geordnet, was Sie schon wissen, welche Aspekte Ihnen wichtig erscheinen und welche Informationen Sie sich noch aneignen wollen oder müssen. Ihre linke Gehirnhälfte liefert dabei die eindeutigen Daten, während die rechte ausreichend Raum für Assoziationen, ungewöhnliche Gedanken und graphische Darstellungen bietet. Dadurch entsteht ein systematischer Überblick über einzelne Themengebiete.

Anne arbeitet an einem Essay über *Hintergründe der Punischen Kriege*. Sie weiß bereits einiges über die Auseinandersetzungen zwischen Rom und Karthago. Schließlich hatte sie in der Schule Geschichte als Leistungsfach, und das Altertum hat sie schon immer sehr interessiert. Da das Essay nicht länger als acht Seiten sein darf, muss sie sich entweder auf wenige Punkte beschränken oder kann nur einen groben Überblick geben.

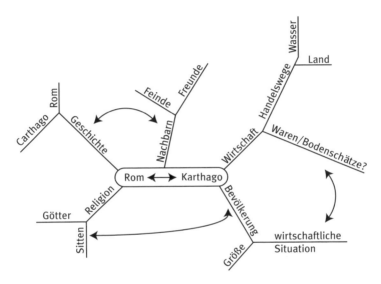

Abbildung 20: Annes Mindmap

Für das Mindmap hat Anne zirka eine halbe Stunde gebraucht. Danach sieht sie klarer, worum es bei ihrem Thema eigentlich geht und welche Schritte als Nächstes anstehen.

Ein solches Mindmap lässt sich für jedes Thema entwickeln, sei es nun allgemein oder ganz speziell. Wenn Sie nur wenig Vorwissen haben, notieren Sie Ihre Vermutungen oder Phantasie. Im späteren Verlauf können Sie Ihre ersten Einschätzungen dann immer noch revidieren. Diese Grundstruktur soll Ihnen keine Scheuklappen aufsetzen, sondern eine erste Orientierung bieten.

Paul hat sich in das Thema seines Referats eingelesen und die wichtigsten Gliederungspunkte herausgearbeitet. Schließlich ist die Bearbeitung von Fachliteratur seine Stärke! Der nächste Schritt fällt ihm schwerer: Wie kann er seinen Vortrag so aufbauen, dass er alles an der richtigen Stelle unterbringt? Er braucht ein Strukturierungsmodell, das den zeitlichen Ablauf in den Mittelpunkt stellt und entscheidet sich für das Fischgrät-Schema:

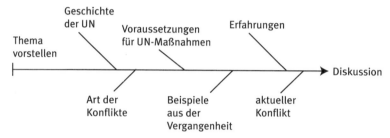

Abbildung 21: Fischgrät von Paul

Das *Fischgrät- Schema* – oder auch *Ishikawa-Diagramm* genannt – greift Methoden aus dem japanischen Managementbereich auf, mit denen Arbeitsabläufe in Hinblick auf Fehlerquellen oder auch Erfolgspotenziale analysiert werden. Bearbeitet werden hier jeweils Aspekte, die zu einem gemeinsamen Ziel führen. Ging es beim Mindmap vor allem um den inhaltlichen Überblick, steht hier der Ablauf eines Prozesses im Mittelpunkt. Daher ist das Fischgrät-Schema als Grundstruktur immer dann zu empfehlen, wenn Ihnen die zeitliche Reihenfolge wichtig ist.

Claras übergeordnete Grundstruktur ist eine tabellarische Aufstellung aller Prüfungsthemen, wobei sie jeweils festhält, wie viel sie schon weiß, was sie sich noch einmal genauer anschauen und was sie sich ganz neu aneignen muss. Dadurch wird der umfangreiche Prüfungsstoff überschaubar.

	Strafrecht	**Bürgerliches Recht**	**Öffentliches Recht**
kann ich am Ende wiederholen			
große Lücken intensives Wiederholen			
neu lernen			

Abbildung 22: Claras Tabelle

Tabellen strukturieren umfangreichen und unübersichtlichen Lernstoff. Voraussetzung hierfür ist die eindeutige Zuordnung zu den festgelegten Oberbegriffen.

Die bisher vorgestellten Strukturierungsmodelle geben einen Überblick über den Lernstoff. Legen Sie sie daher nicht in irgendeine Schreibtischschublade, sondern nutzen Sie sie auch weiterhin als Wegweiser. Hängen Sie sie beispielsweise über Ihren Schreibtisch, damit Sie Ihr Ziel stets vor Augen haben.

Strukturen geben nicht nur einen Überblick, sondern helfen auch dabei, neue Informationen sinnvoll zu bearbeiten. Neben der inhaltlichen und zeitlichen Orientierung gibt es auch Bearbeitungsmuster, die an eine bestimmte Art des Denkens angepasst sind.

Zur Vorbereitung auf ihre Klausuren ordnet Clara die in der Fachliteratur aufgeführten Fallbeispiele in ein festes Schema ein:

Fall → Konsequenz → Tatbestand → §? → Prüfung

Im Strafrecht stellt sie zunächst dar, was passiert ist. Dann bezieht sie sich auf die Konsequenz dieses Tatbestandes und sucht nach einer Definition. Im nächsten Schritt sucht sie nach den Paragraphen, die sich auf diesen Fall beziehen. Und am Ende prüft sie, ob diese Paragraphen angewandt werden können oder nicht.

Claras Bearbeitungsmuster entspricht den Grundprinzipien juristischen Denkens. Auch bei den späteren Klausuren wird sie sich an dieser Abfolge orientieren. In den übrigen Fachrichtungen wird anders gedacht: In der Mathematik diskutieren Sie beispielsweise Gleichungen, in der Literaturwissenschaft gehen Sie zunächst auf ein Werk ein, dann auf den Autor, den literaturhistorischen Hintergrund und am Ende auf unterschiedliche Interpretationen. Finden Sie heraus, welche Argumentationslinien in Ihrem Fach üblich sind und orientieren Sie sich daran. Ihr Lernen wird dadurch nicht nur effizienter und leichter, sondern Sie gewöhnen sich auch frühzeitig an diese spezifische Art des Denkens, die dann in Prüfungen, aber auch bei Redebeiträgen in Seminaren verlangt wird.

Nachdem Sie Ihr Netz ausgelegt haben, gilt es nun, neues Wissen einzufangen, es zu prüfen und zu integrieren.

Halten Sie das Orientierungsmuster offen

Verändern Sie die ersten Orientierungsmuster, wenn sie sich als verbesserungswürdig erweisen.

> Anne hat ihr Mindmap schon zweimal verändert. Zwei Äste hat sie völlig gestrichen, weil sonst der Essay zu umfangreich würde. Außerdem hat sie für diese Bereiche zu wenig Literatur gefunden. Die anderen Äste hat sie weiter ausgebaut. Inzwischen arbeitet sie nur noch mit fünf Texten, die sie nummeriert hat. Diese Zahlen fügt sie den entsprechenden Punkten ihres Mindmaps hinzu. Jetzt weiß sie, was sie noch zu bearbeiten hat.

Ein Mindmap ist eine lebendige Struktur: Neue Informationen kommen dazu, manche Äste werden gekappt, weil sie sich als wenig tragfähig erwiesen und neue entstehen. Das darf aber nicht auf Kosten der Übersichtlichkeit geschehen. Wenn zu viele Streichungen und Verästelungen dazu kommen, müssen Sie ein neues Schema entwerfen, in dem Sie sich radikal auf das Wichtigste beschränken.

Auch Paul baut ständig neue Informationen und Hinweise in sein Fischgrät-Schema ein:

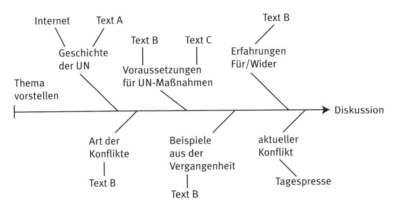

Abbildung 23: Fischgrät mit eingearbeiteter Literatur

Der Ausbau der Wissensnetze führt zur Vertiefung der Bearbeitung. Ihr Gehirn ist keine Suchmaschine, die passende Informationen lediglich abspeichert, sondern es stellt Verbindungen her, vermittelt Einsichten und wirft manchmal sogar neue Fragen auf. Informationen, die sich nicht in die Grundstruktur einfügen, sind nicht automatisch zu verwerfen. Oft bieten sie Hinweise auf bisher nicht beachtete Aspekte, die ins Lernen sinnvoll eingearbeitet werden sollten.

Fassen Sie sich kurz

Aufzeichnungen mit viel Fließtext können zwar alle notwendigen Informationen enthalten, sind jedoch häufig zu lang und unübersichtlich. Wenn Sie viel schreiben, laufen Sie außerdem Gefahr, zu ausführlich zu sein und dabei den Blick fürs Wesentliche zu verlieren. Auch Formulierungen eines Autors wörtlich zu übernehmen, ist nur dann angesagt, wenn es sich um wichtige Zitate handelt, auf die Sie später auf jeden Fall zurückkommen wollen. Exzerpte – inhaltliche Kurzfassungen eines Textes – sollen keine Nacherzählungen sein, sondern die Resultate der Bearbeitung wiedergeben. Schalten Sie Ihr Denken bei der Bearbeitung der Informationen also nicht aus, sondern nutzen Sie es, um Zusammenhänge zu entdecken, Schlussfolgerungen zu treffen und offene Fragen festzuhalten.

Schränken Sie daher den Raum für Notizen von Anfang an ein. Das zwingt Sie dazu, sich nur auf das Wesentliche zu beschränken und bewahrt Sie vor langen Abschweifungen. Schon bei der Nachbereitung von Vorlesungen haben Sie ein Muster kennen gelernt, das die Inhalte einer Veranstaltung auf einer DIN-A4-Seite zusammenfasst (vgl. S. 131). Achten Sie auch in anderen Bereichen darauf, sich möglichst knapp zu halten.

Eine sinnvolle Methode ist hier die Arbeit mit *Karteikarten*. Legen Sie dabei zunächst die Bearbeitungsrichtung fest: Wollen Sie die Karten nach Texten, Autoren oder Themen sortieren? Wählen Sie dann die passende Kartengröße aus. Nutzen Sie zum Bearbeiten von Texten und komplexen Wissensgebieten größere Karten (maximal DIN-A5), beim Lernen von Definitionen oder Vokabeln reichen dagegen DIN-A8-Formate. Schreiben Sie auf die Karteikarten nur das Allernotwendigste, sodass Sie später auf einen Blick die Ergebnisse Ihrer Bearbeitung erkennen. Es ist aber durchaus erlaubt, auf ausführlichere Darstellungen zu verweisen, beispielsweise im Originaltext oder in anderen Aufzeichnungen. Wie in einem guten Lexikon sollte Ihre Karteikarte auch Querverweise enthalten: Welcher Autor sagt Ähnliches oder genau Entgegengesetztes? Oder: Auf welchen Karten wird das Thema ebenfalls gestreift? Auf diese Weise unterstützen Sie das Lernen in Wissensnetzen, können vergleichen, ergänzen und bewerten. Seien Sie bei Verweisen sehr genau: Auf welcher Seite welchen Textes steht ein wichtiges Zitat? Wo finden Sie einen bestimmten Querverweis? Wenn Sie später lange nach Quellen suchen und sie womöglich am Ende nicht mehr wiederfinden, ist das nicht nur zeitraubend, sondern auch frustrierend.

> Anne legt für jedes bearbeitete Buch eine Karteikarte an. Darauf vermerkt sie zunächst alle wichtigen Daten wie den Titel, die Autoren, das Herausgabedatum und -ort, die Auflage und die Seitenzahl. Bei Bibliotheksexemplaren notiert sie sich außerdem die Signatur. Wenn sie die Texte später als Quellen angibt, braucht sie nicht mehr in den Originalen nachzuschlagen. Und wenn sie doch noch einmal in das eine oder andere Buch hineinschauen möchte, weiß sie, wo sie es finden kann. Den Inhalt gibt sie dann in Stichworten wieder. Wenn sich Informationen auf konkrete Lernprojekte beziehen, macht sie dies deutlich und verweist auch auf weitere Aufzeichnungen. Am Ende folgt noch eine kurze Bewertung: Hat ihr das Buch gefallen? War es schwer oder einfach zu lesen?

Bewährt haben sich Karteikarten auch bei der Vorbereitung auf Prüfungen: Notieren Sie in diesem Fall auf der einen Seite eine Frage und auf der anderen Stichworte zur Beantwortung. Hüten Sie sich davor, als Antwort ganze Sätze zu schreiben. Das verleitet zum Auswendiglernen und garantiert nicht, dass Sie den Lernstoff tatsächlich verstanden haben. Bei Stichworten müssen Sie beim Beantworten selbst formulieren – und damit denken!

Scheuen Sie die Schreibarbeit beim Ausfüllen der Karten? Dann versuchen Sie es doch einmal mit virtuellen. Unter http://karteilernen.de können Sie am Computer Karteikarten erstellen und sie auch weitergehend bearbeiten.

Verwenden Sie Graphiken und Farben

Eine knappe Darstellung ist nicht automatisch klar verständlich. Um die inhaltliche Struktur zu verdeutlichen, helfen Graphiken und Farben.

> Clara vertraut auf ihre Tabellen, die sie jetzt noch weiter ausgebaut hat. Zu jedem Fach hat sie eine eigene Übersicht angefertigt, in der sie sehen kann, was sie schon kann, was sie wiederholen oder auch ganz neu lernen muss. Zur weiteren Verdeutlichung arbeitet sie mit farbigen Klebepunkten: Was sie weiß bekommt einen grünen, was sie noch wiederholen muss einen gelben und was sie neu lernen muss einen roten Punkt. Nach dem Lernen wechselt sie die Punkte aus.

Farben sind Einordnungsmuster; Rot gilt dabei meist als Signalfarbe: Etwas ist besonders wichtig und darf nicht vergessen werden. Grün kennen wir aus dem Straßenverkehr als Zeichen für freie Fahrt. Auf den Lernstoff bezogen kann dies Stellen markieren, die Sie schon beherrschen.

Neben dem Einsatz von Farben sorgen auch *Graphiken* für prägnante Darstellungen innerhalb des Lernstoffs. Mindmaps und Fischgrätmodelle haben Sie bereits kennen gelernt. Aber auch jede andere Möglichkeit, inhaltliche Verbindungen durch Pfeile oder Striche zu verdeutlichen, erreicht dieses Ziel. Die von Stary und Kretschmer empfohlene *Netzwerktechnik* unterscheidet bei der visuellen Strukturierung von Texten zwischen Begriffen und Relationen: Begriffe werden umrandet, Relationen mit Strichen und Pfeilen dargestellt. Auf diese Weise entsteht ein Beziehungsnetz, das Argumentationslinien oder auch Bearbeitungswege festhält.

Clara bearbeitet ihre Fallbeispiele nach dem juristischen Bearbeitungsmuster und setzt dabei die Netzwerktechnik ein. Im unten ausgeführten Fallbeispiel hat A während eines Streits B zu Boden gestoßen. B fällt unglücklich und stirbt. Clara bearbeitet die juristischen Konsequenzen der Tat.

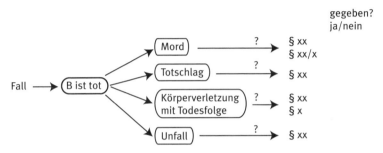

Abbildung 24: Netzwerktechnik

Bei der Arbeit an solchen Visualisierungen ist nicht nur Ihr logisches Denken, sondern auch Ihre Kreativität gefragt. Es gibt viele Möglichkeiten, Schemata zu verschönern, damit Sie sie auch gerne ansehen. Das darf aber niemals auf Kosten der Übersicht geschehen.

Halten Sie Ihre Muster schriftlich fest

Das Strukturieren von Lerninhalten erfordert breit angelegte Aktivitäten: Sie müssen denken, ordnen, bewerten, schreiben oder auch malen. Dabei nehmen Sie die Informationen nicht passiv auf, sondern arbeiten mit ihnen.

Haben Sie sich früher in der Schule ab und zu „Schummelzettel" für Klassenarbeiten angefertigt? Vielleicht haben Sie damals erkannt, dass Sie nach aller Mühe, die Informationen möglichst knapp zu notieren, das Wissen im Grunde schon im Kopf hatten. Der Zettel bot dann lediglich die Sicherheit für den Fall, dass Sie sich im Ernstfall nicht mehr daran erinnern würden. Strukturierte Zusammenfassungen wirken ähnlich: Je aktiver Sie die Informationen bearbeiten, desto weniger brauchen Sie sie danach passiv auswendig zu lernen.

Arbeitsinsel: Intelligentes Lernen

Nach Gardner zeigt sich Intelligenz in der Wahl des richtigen Weges: Sie erkennen ein Problem und entscheiden sich für die passende Lösung. Dabei greifen Sie auf Ihre persönlichen Stärken zurück, die Sie letztendlich zum Erfolg führen. Lösungsformen sind daher nicht von sich aus mehr oder weniger intelligent, sondern müssen an die individuellen Voraussetzungen und Zielrichtungen angepasst werden. Beim Lernen bearbeiten Sie die Informationen also dann intelligent, wenn Sie sich bei der Auswahl geeigneter Methoden an Ihren Talenten orientieren.

Auf eigenen Talenten aufbauen

Haben Sie eine ausgeprägte sprachliche Intelligenz? Dann wird es Ihnen wahrscheinlich helfen, über das zu reden, was Sie lernen wollen. Im Verbund mit interpersonaler-sozialer Intelligenz tun Sie dies am besten in Arbeitsgruppen. Achten Sie bei einer herausragenden körperlich-kinästhetischen Intelligenz darauf, nicht zu lange am Schreibtisch zu sitzen. Vielleicht rekapitulieren Sie den Inhalt eines Textes während eines kurzen Spaziergangs? Liegen Ihnen eher logisch aufgebaute Ordnungssysteme (logische und mathematische Intelligenz) oder arbeiten Sie lieber mit graphischen Übersichtsschemata, wie etwa Mindmaps (visuell-räumliche Intelligenz)?

> Paul würde sich selbst als visuell-kinästhetischen Intelligenztyp bezeichnen: Er nimmt sehr viel über die Augen auf, muss das Gelesene aber auch anwenden können, um es zu behalten. Das bloße Studium von Büchern ist ihm viel zu

abstrakt. Er schreibt stets viel auf und erstellt sich gerne Schaubilder.

Auch Clara hat eine Vorliebe für diesen Lernweg: Sie muss Dinge, die sie sich merken will, am besten mehrmals aufschreiben. Besonders gut behält sie das, worüber sie mit anderen geredet hat.

Anne schreibt nur wenig auf. Ihr gelingt es relativ schnell, das Wesentliche zu erfassen und sie notiert sich dann lediglich Stichpunkte. Sie hat eine ausgeprägte sprachliche und logische Intelligenz.

Wenn Sie eine Vorliebe für eine bestimmte Intelligenzform haben, sehen Sie dies erst einmal als Ihre individuelle Stärke an. Bemühen Sie sich jedoch, darüber hinaus auch andere – möglicherweise vernachlässigte – Bearbeitungsformen einzusetzen. Probieren Sie mehrere Modelle aus. Denn Sie lernen dann am effektivsten, wenn Sie möglichst viele Wege nutzen.

> **Übung: Intelligente Lösungen**
>
> Sie können Fragestellungen auf unterschiedlichen Ebenen bearbeiten – aber welche Methoden sind die richtigen?
>
> 1. Schritt: Wie könnte Ihr Lernprojekt bearbeitet werden? Orientieren Sie sich an Gardners Intelligenzformen und finden Sie möglichst viele unterschiedliche Herangehensweisen: Wie würde jemand mit ausgeprägten musikalischen, logischen, sprachlichen, körperlich-kinästhetischen, visuellen, interpersonalen, intrapersonalen oder naturalistischen Neigungen in Ihrem Fall vorgehen? Wenn Ihnen zu einer Intelligenzform nichts einfällt, können Sie sie ruhig weglassen. Sie sollten aber mindestens fünf Variationen finden.

2. Schritt: Welche Intelligenzformen passen am besten zu Ihnen? Vergleichen Sie die geschilderten Methoden mit Ihrem eigenen Verhalten: Wie sind Sie bisher vorgegangen, wie werden Sie wahrscheinlich weiter vorgehen?
3. Schritt: Welche Intelligenzformen passen am besten zu Ihrer Aufgabe? Orientieren Sie sich an Ihrem Lernziel: Müssen Sie das, was Sie lernen wollen, am Ende aufschreiben, vortragen oder auf eine andere Art präsentieren? Welche Methoden bereiten darauf am besten vor?
4. Schritt: Variieren Sie Ihre Methode! Probieren Sie Methoden aus, die Ihnen sinnvoll erscheinen, aber die eigentlich nicht zu Ihrem gewohnheitsmäßigen Repertoire gehören.

Die Aufgabe lateral bearbeiten

Intelligentes Bearbeiten der Informationen beinhaltet auch das Einbeziehen mehrerer Perspektiven. Als Leonardo da Vinci das Fahrrad entwarf, stellte er sich die Reaktionen unterschiedlicher Personen auf seine Erfindung vor: Was würden der zukünftige Benutzer, andere Straßenverkehrsteilnehmer oder der Fabrikant denken, wenn er ihnen das Fahrrad präsentierte? Seiner Meinung nach entsteht ein vollständiges Verständnis über den Sinn und Zweck einer Sache nur durch die Verbindung verschiedener Perspektiven.

Übung: Die Da-Vinci-Methode

Betrachten Sie Ihr Lernprojekt doch einmal von allen Seiten – vielleicht kommen Sie ja zu überraschenden Erkenntnissen!

1. Schritt: Schreiben Sie das Thema Ihres Lernprojekts auf.
2. Schritt: Finden Sie geeignete Parameter, um Ihr Thema zu bearbeiten. Beispiel:
Thema „Sozialverhalten der Bienen".

> Mögliche Parameter:
> Bienen: Wie kommunizieren Bienen?
> In welchen Situationen kommunizieren Sie?
> Wie sieht die Sozialstruktur aus? Etc.
> Forscher: Welche Methoden benutzen sie?
> Was interessiert sie?
> Wer finanziert die Forschung und warum?
> Imker: Was müssen sie wissen?
> Wie können sie ihren Ertrag steigern?
> andere
> Menschen: Was müssen „normale" Mitbürger im Umgang mit Bienen beachten?
>
> 3. Schritt: Sammeln Sie möglichst viele Fragen, Argumente oder Informationen zu Ihren Parametern. Schreiben Sie sie in Stichpunkten auf oder tauschen Sie sich mündlich mit einem Freund oder Bekannten aus.
> 4. Schritt: Bringen Sie die einzelnen Parameter in Beziehung zueinander. Beispiel: Was können Forscher für Imker tun? Können sie auch von ihnen lernen?
> 5. Schritt: Welche neuen Erkenntnisse haben Sie gewonnen?

Michalko schlägt da Vincis Denkmodell für die Bearbeitung vielfältiger Themen vor. Die Wahrnehmung aus mehreren Perspektiven fördere nicht nur die Phantasie, sondern eröffne auch ganz neue Einsichten in Zusammenhänge.

> Als sich Paul am nächsten Samstag mit seiner Freundin trifft, fragt sie ihn nach seinem Referat. Sie weiß, dass er fast das ganze letzte Wochenende damit verbracht hat. Paul zögert zunächst. Wird sie überhaupt verstehen, worum es dabei geht? Schließlich ist sie nicht vom Fach, sondern studiert Medizin. Auf der anderen Seite greift sein Referat aber aktuelle Themen auf, die jedem politisch interessierten Menschen geläufig sind. Paul stellt ihr in groben Zügen

dar, worum es im Referat geht. Ihre Nachfragen bringen ihn zum Nachdenken. Seine Freundin interessiert sich mehr für die Auswirkungen der UN-Politik auf die Zivilbevölkerung. Dies hat Paul bislang vernachlässigt. Die Sichtweise seiner Freundin hat ganz neue Aspekte aufgeworfen. Am Ende hat er viele Anregungen bekommen. Ganz abgesehen davon, hat er sich natürlich auch über ihr Interesse an seiner Arbeit gefreut.

Eine breit angelegte Bearbeitung betrifft nicht nur den Perspektivenwechsel. Alles, womit Sie Ihrem Lernstoff auf eine ungewohnte, neue Weise gegenübertreten, kann Ihnen neue Einsichten vermitteln. Experimentieren Sie mit den unterschiedlichen Intelligenzformen: Malen Sie ein Bild über Ihr Thema – abstrakt oder gegenständlich; stellen Sie sich vor, dass Sie mit dem Autoren Ihres Lehrbuches über sein Werk reden oder überlegen Sie, welche Bedeutung dieses Thema für Sie ganz persönlich hat. Lassen Sie Ihrer Kreativität und Phantasie freien Lauf. Ihr Gehirn wird sich über die Abwechslung freuen, und sich bei Ihnen damit bedanken, dass es die notwendigen Informationen bereitwillig aufnimmt.

Arbeitsinsel: Denktraining

So wie Sie Ihre körperliche Fitness in einem Sportstudio trainieren, können Sie auch die Einsatzfähigkeit Ihres Gehirns durch Übung steigern. Ein ausgeglichenes Trainingsprogramm ermöglicht eine Aktivierung viele Bearbeitungsfunktionen, die Betrachtung eines Problems von allen Seiten und das Testen mehrerer Lösungsmöglichkeiten.

Wo liegen – bezogen auf das Modell der Multiplen Intelligenzen – Ihre Schwerpunkte? Diese sollten Sie weiter ausbauen, denn es sind Ihre Stärken, mit denen Sie manche Defizite ausgleichen können. Aber probieren Sie darüber hinaus auch einmal andere Denkformen aus! Liegt Ihr Schwerpunkt eher im naturwissenschaftlich-logischem Bereich? Dann versuchen Sie doch, Ihr Lernthema, sich selbst als Lernender oder das, was Sie erreichen wollen, in einem Bild darzustellen. Oder lernen Sie ein Musikinstrument zu spielen! Selbst wenn Sie sich im künstlerischen Bereich für gänzlich unbegabt halten, können solche Übungen Horizonte öffnen.

Hadern Sie mit der Logik? Auch logisches Denken kann man trainieren. Lösen Sie Denksportaufgaben und Rätsel, wie die zurzeit so beliebten Sudokus – japanische Knobelaufgaben mit Zahlen. Sie können mit einem niedrigen Schwierigkeitsgrad anfangen und sich dann langsam steigern. Innerhalb kurzer Zeit werden Sie den Trainingseffekt spüren: Einfache Sudokus werden Sie immer schneller lösen können. Ihre Kreativität und Logik trainieren Sie, indem Sie selbst Sudokus entwickeln!

Wir denken den ganzen Tag. Aber meist sind wir uns dessen nicht bewusst. Unsere Gedanken können sich im Kreis drehen oder in Sackgassen führen, sodass wir Ideen nach einiger Zeit einfach fallen lassen. Wenn wir dann denken *müssen*, sorgt der Druck dafür, dass wir auf bewährte Bearbeitungsformen zurückgreifen und nicht offen dafür sind, mal etwas anderes auszuprobieren. Nichts schränkt die Kreativität so sehr ein wie der Befehl: Du musst jetzt kreativ sein! Trainieren Sie daher unterschiedliche Denkmodelle im Alltag. Dann haben Sie in späteren Arbeitssituationen ein breites Spektrum an Lösungsmöglichkeiten zur Verfügung. Nehmen Sie sich jeden Tag bewusst dafür Zeit, über etwas nachzudenken und Ihre Gedanken auf unterschiedliche Arten festzuhalten.

> **Übung: Denk-Journal**
>
> Nehmen Sie sich täglich bewusst Zeit und Raum zum Denken!
>
> 1. Schritt: Besorgen Sie sich ein Buch, in das Sie Ihre Gedanken eintragen können.
> 2. Schritt: Wählen Sie ein Thema aus, über das Sie nachdenken möchten – egal ob es aus Ihrem Studium, aus der Politik oder aus einem anderen Interessensgebiet stammt. Bestimmen Sie die Zeit, in der Sie über dieses Thema nachdenken wollen.
> 3. Schritt: Denken Sie über Ihr Thema nach. Experimentieren Sie dabei mit unterschiedlichen Zugängen: Malen Sie Graphiken, probieren Sie die Da-Vinci-Methode aus etc.
> 4. Schritt: Halten Sie Ihre Erkenntnisse in Ihrem Buch fest. Vermerken Sie dabei auch das Datum der Eintragung.
> 5. Schritt: Tragen Sie mindestens einmal am Tag etwas in Ihr Denkjournal ein. Führen Sie das Buch möglichst häufig mit sich, um zusätzliche Gedanken aufzuschreiben.
> 6. Schritt: Resümieren Sie regelmäßig Ihr Journal: Welche Gedanken wollen Sie weiterverfolgen? Welche Fragen sind noch offen?

Tipps zur Vernetzung von Wissen

1. Entwerfen Sie zu Beginn der Bearbeitung eine Grundstruktur, die Ihnen einen Überblick über den Lernstoff verschafft.
2. Orientieren Sie sich am Denkmuster Ihrer Fachrichtung.
3. Bearbeiten Sie die Informationen möglichst breit (zwei Gehirnhälften und acht Intelligenzen).
4. Halten Sie die Ergebnisse möglichst knapp fest.
5. Verdeutlichen sie die Ergebnisse mit graphischen Darstellungen und Farben.

> **Lernergebnis für dieses Modul**
>
> Beantworten Sie die folgenden Fragen:
>
> Wie bearbeiten Sie Informationen, welche Intelligenzarten nutzen Sie am häufigsten?
> Welche Grundstruktur passt zu Ihrem Lernprojekt?
> Welche Strukturierungsformen wenden Sie bereits an, welche möchten Sie in Zukunft ausprobieren?
> Wie können Sie Ihr Denken trainieren?

Modul: Wissen abspeichern

> **Lernziel für dieses Modul**
>
> **Was Sie wissen sollten:** Grundlagen über die Abspeicherung von Wissen
>
> **Was Sie entscheiden müssen:** Welche Strategien zum besseren Behalten passen zu Ihnen und Ihren Lerninhalten?

Das Gedächtnis des Menschen ist schon häufig mit einem Computer verglichen worden. Schließlich gibt es in beiden Fällen einen Informationsinput und eine Abspeicherung. Im Grunde ist dies jedoch ein recht unzutreffender Vergleich. Denn in unserem Gehirn gibt es keine Enter-Taste, auf die wir drücken können, um Daten zu sichern. Während der Computer selbst nicht denken und keine Entscheidungen fällen kann, muss unser Gehirn auswählen, ordnen, strukturieren, zuordnen und verbinden. Dabei werden eingegangene Informationen zunächst kodiert, das heißt, Wahrnehmungen werden strukturiert und so in eine bearbeitbare Form gebracht. Wie dies geschieht, haben Sie im vorherigen Modul erfahren. Nun geht es darum, das neue Wissen in unseren Wissensspeichern langfristig einzulagern. Dieser Prozess, die Konsolidierung des Wissens, erfordert ein hohes Maß an geistiger Eigenaktivität, die ein Computer niemals leisten könnte.

Das wissende Gehirn

Beantworten Sie bitte die folgenden Fragen:

- Erinnern Sie sich an Ihre letzte Geburtstagsfeier?
- Wie heißt die Hauptstadt von Frankreich?
- Haben Sie eine Lieblingsgeste?
- Können Sie den Bewegungsablauf beim Fahrradfahren schildern?
- Was ist böse?

Wahrscheinlich konnten Sie die ersten beiden Fragen mit Leichtigkeit beantworten. Die Erinnerung an Ihre letzte Geburtstagsfeier ist in Ihrem *episodischen Gedächtnis* abgespeichert. Hier sind alle erlebten Szenen Ihres Lebens gesammelt worden. Manche Episoden erscheinen Ihnen allerdings nach einiger Zeit weniger wichtig. Sie denken nicht mehr daran, benutzen dann auch nicht mehr die zuvor gebahnten Wege, sodass Sie Einzelheiten oder auch die ganze Szene vergessen. Die Erinnerung ist zwar immer noch da, aber die Wege dorthin sind verschüttet.

Handelt es sich bei den Informationen um persönliche Daten, werden diese im *autobiographischen Gedächtnis* abgespeichert: Selbst wenn Sie Szenen aus vergangenen Feiern vergessen haben, wissen Sie doch, wann Sie Geburtstag haben, denn dieses Datum ist in Ihrem autobiographischen Gedächtnis fest verankert.

Sicherlich wussten Sie auch sofort, dass die Hauptstadt von Frankreich Paris heißt. Aber wie haben Sie das erfahren? War es im Rahmen einer Schulstunde, haben Sie es in einem Buch gelesen oder hat es Ihnen jemand gesagt? Vermutlich wissen Sie es nicht mehr, obwohl es noch in Ihrem episodischen Gedächtnis abgespeichert ist. Aber der Zugang zu diesen Erinnerungen ist irgendwann verloren gegangen. Viele Informationen lösen sich von ihren szenischen Zusammenhängen und wandern dann ins *semantische Gedächtnis*, dem Speicherort all unseres Wissens über die Welt. Hier lagert das, was wir wissen, ohne dass wir wissen, warum wir es wissen. Lernen, als Erwerb von Wissen, wird daher häufig als Übergang von Informationen aus dem episodischen in den semantischen Speicher bezeichnet. Und wenn Sie viel gelernt und erfahren haben, ist Ihr semantischer Speicher natürlich auch besonders umfangreich! Episodisches, autobiographisches und semantisches Gedächtnis bilden das *deklarative* oder auch *explizite Gedächtnis*. Was hier abgespeichert wurde, steht unter der Kontrolle unseres Bewusstseins: Wir wissen, dass wir es wissen und können es – wenn die Erinnerungsbahnen entsprechend gepflegt wurden und gangbar sind – sprachlich wiedergeben.

Wie ist es Ihnen mit der Definition des Begriffs „böse" ergangen? Sind Ihnen dazu Monster, Gräueltaten oder Märchenfiguren eingefallen? Woher kommen all diese Assoziationen? Sicherlich stammen sie teilweise aus dem episodischen Gedächtnis, aber nicht nur. Tatsächlich Erlebtes mischt sich hier mit Instinkten, Vorurteilen und emotionalen Bewertungen, die jenseits aller Logik oder Realität liegen können. Diese Art der Abspeicherung wird als *Priming* bezeichnet. Dabei bewegen wir uns in Regionen, in denen wir die bewussten Erinnerungen verlassen und den Herrschaftsbereich des *nichtdeklarativen* oder auch *impliziten Gedächtnisses* betreten. Wissen und Erfahrung wurden hier einst unbewusst gebildet und können sprachlich oft nur mit Schwierigkeiten oder auch gar nicht dargestellt werden. Neben dem Priming finden wir hier das *prozedurale Gedächtnis*, in dem motorische Fertigkeiten wie Laufen oder Fahrradfahren abgespeichert werden. Beim Fahrradfahren wissen wir zwar, dass wir es können – den meisten unter uns wird es jedoch schwer fallen, jede notwendige Bewegung zu beschreiben. Ebenso problematisch mag für Sie die Beantwortung der Frage nach einer typischen Geste gewesen sein. Wir nehmen unsere unwillkürlichen Bewegungen meist erst dann wahr, wenn uns unsere Umgebung darauf aufmerksam macht, oder wenn wir uns selbst auf Videoaufnahmen sehen.

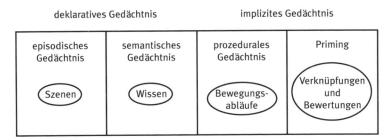

Abbildung 25: Gedächtnisspeicher

Die deklarativen Gedächtnisspeicher sind im Cortex beheimatet, das semantische Gedächtnis in der linken und das episodische in der rechten Gehirnhälfte. Innerhalb dieser Hauptformen haben sich Untergruppen gebildet, die relativ unabhängig voneinander arbeiten, wie das Zahlengedächtnis (linksseitig) oder das Bildergedächtnis (rechtsseitig). Das schon mehrmals erwähnte Absichts- oder Intentionsgedächtnis befindet sich im präfrontalen Cortex, also in dem Bereich, in dem unsere Werte und Ziele festgehalten werden. Das Extensionsgedächtis hat seinen Sitz in der rechten Gehirnhälfte. Die Heimat anderer Bestandteile des impliziten Gedächtnisses sind häufig schwieriger zu lokalisieren: Neben dem Cortex gelten in diesem Fall auch das limbische System und – vor allem bei motorischen Fertigkeiten – das Kleinhirn als mögliche Speicherorte.

Trotz der Existenz dieser Vielzahl von Speichern mit spezifischen Untergruppen ist das weit verzweigte Gedächtnissystem nicht so zu verstehen, dass bestimmte Erfahrungen für sich allein an den entsprechenden Stellen abgelagert werden. Ein Wahrnehmungsvorgang, der visuelle, akustische und kinästhetische Bahnen nutzt, aktiviert zwar die entsprechenden Gedächtnismodule im Gehirn, diese sind allerdings so stark miteinander verschaltet, dass modul-übergreifende Strukturen entstehen, die in vielen Cortexarealen verankert sind. So kann ich ein gehörtes Musikstück durchaus auch mit einem Bild assoziieren und damit als visuelles und akustisches Erlebnis abspeichern. Wie wir noch im weiteren Verlauf dieses Kapitels erfahren werden, sind solche Verknüpfungen ein Trick, der das Behalten erleichtert.

Der Weg zum Behalten

Das geläufigste Schema zur Darstellung der Abspeicherung von Informationen folgt dem zeitlichen Ablauf: Demnach bleibt die Information etwa 10 bis 20 Sekunden im *Ultrakurzzeitgedächtnis* (primäre Bearbeitung während der Wahrnehmung), wandert dann in den *Kurzzeitspeicher,* von dem sie nach zirka 30 Minuten ins *Langzeitgedächtnis* übertritt. Um von einer auf die andere Stufe zu gelangen, müssen die Informationen spezifische Filter durchlaufen, in denen Unwichtiges ausgesiebt wird. Dieses am zeitlichen Ablauf orientierte Modell suggeriert allerdings einen linearen Ablauf der Informationsverarbeitung, der dem komplexen Verlauf vieler Abspeicherungsprozesse nicht gerecht wird. Überdies kann es die entscheidende Frage nach dem „Wie", nämlich wie aus Eindrücken und Daten Wissen und Erfahrung werden, nur unzureichend beantworten.

Weniger einengend ist ein Ablaufschema, das zwischen Aufnahme und dauerhafter Abspeicherung von Informationen zwei Bearbeitungsstufen ansetzt: die *Kodierung* und die

Konsolidierung. Während der Kodierung werden die eingehenden Sinneseindrücke in Muster von elektrischen Impulsen verwandelt, um die Weiterverarbeitung im Gehirn zu gewährleisten. Erst dann kann die Konsolidierung beginnen, das heißt die kodierten Informationen werden strukturiert, geordnet, verglichen, verbunden und wiederholt, bis das Wesentliche herausgearbeitet wurde und das notwendige Wissen fest im Gedächtnis verankert ist. Dieser Prozess kann unterschiedlich lange dauern. Manche Episoden prägen sich innerhalb weniger Sekunden in unser Gedächtnis ein. Andere Daten benötigen dagegen intensive Bearbeitung und zahlreiche Wiederholungen. Dies geschieht im Arbeitsspeicher, einem Gehirnareal, das sich über weite Teile des präfrontalen Cortex und des limbischen Systems erstreckt. Im limbischen System treffen wir wieder auf den Hippocampus, der auch als Organisator des Arbeitsgedächtnisses unverzichtbar ist.

Im Arbeitsspeicher

Hinweise zur Beschreibung der Arbeitsweise des Arbeitsspeichers bietet der Fall eines jungen Mannes, der unter dem Kürzel H.M. in die Geschichte der Hirnforschung einging. H.M. litt seit seinem 16. Lebensjahr unter starken epileptischen Anfällen. 1953 – er war damals 27 Jahre alt – entschloss er sich zu einer Operation, die sein Leben veränderte. Auf Anraten seiner Ärzte ließ er sich den Teil des Gehirns entfernen, der für die Anfälle verantwortlich gemacht wurde: das limbische System. In gewisser Weise war der Eingriff erfolgreich. Die Krampfanfälle verschwanden zwar nicht völlig, waren aber harmloser, und H.M. konnte sie besser kontrollieren. Aber er zahlte dafür einen hohen Preis: Er konnte sich keine neuen Informationen mehr merken. Im Laufe der Jahre wurden seine Gedächtnisstörungen ausgiebig untersucht und beschrieben: Er konnte sich an viele Episoden seines Lebens vor der Operation erinnern. Aber alles, was in den Stunden und Tagen vor dem Eingriff passiert war, hatte er vergessen, und neue Informationen behielt er gar nicht mehr. Er konnte jeden Tag dieselbe Zeitung lesen, und die Meldungen erschienen ihm täglich neu. 40 Jahre nach seiner Operation wusste er zwar, wann er Geburtstag hatte, kannte aber nicht sein Alter; wusste zwar, wer seine Eltern waren, aber nicht, wo sie wohnten oder ob sie noch leben. Weitere Untersuchungen in ähnlich gelagerten Fällen führten zu dem Schluss, dass der Verlust des Hippocampus die Ursache für H.M.s Gedächtnisprobleme war. Die Lernfähigkeit anderer Patienten reduziert sich nämlich nur in dem Ausmaß, in dem Hippocampus-Gewebe entfernt wurde. Heute wissen wir, dass der Hippocampus der Organisator unseres deklarativen Gedächtnisses ist. Er vergleicht die eingegangenen Informationen mit den persönlichen Zielen und Bewertungen des Frontalhirns und entscheidet darüber, was wichtig oder unwesentlich ist. Dann ordnet er die bedeutsamen Daten in die Erfahrungs- und Wissensnetze der verschiedenen Module des Gedächtnissystems ein. Dies geschieht sogar, und zwar besonders effektiv, im Schlaf. Messungen der Gehirnaktivität zeigen während der REM-Phasen – also in den Schlafphasen, in denen wir zuvor Erlebtes noch einmal im Traum durcharbeiten – erhöhte Werte im Bereich des Arbeitsspeichers, vor allem im Hippocampus.

Als Teil des limbischen Systems steht der Hippocampus nicht nur im engen Kontakt zur Cortex, sondern er ist auch mit den Emotionen vernetzt, die ihm bei der Entscheidung, was wo abgespeichert werden soll, beeinflussen. Es reicht nämlich nicht aus, für Ordnung zu sorgen, um die Informationen bestmöglichst zu speichern – zum Behalten gehört auch die Verbindung mit Gefühlen: Wenn uns etwas persönlich berührt, oder wir uns über Erkenntnisse freuen, ist die Chance, die damit verbundenen Informationen zu behalten, bedeutend größer, als wenn es sich um „kalte Fakten" handelt. Manches, was uns tief berührt, prägt sich sofort ein, ohne dass wir es noch zusätzlich bearbeiten müssten. Die Dauer dieser Bearbeitung reicht von wenigen Sekunden bis zu mehreren Tagen. Erst wenn die Informationen endgültig abgespeichert – konsolidiert – wurden, entlässt sie der Hippocampus aus seinem Zugriff. Das erklärt auch, warum sich H.M. nicht mehr an viele Episoden erinnern konnte, die in den Tagen vor seiner Operation stattfanden. Vermutlich war in diesen Fällen die Konsolidierung noch nicht abgeschlossen, und mit dem Verlust des Hippocampus waren diese Informationen für immer verloren.

Der Hippocampus ordnet allerdings nicht nur Informationen in Wissensnetze ein, sondern ist auch für die räumliche Orientierung zuständig. Kinder, die ohne Hippocampus aufwachsen, verlaufen sich auffallend häufig. Und Taxifahrer, die zur Ausübung ihres Berufes eine große räumliche Vorstellungskraft brauchen, haben einen größeren Hippocampus als Angehörige anderer Berufsgruppen. Generell scheint der Hippocampus daher für Orientierung zu stehen, sowohl für die ortsgebundene als auch für die in den Wissensnetzen des Gehirns.

Arbeitsinsel: Konsolidierung

In dieser Phase des Lernens wird viel Mühe und Einsatz von Ihnen verlangt: Der Stoff muss möglicherweise mehrmals wiederholt und auf unterschiedlichen Ebenen bearbeitet werden. Dabei bleibt die Lust am Lernen manchmal auf der Strecke! Hüten Sie sich daher vor jeder Art von Eintönigkeit. Konsolidierung ist weit mehr als ständiges Wiederholen. Es kann sogar Spaß machen!

Sinnvolles Durcharbeiten

Achten Sie bei der Auswahl von Methoden darauf, dass diese ein hohes Maß an *Eigenaktivität* bieten. Passives Lernen nach dem Trichter-Modell wird nicht nur als äußerst mühsam erlebt, sondern ist meist auch ineffektiv: Was Sie auswendig gelernt haben, müssen Sie nicht unbedingt verstanden haben. Beim Bearbeiten von Texten ist es daher nicht ratsam, einzelne Sätze lediglich abzuschreiben. Viel effektiver ist das Suchen nach eigenen Formulierungen und eigenen Schwerpunkten.

Noch besser ist es, wenn Sie dabei die *Lernformen variieren.* Wir behalten nur zirka 20 Prozent von dem, was wir sehen, 40 Prozent von dem, was wir sehen und hören – aber 90 Prozent von dem, was wir sehen, hören und auch angewendet haben! Wenn Sie sich nun wundern, wie Sie beim Lernen „Handeln" können, denken Sie an die Einsatzmöglichkeiten kinästhetischer Lernwege – beispielsweise beim Schreiben und Reden.

> Wenn Anne Texte liest, liegt immer einen Stift parat. Beim Schnelllesen benutzt sie ihn als Orientierungshilfe für die Augen, indem sie ihn auf der Mitte der Seite von oben nach unten gleiten lässt. Bei wichtigen oder unklaren Stellen malt sie gleich ein Ausrufe- oder Fragezeichen an den Rand.
>
> Für Clara ist es wichtig, das Gelernte in ihrer Arbeitsgruppe zu besprechen. Häufig fallen ihr Wissenslücken erst auf, wenn sie versucht, den Lernstoff für ihre Kommilitonen mündlich zusammenzufassen. Alles, was in der Arbeitsgruppe intensiv besprochen wurde, kann sie gut behalten.

Informationen werden besser gespeichert, wenn ihr Sinngehalt möglichst tief bearbeitet wurde: Was ist das wirklich Wesentliche? Wie beeinflusst das neue Wissen das bereits vorhandene? Bei der Konsolidierung lösen Sie sich dabei immer mehr von der Informationsquelle (Text, Buch, Vortrag) und ermöglichen so den Übergang der Informationen ins semantische Gedächtnis.

> Anne hat die Texte inzwischen zur Seite gelegt. Sie hat alle notwendigen Informationen beisammen und arbeitet jetzt gezielt an ihrem Essay. Dabei orientiert sie sich an ihrem Mindmap, das sie schon mehrmals überarbeitet hat. Ein Blick auf die dort festgehaltenen Stichworte reicht ihr jetzt aus, um sich an das zu erinnern, was sie zu diesem Punkt schreiben möchte.

Sie behalten also das am besten, was Sie möglichst aktiv, möglichst tief und möglichst vielfältig bearbeitet haben. Ein dritter Faktor für die erfolgreiche Konsolidierung ist die Verbindung des Lernens mit positiven Emotionen. Erinnerungen an Erlebnisse, die bei Ihnen heftige Gefühle ausgelöst haben, haften sich auch ohne langwierige Bearbeitungen in Ihrem Gedächtnis ein. Wissenschaftliche Lektüre weckt jedoch in der Regel keine starken Emotionen in uns. Wie können Sie Ihren Lernstoff trotzdem mit positiven Gefühlen verbinden? Wie können Sie auch bei ungeliebter Materie die Motivation halten?

> Clara arbeitet kontinuierlich mit ihrer Liste des Prüfungsstoffs: Bei jedem Thema, das sie bearbeitet hat, macht sie einen Haken und ein zusätzliches Symbol dafür, wie gut sie es beherrscht. Drei Ausrufezeichen geben an, dass sie sich in diesem Gebiet sehr sicher fühlt, bei einem Ausrufungszeichen hat sie noch erhebliche Lücken. Inzwischen stehen schon bei der Hälfte des Lernstoffs drei Ausrufezeichen! Wenn sie jetzt auf ihre Liste schaut, ist sie stolz auf ihre Leistung und zuversichtlich, auch die zweite Hälfte zu schaffen.

Bauen Sie auf Ihren Erfolgen auf! Wenn Sie erkennen, wie der Berg vor Ihnen langsam, aber stetig abnimmt, gibt Ihnen dies Kraft für die Anstrengungen, die noch kommen. Machen Sie Ihre Erfolge aber nicht nur im Abarbeiten von Verpflichtungen fest. Ist es nicht auch ein gutes Gefühl, etwas nach viel Mühe endlich verstanden zu haben, Fragen beantworten zu können und zu spüren, wie Ihr Wissen immer größer wird? Wissen ist Macht – nutzen Sie diese Macht, um stärker und selbstbewusster zu werden.

Zeit zum Verdauen

Wer tagsüber Informationen aufgenommen hat und sich danach sofort mit anderen Dingen beschäftigt, behält davon nur etwa zehn Prozent. Wer jedoch abends etwas gelernt hat und danach einschläft, hat davon am nächsten Morgen zirka 60 Prozent behalten. Die gleichen guten Ergebnisse können Sie erwarten, wenn Sie tagsüber nach dem Lernen für kurze Zeit schlafen; die Dauer spielt dabei keine Rolle. Der Grund hierfür liegt darin, dass unser Hippocampus während des Schlafes auf Hochtouren arbeitet. Da keine neuen Informationen aufgenommen werden müssen, kann er sich dann ganz der internen Verarbeitung widmen.

Wenn Sie Ihrem Gehirn nach der Informationsaufnahme nicht ausreichend Zeit gönnen, sondern es sofort mit neuen Daten überfluten, kann es das zuvor Aufgenommene nicht adäquat bearbeiten. Besonders nach ausgedehnten Lernphasen braucht das Gehirn eine längere Zeit, in der das neue Wissen „verdaut" werden kann. Dazu eignet sich ein kleiner Spaziergang, eine Entspannungsübung oder, wie oben beschrieben, ein kleines Schläfchen.

Das Gehirn ist im Schlaf nicht nur mit der Bearbeitung von Daten beschäftigt – es kann dabei sogar Probleme lösen. Vielleicht kennen Sie ja dieses Phänomen: Sie kommen bei einer wichtigen Entscheidung nicht weiter und beschließen am Abend „noch einmal darüber zu schlafen". Am nächsten Morgen wachen Sie auf, sehen jetzt alles ganz klar vor sich und wissen, was zu tun ist. Während Sie sich ausgeruht haben, arbeitete Ihr Gehirn auf Hochtouren.

> Clara achtet jetzt mehr auf Pausen. Sie muss viel auswendig lernen, da lässt die Konzentration oft schon nach einer halben Stunde nach. Vor dem Schlafengehen geht sie oft noch einmal das Gelernte durch. Nachdem sie sich vergewissert hat, dass sie Ihren Lernstoff für heute geschafft hat, kann sie ruhig schlafen.

Lernen vor dem Einschlafen kann hilfreich, aber auch schädlich sein. Wenn Sie beim nochmaligen Durchsehen Ihrer Unterlagen vor allem auf Lücken stoßen oder beim Rekapitulieren Ängste vor der bevorstehenden Prüfung auftauchen, sollten Sie darauf verzichten. Ihr Gehirn wird sich in diesen Fällen im Schlaf nicht mit dem Lernstoff beschäftigen, sondern mit ihren Ängsten. Der Hippocampus entscheidet sich im Zweifelsfall stets für das, was ihm am bedrohlichsten erscheint. Hier gilt also die Regel: Schauen Sie sich vor dem Einschlafen Ihre Unterlagen nur dann an, wenn Sie sich danach sicherer fühlen!

Kluge Wiederholungen

Ein weiteres Standbein der Konsolidierung sind Wiederholungen. Die Zugänge zum abgespeicherten Wissen können versanden, wenn sie nicht regelmäßig befahren werden.

Die *erste Wiederholung* sollte stets innerhalb der nächsten 24 Stunden nach der erstmaligen Abspeicherung des Lernstoffs stattfinden. Untersuchungen belegen, dass die Kurve des Vergessens danach rapide bergab geht. Schon nach drei bis vier Tagen haben Sie über die Hälfte der Informationen vergessen. Innerhalb der ersten 24 Stunden liegt dieser Wert lediglich bei zehn Prozent. Außerdem verläuft die Kurve des Vergessens nach jeder Wiederholung weniger steil nach unten, sodass Sie die Zeiträume zwischen allen weiteren Wiederholungen kontinuierlich vergrößern können.

Planen Sie auch beim Lernen von komplexen Prüfungsstoffen eine frühe erste Wiederholung mit ein. Damit kontrollieren Sie, ob das Wissen auch tatsächlich in seiner Tiefenstruktur abgespeichert wurde. Haben Sie es lediglich oberflächlich aufgenommen, kann es nicht bis ins Langzeitgedächtnis vordringen und wird schon nach kurzer Zeit aus dem Arbeitsspeicher verdrängt. In diesem Fall müssen Sie – fast – alles noch einmal lernen.

Doch selbst wenn die Informationen sicher im semantischen Speicher gelandet sind, bietet dies noch keine Garantie fürs Behalten. Die neuen Bahnen sind noch nicht ausreichend gefestigt, um den Weg zum Wissen jederzeit freizugeben. Ein möglichst zeitnahes Nachziehen dieser Spur hält die Verbindung aufrecht.

> Anne muss häufig spanische Vokabeln lernen. Gerne arbeitet sie dabei mit kleinen Karteikarten, die sie selbst beschriftet hat. Wenn sie am Nachmittag neue Vokabeln gelernt hat, nimmt sie sich gleich am nächsten Morgen Zeit für die erste Wiederholung. Meist kann sie sich dann noch ganz gut an alles erinnern.

Karteikarten eignen sich nicht nur für das Lernen von Vokabeln. Der Vorteil dieser Methode sind die kompakte Zusammenfassung von Wissen und die variablen Lernmöglichkeiten. Sie sind beim Lernen nicht auf den Schreibtisch angewiesen, denn Sie können Ihre Karten im Bus, beim Spazierengehen oder auf der Couch bearbeiten. Ein weiterer Vorteil dieser Methode liegt in der Übersichtlichkeit: Bei jeder Karte, die Sie zur Seite legen können, „begreifen" Sie Ihren Erfolg. Sie können dabei sehen, wie der Stapel des „Unwissens" allmählich kleiner wird und Ihr vorhandenes Wissen steigt. Passen Sie die Größe der Karten an den Lernstoff an: fürs Vokabellernen reicht ein kleines Format, für umfangreichere Eintragungen brauchen Sie mehr Platz. Tipps zum Ausfüllen von Karteikarten finden Sie im Modul: Wissen vernetzen (S. 133).

Wie lernen Sie am besten mit Karteikarten?

- Bearbeiten Sie in einem ersten Durchgang je nach Umfang und Schwierigkeitsgrad 10 bis 20 Karten. Mehr als 20 bilden eine zu große Menge an neuen Informationen.
- Sortieren Sie die Karteikarten, die Sie richtig beantwortet haben, aus dem Stapel aus. Übrig bleiben dann diejenigen, die Sie noch nicht ausreichend beherrschen.
- Wiederholen Sie die ersten beiden Bearbeitungsstufen, bis Sie alle Karten aussortiert haben.

Wenn Sie danach noch fit sind, können Sie sich den nächsten Stapel vornehmen. Achten Sie aber auch hier darauf, Ihr Gehirn nicht zu überfordern. Hören Sie mit dem Lernen auf, wenn Sie spüren, dass die Informationsaufnahme mühsam wird. Am Ende eines solches Durchgangs haben Sie die Inhalte der Karten gelernt. Aber Sie können alles auch wieder vergessen. Wie oben ausgeführt sollte die erste Wiederholung innerhalb der nächsten 24 Stunden stattfinden. Hier und bei jeder weiteren Wiederholung gehen Sie wie folgt vor:

- Bearbeiten Sie nun eine größere Menge von Karten, zirka 20 bis 40. Da Ihr Gehirn alles schon einmal aufgenommen hat, wird es einiges wiedererkennen. Die Bearbeitung ist also weniger mühsam.
- Statt der groben Trennung zwischen „kann ich – kann ich nicht", können Sie nun differenzierte Untergruppen einführen, beispielsweise:
Kann ich, brauche ich nicht mehr zu wiederholen.
Kann ich, sollte es aber wiederholen, weil ich noch unsicher bin.
Kann ich nur zur Hälfte, muss es daher noch am selben Tag wiederholen.
Kann ich gar nicht, muss es mir gleich noch einmal vornehmen.

Diese Differenzierung ist gerade bei einer größeren Anzahl von Karten sinnvoll. Schließlich ist es ein Unterschied, ob Sie etwas gar nicht mehr wissen oder sich lediglich an eine Detailinformation nicht mehr erinnern. Entscheiden Sie dann, was Sie sich zuerst vornehmen. Wenn Sie sich für die Karten mit kleinen Wissenslücken entscheiden, können Sie den Stapel schneller abarbeiten, was möglicherweise Ihre Motivation hebt. Der Nachteil ist jedoch, dass Sie am Ende der Wiederholung schon zu müde sind, um die größeren Lücken aufzufüllen. Im Einzelfall wird Ihre Entscheidung auch von der Bedeutung des betreffenden Lernstoffs abhängen. Probieren Sie beide Wege aus und finden Sie heraus, welche Lösung für Sie die bessere ist.

Vermeiden Sie außerdem Eintönigkeit. Wenn Sie das Wissen nur auf einem Weg bearbeiten, können Sie die entsprechenden Fragen am Ende möglicherweise exakt beantworten, ohne den Lernstoff wirklich zu beherrschen. Um auch auf nicht erwartete und ungewöhnliche Fragen vorbereitet zu sein, helfen variable Lernwege. Bearbeiten Sie deshalb Ihre Karteikarten doch einmal rückwärts: Lernen Sie die Vokabeln nicht nur von Deutsch auf Französisch, sondern auch mal andersherum. Und beantworten Sie nicht nur die Fragen, sondern versuchen Sie, ausgehend von den Antworten auf die Fragestellung zu schließen.

Wie oft müssen Sie Lerninhalte wiederholen, um sie langfristig zu behalten? Nach der obligatorischen ersten Wiederholung innerhalb der nächsten 24 Stunden hängt dies vom Lernstoff selbst und von Ihrem Lernziel ab. Wiederholen Sie etwas, das Sie auswendig lernen müssen, mindestens viermal. Beim Lernen von Theorien, Argumentationslinien oder bei der Beantwortung von Fragen reichen auch zwei weitere Durchgänge. Wenn Sie sich auf eine Prüfung oder eine andere Art der Präsentation Ihres Wissens vorbereiten, sollte die letzte Wiederholung kurz vor diesem Ereignis stattfinden. Achten Sie darauf, dass Ihnen danach noch ausreichend Zeit bleibt, um gravierende Lücken zu füllen.

Arbeitsinsel: Memorierungstechniken

Kennen Sie den Reim: „333, bei Issos Keilerei"? Vielleicht haben Sie sich dieses Datum aus dem Geschichtsunterricht gemerkt – erinnern sich aber nicht mehr daran, wer gegen wen gekämpft hat. Wenn dem so ist, hat sich diese Information aufgrund ihrer Struktur – in diesem Fall der Reimform – eingeprägt. Wenn Sie sich noch dazu daran erinnern, wer gekämpft und gesiegt hat, haben Sie die Information zusätzlich mit einer ausreichend großen Bedeutung verbunden und damit das Behalten verstärkt. Vielleicht hat sich diese Geschichtszahl aber auch noch aus einem ganz anderen Grund in Ihrem Gedächtnis verankert: Sie waren damals der Einzige in der Klasse, der die Frage nach der Schlacht bei Issos richtig beantworten konnte und haben sich sehr über das Lob des Geschichtslehrers gefreut. Oder Sie verbinden diese Zahl mit einer überaus peinlichen Situation, als Sie ein falsches Datum nannten, alle über Sie lachten und Sie sich innerlich schworen, dies nie mehr zu vergessen.

Das Behalten gelingt am besten, wenn Sie die Informationen möglichst breit (verschiedene Lernwege), möglicht tief (aktive Bearbeitung in eigenen Wissensnetzen) und mit möglichst positiven Gefühlen bearbeiten. Die gefühlsmäßige Bedeutung von Informationen ist individuell sehr unterschiedlich und lässt sich durch Techniken nur schwer aufrufen. Im Fokus der Memorierungstechniken stehen daher eher die Möglichkeiten der breiten und tiefen Bearbeitung. Dabei ist nicht nur besonders viel Eigenaktivität gefragt, sondern auch in besonderem Maß die Phantasie.

Zahlen merken

Müssen Sie sich häufig Zahlen merken? Eine Methode hierfür haben Sie bereits kennen gelernt, den Reim. Sie hat jedoch ihre Tücken, besonders wenn ein Reim auf zwei oder drei endet, was zu Verwechselungen führen kann. Der Merksatz: „753, kroch Rom aus dem Ei", funktioniert nämlich auch mit 752.

Bei der Assoziationstechnik verbinden Sie jede Zahl mit einem Bild oder einem Begriff. Zum Beispiel:

1 = keins
2 = Ei
3 = Polizei
4 = Klavier
5 = schimpfen
6 = Hexe
7 = lieben
8 = Nacht
9 = freuen
0 = Nil

Hier wird jeder Zahl einem Wort zugeordnet, das einen ähnlichen Klang hat. Um sich mit diesem System Zahlen zu merken, überlegen Sie sich eine kurze Geschichte, in der Sie die Begriffe gemäß des Auftauchens der für sie passenden Zahlen einflechten. Je verrückter und unsinniger sie ist, desto eher werden Sie sie behalten. Wenn Sie sich beispielsweise einprägen wollen, dass Columbus im Jahre 1492 Amerika entdeckt hat, könnte ein Merksatz mit dem oben genannten System folgendermaßen lauten: Als Columbus Amerika entdeckte, hatte er kein Klavier, aber er freute sich stets auf sein Frühstücksei.

Diese Technik können Sie beliebig variieren und sich eigene Bilder und Symbole suchen, mit denen Sie arbeiten möchten. Je länger die Zahl, desto länger wird auch die Geschichte werden. Suchen Sie sich ein System, das Ihnen am klarsten erscheint. Vorgaben nutzen Ihnen wenig, wenn Sie mit den Assoziationen nichts anfangen können.

> **Übung: Zahlen merken**
>
> Müssen Sie sich häufig Zahlen merken? Dann probieren Sie doch einmal die oben beschriebene Methode aus!
> Auch wenn Sie im Alltag oder Studium wenig mit Zahlen zu tun haben, ist diese Übung ein gutes Gedächtnistraining. Oder ist es nicht doch ein Vorteil, einige Telefonnummern, die eigene Matrikelnummer oder die Kontonummer im Kopf zu haben?
>
> 1. Schritt: Wählen Sie eine Zahl aus, die Sie sich merken wollen.
> 2. Schritt: Konstruieren Sie nach dem oben dargestellten Modell eine Szene – oder bei längeren Zahlen – eine kleine Geschichte.
> 3. Schritt: Wiederholen Sie die Szene oder Geschichte mindestens einmal.
> 4. Schritt: Um die Abspeicherung zu unterstützen, können Sie Ihre Geschichte auch aufschreiben.

Eine andere Methode, um sich lange Zahlenreihen zu merken, basiert auf der Einbeziehung kinästhetischer Kanäle: Stellen Sie sich vor, wie Sie eine Zahlenfolge in das Tastenfeld eines Telefons eingeben. Wie bewegen Sie Ihren Finger, formen Sie geometrische Figuren wie Dreiecke oder Quadrate? Wann gehen Sie mit dem Finger nach oben, unten, rechts oder links? Menschen mit gut ausgebauten kinästhetischen Bahnen können sich auf diese Weise leicht und schnell eine große Anzahl von Telefonnummern merken.

Loci-Technik

Die Loci-Technik ist eine gute Methode, mit der Sie sich wichtige Punkte für Situationen merken können, in denen Sie nicht auf schriftliche Aufzeichnungen zurückgreifen können, wie es zum Beispiel in Prüfungen oder bei Vorträgen der Fall ist. Dabei werden die Punkte, die Sie sich merken wollen, mit bestimmten Orten (lat.: locus = der Ort) verknüpft.

Wählen Sie zunächst einen Weg aus, den Sie später im Geiste sicher zurücklegen können. Mögliche Wegbeschreibungen sind:

- der Körper (vom Haar bis zu den Zehen)
- markante Punkte eines Raumes oder einer Wohnung
- Zimmer eines Hauses
- der Weg durch den Supermarkt
- der Weg zur Arbeit/Universität
- Länder der Erde vom Nordpol bis zum Südpol

Wenn Sie sich für eine Wegstrecke entschieden haben, prägen Sie sich die Route wie folgt ein:

- Finden Sie zehn markante Orte, die Sie auf dem Weg passieren.
- Stellen Sie sich vor, wie Sie die Route durchlaufen.
- Gehen Sie die Route auch rückwärts durch, um zu prüfen, ob Sie sie deutlich vor Augen haben.

Teilen Sie danach jedem der zehn Orte eine Information zu, die Sie sich merken wollen. Suchen Sie nach Assoziationen oder Geschichten, die ein festes Band zwischen der Information und dem Ort schaffen. Wie schon bei der Übung zum Merken von Zahlen sind hier möglichst ungewöhnliche Verknüpfungen gefragt. Nutzen Sie Ihre Fantasie! Das Geheimnis liegt darin, möglichst viele Sinne und Gefühle einzubeziehen und eine unvergessliche Gesamtszene zu erzeugen. Gehen Sie zum Schluss noch einmal in Gedanken Ihre Route ab, auf der Sie an den unterschiedlichen Orten auf die gelernten Informationen treffen. Wiederholen Sie dies so lange, bis Sie sich alles gemerkt haben.

Diese Methode geht bis in die Antike zurück. Angeblich hat sie schon Cicero als Vorbereitung auf seine Reden genutzt. Seine Orientierungspunkte lagen auf dem Weg von seinem Haus zum römischen Senat. Wenn er dann vor dem Senat sprach, legte er im Geiste noch einmal den Weg zurück, den er zuvor gegangen war, und erinnerte sich so an die wesentlichen Punkte seines Vortrages.

Übung: Loci-Technik

Schreiben Sie Einkaufslisten? Verzichten doch einmal darauf und versuchen Sie sich alles, was Sie besorgen müssen, mit der Loci-Technik zu merken.

1. Schritt: Notieren Sie vor Ihrem nächsten Besuch im Supermarkt alles, was Sie einkaufen möchten.
2. Schritt: Rekonstruieren Sie im Geiste Ihren Weg durch den Supermarkt und suchen Sie sich zehn Stationen.
3. Schritt: Welche Waren könnten jeweils an diesen zehn Stationen stehen? Ordnen Sie sie diesen Orientierungspunkten zu.
4. Schritt: Gehen Sie Ihren Weg vor dem Einkauf noch einmal im Geiste durch.
5. Schritt: Erledigen Sie nun Ihren Einkauf mit Hilfe des imaginären Einkaufsplans!

Diese Übung ist eine kleine Einführung in die Loci-Technik, schöpft aber ihre Möglichkeiten nicht voll aus. Vielleicht gewinnen Sie dadurch aber doch einen Eindruck von der Wirksamkeit der Methode und haben danach Lust, sie auch einmal auf Ihre Lerninhalte anzuwenden. Natürlich werden die Verknüpfungen zwischen wissenschaftlichen Daten und den Stationen auf Ihrem Weg schwieriger herzustellen sein, als in der Supermarkt-Übung. Aber gerade seltsam klingende Lösungen oder unsinnige Geschichte prägen sich leichter ein als Alltägliches.

All diese Techniken erfordern viel Denkarbeit und Kreativität. Ihre Aktivität ist gefragt: beim Bearbeiten der Daten und beim Finden von Assoziationen. Schon durch diese intensive Arbeit am Lernstoff werden Ihnen die Informationen so vertraut geworden sein, dass sie sich ein wenig eingeprägt haben. Der dafür erforderliche Zeitaufwand lohnt sich also, da das so Gelernte weniger oft wiederholt werden muss. Wenn die Suche nach kreativen Lösungen, witzigen Assoziationen und bildhaften Verknüpfungen dann auch noch Spaß bringt, ist dies ein willkommener Nebeneffekt.

Mehr Tipps zur Bildung von Assoziationen und kleine Gedächtnisübungen finden Sie unter www.mnemotechnik.info.

Arbeitsinsel: Gedächtnistraining

Vor der Erfindung der Schrift wurden Erfahrungen und Wissen mündlich vermittelt. Diejenigen, die sich viele Informationen merken konnten, waren anerkannte oder sogar verehrte Mitbürger. In den heutigen Zeiten der Informationsüberflutung und der vielfältigen Techniken zur Informationsspeicherung hat ein gutes Gedächtnis an Stellenwert verloren. Wir überlassen die Aufbewahrung unseres Wissens elektronischen Medien, vertrauen eher auf Suchmaschinen als auf unsere eigenen semantischen Speicher. Neben vielen Vorteilen – kein menschlicher Speicher kann so viel Informationen wie eine Suchmaschine aufnehmen – birgt dieser Weg jedoch auch Gefahren: Wird der Ausbau eigener Gedächtnisstrukturen vernachlässigt, gibt es zu wenig Erfahrungen im Konstruieren und Vernetzen von Wissen, auf die später zurückgegriffen werden kann. Trainieren Sie daher Ihr Gedächtnis auch bei ganz alltäglichen Themen. Damit wächst nicht nur Ihr Wissensspeicher, Sie können so auch später bei komplexen Zusammenhängen auf bewährte Verarbeitungsmuster zurückgreifen. Wenn Sie mit Ihrer Gedächtnisleistung unzufrieden sind, gibt es viele Möglichkeiten, die Bearbeitungsbahnen auszubauen, damit aus verstaubten Wegen Hochgeschwindigkeitsstrecken werden. Fangen Sie nicht erst mit dem Training an, wenn Sie kurz vor einer Prüfung stehen.

- Verzichten Sie doch einmal darauf, einen Einkaufszettel zu schreiben, und merken Sie sich alles ohne es aufzuschreiben (Tipp: Loci-Technik!).
- Nutzen Sie nicht mehr die gespeicherten Daten auf Ihrem Telefon, sondern prägen Sie sich die Telefonnummern Ihrer Freunde anhand von Assoziationen oder Fingerbewegungen auf der Tastatur ein.
- Lernen Sie die Stationen einer U-Bahn- oder Bus-Linie, die Sie häufig benutzen, auswendig.
- Versuchen Sie, sich die Inhaltsstoffe von Lebensmitteln (Marmelade, Brotaufstrich, Fertiggerichte) zu merken.

Das Training ist wirkungsvoller, wenn Sie es nicht nur als Möglichkeit sehen, Ihre Bearbeitungsbahnen auszubauen, sondern das Lernen für Sie darüber hinaus *Sinn* macht. Das Auswendiglernen hat bei vielen Menschen ein negatives Image, weil sie es mit dem Aufnehmen von sinnlosen Daten verbinden: Jemand, der etwas „nur" auswendig gelernt hat, muss es nicht verstanden haben! Das wäre ein Beispiel für verfehltes Lernen, bei dem das Gelernte nicht effektiv angewendet werden kann. Sie müssen daher das, was Sie sich einprägen, auch tatsächlich behalten wollen. Bringt es nicht doch gewisse Vorteile, wenn Sie die Telefonnummern, die Busstationen oder die Einkaufsliste im Kopf haben? Wollten Sie nicht schon immer mal genauer hinsehen, welche Zusatzstoffe in den Lebensmitteln enthalten sind?

Als Inbegriff fürs Auswendiglernen gilt das Lernen von Gedichten. Erinnerungen an die Schulzeit oder an Familienfeiern werden wach, die nicht immer mit positiven Gefühlen verbunden sind. Wenn ich in meinen Seminaren die Hausaufgabe gebe, bis zum nächsten Mal ein Gedicht zu lernen, ernte ich bei vielen Teilnehmern dann auch missbilligendes Erstaunen: Was hat denn das mit wissenschaftlichem Arbeiten zu tun!

Umso mehr freue ich mich dann zu sehen, wie positiv diese Übung gerade bei den Studenten ankommt, die anfangs so offensichtlich ihre Skepsis zeigten. Es ist nämlich ein durchaus gewinnbringendes Erlebnis, etwas auswendig zu lernen, das durch den Inhalt oder die Sprache berührt oder ganz einfach nur schön ist. Und wenn man beim Vortrag in der Gruppe dann auch noch anerkennenden Applaus bekommt, steigert sich dadurch noch die positive Lernerfahrung. Auch wenn Sie abends mit Freunden zusammensitzen und Karten spielen, können Sie Ihr Gedächtnis trainieren. Gerade in spielerischen Situationen arbeitet Ihr Gehirn besonders gern, merkt sich die schon abgelegten Karten, spekuliert über die möglichen nächsten Züge und baut so die Bearbeitungsnetze aus. Und eine angenehme Atmosphäre steigert ja bekanntlich noch den Lerneffekt.

Vernachlässigen Sie beim Training nicht die kinästhetischen Lernwege: Auch das Einstudieren bestimmter Bewegungsabläufe aktiviert breite Gehirnareale. Komplizierte Übungen – beispielsweise die 24er-Form im Tai Chi, Yoga-Übungen oder Tanzkombinationen – werden sowohl im Cortex als auch im Kleinhirn abgespeichert, betreffen daher sowohl deklarative als auch implizite Gedächtnisreservoirs. Grundvoraussetzung dafür ist natürlich, dass Sie sich die Bewegungsabläufe selbst merken und nicht die Bewegungen eines Lehrers kopieren. Wenn Ihnen solche Übungen dann auch noch Spaß bringen, sind sie ein ideales Gedächtnistraining.

Tipps zum besseren Behalten

1. Bearbeiten Sie die Informationen möglichst breit (verschiedene Lernwege).
2. Bearbeiten Sie die Informationen möglichst tief (in eigene Wissensnetze einbauen).
3. Bearbeiten Sie die Informationen möglichst aktiv (nicht passives Wiederholen, sondern aktive Bearbeitung).
4. Verbinden Sie den Lernstoff und/oder das Lernziel mit positiven Emotionen.
5. Achten Sie auf sinnvolle Pausen und Wiederholungen.
6. Trainieren Sie Ihre Gedächtnisleistung im Alltag.

Lernergebnisse für dieses Modul

Beantworten Sie die folgenden Fragen:

Welche unterschiedlichen Bearbeitungsformen eignen sich für Ihren Lernstoff?
Welche Pausen und Wiederholungen sind sinnvoll?
Wie können Sie Ihr Gedächtnis trainieren?

Modul: Auf dem Weg

Lernziele für dieses Modul

Was Sie wissen sollten: Grundkenntnisse über Lernverläufe und Motivation

Was Sie entscheiden müssen: Womit können Sie sich selbst motivieren?

Während des Lernens kann viel geschehen, mit dem Sie nicht gerechnet haben. Ein Plan gibt Ihnen gleich einem Kompass lediglich die Richtung vor. Während der Reise gilt es dann, den Kurs zu halten, aber auch offen zu sein für notwendige Veränderungen. Wenn etwas ganz anders kommt als vorgesehen, führt dies nicht automatisch zu negativen Ergebnissen. Als Columbus im Jahre 1492 in See stach, suchte er eigentlich einen neuen Seeweg nach Indien. Dass er stattdessen in Amerika landete, war zwar nicht geplant, auf lange Sicht gesehen aber ein weit größerer Erfolg als der, den er zuvor erhofft hatte.

Auch Lernverläufe nehmen nicht immer den einfachen, geraden Weg zum Ziel. Arbeitsbedingungen können sich ganz anders entwickeln als geplant, eingangs festgelegte Ziele müssen während des Lernprozesses häufig modifiziert werden. Dies bringt Gefahren, aber auch Chancen mit sich. Da gibt es glückliche Zufälle, Menschen, die auftauchen und Hilfe anbieten oder Probleme, die sich ganz von selbst lösen. Wenn Sie mit Scheuklappen durch die Welt gehen und zu sehr auf die Einhaltung Ihres Plan pochen, lassen Sie diese günstigen Gelegenheit ungenutzt an sich vorüberziehen. Mit Ihrem Kompass im Kopf können Sie zwischen Ablenkungen und sinnvollen Abstechern unterscheiden, sind offen für Unterstützung, aber auch konsequent im Handeln.

So wie das Leben nicht verplanbar ist, sind Erfahrungen auch nicht wiederholbar. Jeder Weg ist einzigartig. „Se hace caminos al andar" – Wege entstehen beim Gehen – lautet eine Zeile aus einem bekannten Gedicht des spanischen Dichters Antonio Machado. Wir können niemals sicher sein, was vor uns liegt. Sichtbar ist nur die Wegstrecke, die wir zurückgelegt haben, und die wir nie wieder auf die gleiche Art betreten werden. Was wir erlebt haben, prägt allerdings unser späteres Verhalten. Wenn wir einmal nicht weiterwissen, erinnern wir uns womöglich an eine ähnliche Situation aus der Vergangenheit und auch daran, wie wir sie damals bewältigt haben. Diese

Erfahrungen wirken dann – ähnlich wie ein Plan – als Unterstützung und Orientierung. Auf der anderen Seite können Misserfolge auch zu Verunsicherungen und Ängsten führen, die das Lernen behindern.

In diesem Modul erfahren Sie, worauf Sie während des Lernens achten müssen, um sicher ans Ziel zu kommen; wie Sie mit Misserfolgen und Blockaden umgehen, auf Ihren Erfolgen aufbauen und dabei die Lust am Lernen aufrechterhalten können.

Lernverläufe

Im Altertum pflegte man zu sagen, dass viele Wege nach Rom führen. Damit sollte die Bedeutung Roms als Herrschaftsmittelpunkt herausgestellt werden, dessen Einfluss auch bis in die entferntesten Winkel des Imperiums zu spüren war. In der Tat gab es viele Wege, Hannibal entschied sich beispielsweise für einen, der ihn von Nordafrika über die Alpen bis zur Hauptstadt des römisches Reiches führte. Das war zwar nicht der kürzeste, aber für seine Strategie des Überraschungsangriffs der beste Weg. Selbst wenn Ihr Weg Sie nicht nach Rom führt, können Sie doch dieses Bild übernehmen: Ihr Lernziel steht im Mittelpunkt, wirkt sich auf alle Handlungen aus, die Sie auf verschiedenen Wegen unternehmen werden. Es wird Abschnitte geben, auf denen Sie langsam vorankommen und Hochgeschwindigkeitsstrecken, gerade und kurvige, holprige und ebene Straßen. Vielleicht werden Sie auch manchmal Abstecher machen oder noch einmal zu Punkten zurückkehren, bei denen Sie schon einmal waren. Alles ist möglich.

Zu Beginn des Lernens gibt es in der Regel eine Vielzahl an begehbaren Wegen, die auch sehr breit sein können. Während der ersten Schritte wird noch vieles ausprobiert, wobei sich manche Strecken als weniger günstig oder auch falsch erweisen. Diese Phase birgt die Gefahr, dass Sie sich verlaufen oder aber frustriert aufgeben, weil alles nicht so klappt, wie Sie es sich vorgestellt haben. Besinnen Sie sich in solchen Momenten wieder auf Ihr Ziel und probieren Sie neue Wege aus, wenn die vorherigen nicht mehr begehbar sind. Wenn die Richtung stimmt, können Sie sich nicht verirren.

Ein weiteres Problem tritt häufig dann auf, wenn Sie zwar das Ziel vor Augen haben, ihm aber nicht näher zu kommen scheinen. In der Lernforschung werden solche Phänomene als Lernplateau bezeichnet. Gab es zu Beginn noch große Fortschritte, ist nun alles zäher und mühsamer. Auch hier geben manche Menschen auf – dabei ist der Erfolg doch zum Greifen nah! Denn gerade das Ausbleiben großer Sprünge, die Verengung und damit Konzentration auf das Wesentliche sind Anzeichen dafür, kurz vor dem positiven Abschluss einer Lernphase zu stehen. Hier gilt es, nicht die Hoffnung zu verlieren und weiterzumachen, bis der „Knoten endlich platzt".

Typische Lernverläufe sind nicht gerade und eben, sondern haben Kurven, Schleifen, Höhen und Tiefen. Diese harmonische Schwingung zwischen Breite und Tiefe, schnell und langsam, gerade und kurvig, kennzeichnet einen Prozess des Suchens, bei dem nicht immer feststeht, was gefunden wird. Aber gerade die Neugier auf das Ergebnis belebt die Motivation. Lassen Sie sich auf das Abenteuer Ihres Weges ein, mit all seinen Gefahren und Möglichkeiten. In dem Maße, in dem es Ihnen gelingt, mit Widrigkeiten umzugehen und auf Erfolgen aufzubauen, werden Sie nicht nur das Ziel erreichen, sondern während des Lernens auch Ihr Selbstvertrauen und Ihre Handlungskompetenzen stärken.

> **Übung: Lernkurven 2**
>
> Jeder Lernweg sieht anders aus: Mal läuft es gut und dann tauchen doch Probleme auf. Um bei Schwierigkeiten nicht vorschnell aufzugeben, müssen Sie diese Schwankungen akzeptieren. Wie sehen diese Schwankungen bei Ihnen aus?
>
> 1. Schritt: Nehmen Sie ein großes unlinierdes Blatt. Tragen Sie in der Mitte eine horizontale Linie ein. Dies ist Ihre Zeitachse. Ziehen Sie dann einen langen Strich am linken Rand, der die Zeitachse kreuzt. Das ist Ihre Erfolgsachse. Wählen Sie jeweils ein Symbol, das für eine gute Phase (zum Beispiel: +) und für eine schlechte steht.
> 2. Schritt: Rekapitulieren Sie nun die letzten zwei bis drei Jahres Ihres Lernens. Tragen Sie dazu auf der Zeitachse die Jahre und Monate ein. Manchmal sind auch markante Daten (zum Beispiel die Abiturprüfung) wichtig. Wann haben Sie gut gelernt, Erfolge erzielt – wann waren Sie unzufrieden? Markieren Sie die entsprechenden Werte mit einem Punkt.
> 3. Schritt: Verbinden Sie die Punkte zu einer Kurve.
>
> Wenn Sie am Ende Ihre Kurve betrachten, werden Sie sehen, dass Lernverläufe niemals nur in eine Richtung gehen. Halten Sie diese Erkenntnis fest, egal ob Sie sich vorwiegend im positiven oder negativen Bereich aufhalten.

Die Macht der Gewohnheit

Wie Sie auf Blockaden reagieren und welche Lösungswege für Sie stimmig sind, hängt nicht zuletzt von Ihren bisherigen Lernerfahrungen ab. Alles, was Sie erlebt haben, wird zu Konstrukten über die Wirklichkeit verarbeitet. Alle Wege – die, die Sie gegangen sind und auch die, die Sie noch gehen werden – befinden sich innerhalb dieser ganz individuellen Landkarten.

So, wie bei der Bearbeitung von Informationen schon vorhandene Strukturen und Wissensnetze als Orientierung dienen, ist es auch bei der Bewältigung neuer Aufgaben hilfreich, ähnliche Situationen schon wiederholt erlebt und ähnliche Probleme schon oft auf eine bestimmte Art gelöst zu haben. Das Zurückgreifen auf Bewährtes ermöglicht schnellere Reaktionen und gibt Sicherheit. Schließlich wäre es allzu mühsam, jedes Mal neu zu überlegen, was zu tun ist. Errungene Erfolge zeigen uns, wo unsere Stärken liegen und sie schaffen ein Reservoir effektiver Methoden, auf die wir bei Bedarf leicht zurückgreifen können. Bewährte Gewohnheiten unterstützen so das Lernen: Bei der Planung helfen sie, Zeiten, Arbeitsbedingungen und Methoden festzulegen. Wenn jeden Tag neu entschieden werden müsste, wann, wie und wo gearbeitet wird, wäre die Informationsverarbeitungskapazität womöglich schon vor dem eigentlichen Beginn des Lernens nahezu ausgeschöpft. Routinierte Zeit- und Arbeitsabläufe lassen es zu, dass der Großteil der Aufmerksamkeit zur Bewältigung der Aufgaben bereitgestellt werden kann. Solche Gewohnheiten stützen das Selbstvertrauen. Der Lernende weiß schließlich, dass er schon ähnliche Aufgaben gelöst hat, was die Wahrscheinlichkeit, wieder erfolgreich zu sein, natürlich steigert.

Andere Gewohnheiten behindern die Informationsaufnahme. Ärgern Sie sich auch manchmal, dass Sie schon wieder zu spät mit dem Lernen begonnen haben, zu lange telefoniert oder Zeitung gelesen haben? Jeder, der schon einmal versucht hat, routiniertes Verhalten zu verändern, wird wissen, wie schwer das ist. Und obendrein nistet sich die unerwünschte Verhaltensweise nach jedem missglückten Befreiungsversuch noch fester in unserem Kopf ein. Schließlich hat sie im Kampf gegen unseren erklärten Willen wieder einmal einen Sieg errungen! Jemand, der solche Erfahrungen nicht produktiv verarbeitet hat, kann beispielsweise die Gewohnheit entwickeln, schwierige Aufgaben gar nicht erst anzufangen, und so zu einem chronischen Aufschieber werden. Wie Rückert in seinem Buch „Schluss mit dem ewigen Aufschieben" beschreibt, sind die Ursachen eines solch fatalen Lerneffekts meist vielschichtig und setzen sich sowohl aus bewussten als auch unbewussten Verarbeitungsprozessen zusammen: Vielleicht glauben wir, es sei unser Schicksal, nicht erfolgreich zu sein. Macht uns Erfolg Angst? Glauben wir, dass andere Menschen uns eher mögen, wenn wir nicht erfolgreich sind? Oder wissen wir eigentlich selbst nicht, warum wir immer wieder das tun, was uns nicht weiterbringt?

Das motivierte Gehirn

Ein Lernprozess wird durch äußere und innere Auslöser in Gang gesetzt: Das sind auf der einen Seite Anforderungen von anderen Personen oder Institutionen (externe Motivationsfaktoren), aber auch persönliche Ziele und Wünsche (interne Motivationsfaktoren). Beide sind in der Praxis nicht klar voneinander zu trennen. Im Gehirn wird jeder Auslöser zunächst als neuer Input einer Prüfung und Bewertung unterzogen. Dabei stoßen dann eigene Erfahrungen und Einschätzungen auf vermutete oder auch offen vorgebrachte Erwartungen aus der Umgebung, sodass sich ein Motivationsgefüge bildet.

Alles, was dann während des Lernens geschieht, wird in dieses Motivationsgefüge integriert, seien es nun Erfolge oder Fehlschläge, positive oder negative Rückmeldungen. Innere Verarbeitungsprozesse, die das Erreichen des gewünschten Ziels unterstützen, werden unter dem Begriff *Selbstmotivierung* zusammengefasst. Eine mögliche Strategie der Selbstmotivierung ist die *Selbstkontrolle*. Hier ist ein Höchstmaß an Disziplin gefragt, da soviel Aufmerksamkeit wie möglich auf die genaue Einhaltung eines Arbeitsplans gerichtet wird. Wer solchermaßen diszipliniert vorgeht, sieht nur die vor ihm liegende Aufgabe und blockiert alle anderen Empfindungen oder ablenkenden Gedanken. Hier wird mit selektiver Aufmerksamkeit und einem engen Fokus gearbeitet (vgl. Modul: Konzentration, S. 83). Im Einzelfall ist dies die richtige Strategie, wenn beispielsweise sehr viel Druck von außen existiert, Termine anstehen, die nicht mehr zu verschieben sind und keine Zeit zum Ausprobieren neuer Wege bleibt. Die Erfahrung, es trotz aller Anforderungen am Ende geschafft zu haben und dabei bis an die Grenze der Belastbarkeit gegangen zu sein, kann sogar das Selbstvertrauen steigern. Der Nachteil solcher Lernphasen ist jedoch, dass sie sehr anstrengend sind und daher nicht lange aufrechterhalten werden können. Außerdem verengt diese Art des Arbeitens die Handlungsperspektive: Um das Ziel zu erreichen, wird alles, was rechts oder links am Wege liegt, ausgeklammert. Aber gerade jenseits des Wegesrandes könnten Edelsteine verborgen liegen!

Neben Selbstkontrolle und Disziplin ist für die Handlungssteuerung noch ein anderes System notwendig, das weniger anstrengend ist, den Fokus der Aufmerksamkeit weitet und nicht mit Scheuklappen arbeitet, die so genannte *Selbstorganisation*. Sie ist offen für das Experimentieren mit neuen Lösungswegen und lässt die Energie durch möglichst viele psychische Systeme frei fließen. Dabei wird nicht jeder Handlungsschritt einzeln geplant oder gar mit den Unterdrückungsmaßnahmen der Selbstkontrolle durchgesetzt. Koordiniert wird nur an den Stellen, wo kleine Nachjustierungen im Handlungsverlauf nötig werden.

Dieses von Kuhn und Martens aufgestellte Modell der Selbstmotivierung verbindet den Gedanken der Selbstorganisation mit den Funktionsweisen der rechten und linken Gehirnhälfte: Um eine Einheit von „Wollen" und „Tun" aufzubauen, und damit positive Gefühle auszulösen, müssen die in der linken Hemisphäre festgehaltenen Absichten mit den unbewussten intuitiven Handlungsprogrammen der rechten Hemisphäre verbunden werden.

Beim Auftreten von Misserfolgen setzt die linke Gehirnhälfte ihre Fähigkeit der genauen Überprüfung ein und analysiert das Geschehen: Wie konnte es so weit kommen? Was wurde falsch gemacht? Die Konfrontation mit eigenen Fehlern und Unzulänglichkeiten kann die Unsicherheit jedoch im Einzelfall noch steigern. Wenn die Kontrollmechanismen der linken Hälfte nicht mehr ausreichen, wird ein anderes Bearbeitungsinstrument aktiviert: die *Selbstberuhigung.* Dabei werden im Extensionsgedächtnis der rechten Gehirnhälfte, dem Speicher für alle bisherigen Lebenserfahrungen, positive Erfahrungen wieder belebt. Schließlich wurden in der Vergangenheit schon andere – ähnlich schwierige – Situationen überstanden.

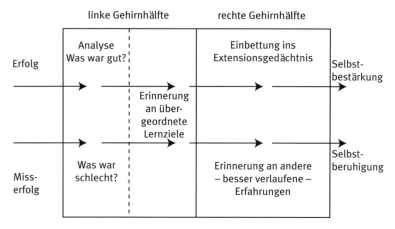

Abbildung 26: Selbstmotivierung – Martens/Kuhn

Beide Regulationsmechanismen – die Analyse von Fehlern und die Erinnerung an frühere Erfolgserlebnisse – arbeiten eng zusammen. Dabei werden breite Bereiche des Gehirns stimuliert und Kooperationsprozesse in Gang gesetzt, bei denen jedes Areal seine speziellen Fähigkeiten zum Wohle des gemeinsamen Ziels einsetzen kann. Selbstmotivierung funktioniert so als eine lernende Organisation. Es braucht keine Kontrollmechanismen, sondern gelingt dann wie von selbst.

Wer keine Fehler macht, macht etwas verkehrt

… meint Mörfi, die kleine Fehlerteufelin in dem Kinderbuch von Andreas Schlüter. Ihre menschliche Freundin Johanna erkennt durch die Begegnung mit ihr, wie langweilig ein Leben ohne Fehler wäre – denn es wäre ein Leben ohne Spannung, Abenteuer und Lachen.

Wir alle waren früher einmal fehlerfreundlich, sonst hätten wir niemals sprechen oder laufen gelernt. Vor den ersten standhaften Schritten und sinnvollen Sätzen sind wir wahrscheinlich oft gefallen, haben manche Worte hundertmal falsch nachgesprochen oder kombiniert. Kindern werden Fehler auch meist nicht übel genommen. Im Gegenteil – man freut sich über ihre tollpatschige Unvollkommenheit, lacht mit ihnen über die kleinen Ausrutscher, ohne sie auszulachen. Doch irgendwann wandelt sich dies: Nach und nach sehen sich Kinder Erwartungen gegenüber und ernten Kritik und Enttäuschung aus ihrer Umgebung, wenn sie etwas nicht so schaffen, wie es von ihnen verlangt wird. Eigentlich ist dies ein ganz normaler Entwicklungsschritt, denn ehrliche Rückmeldungen fördern den Aufbau eines realistischen Selbstbildes. Als Nebeneffekt entsteht allerdings häufig die Angst vor Fehlern: Nun schämt man sich, wenn die eigene Unzulänglichkeit offenbart wird. Um dem zu entgehen, werden perfekte Arbeitsergebnisse angestrebt, die jeder Kritik standhalten können. Ein Unterfangen, das natürlich nicht durchsetzbar ist, da Perfektionismus nur selten – oder nie – zu erreichen ist.

Selbstmotivierungsstrategien, die auf Mechanismen der Selbstkontrolle aufbauen, halten sich nicht lange mit der Analyse von Fehlern auf. Stattdessen wird der Druck erhöht. Die Betonung liegt hier auf der Vermeidung von weiteren Fehlern und der Aufrechterhaltung von Disziplin. Das Ausprobieren anderer Strecken ist in diesem Motivierungsmodell nicht erwünscht. Anders sieht es aus, wenn Sie auf die Mechanismen der Selbstorganisation vertrauen. Hier sind zahlreiche psychische Instanzen angesprochen, die das Problem auf unterschiedlichen Ebenen prüfen: Wie konnte es dazu kommen? Warum haben Sie nicht rechtzeitig etwas dagegen unternommen? Welche positiven Erkenntnisse können sie aus dem Misserfolg ziehen? Was ist Ihnen dadurch deutlich geworden? Und wie haben Sie ein ähnliches Problem zuvor gelöst? Erfolgreiche Menschen stellen sich solche Fragen und lassen sich auch durch mögliche neue Fehlschläge nicht abschrecken. So wird berichtet, dass Thomas Edison vor seinem 1.000sten Versuch, eine Glühlampe zu erfinden, gefragt wurde, ob er wegen der vielen Misserfolge nicht niedergeschlagen sei. Er soll dies jedoch vehement verneint und stattdessen darauf hingewiesen haben, dass er schließlich 999 Möglichkeiten entdeckt hätte, wie eine Glühlampe nicht funktioniere. Unabhängig davon, ob dieses Gespräch tatsächlich so stattfand oder nicht, beleuchtet es doch einen wesentlichen Bestandteil der Suche nach Erkenntnissen: Wenn sich jemand voll auf den Weg konzentriert und offen ist für jede Art der Erfahrung, kann er auch Ergebnisse, die auf den ersten Blick wie Fehlschläge aussehen, als Teil des Erfolges sehen.

Wenn es nicht gelingt, Fehler in positive Bewertungsstrukturen einzubauen, behindern sie das weitere Lernen. Unangenehme Szenen prägen sich nämlich bedeutend schneller und tiefer in unser Gedächtnis ein als positive. Hirnforscher begründen dies mit dem Verlauf der menschlichen Evolution: Für das Überleben der Art war die Vermeidung von negativen Erlebnissen – wie der Verlust einer Beute oder die Niederlage im Kampf mit einem stärkeren Rivalen – wichtiger als das Wiederholen erfreulicher Erlebnisse. Nach Meinung des US-amerikanischen Psychologen Cacioppo sind unangenehme Erfahrungen in ihrer Wirkung auf unser Denken und Handeln so stark, dass es etwa fünf ähnlich gelagerter positiver Erlebnisse bedarf, um diesen Effekt auszugleichen. Nach einem Misserfolg sollte man sich daher nicht untätig zurückziehen, sondern im Gegenteil möglichst schnell mit möglichst viel

Aktivität weiterarbeiten, um der negativen Erfahrung so viel Positives wie möglich entgegensetzen zu können.

Erfolgreiche Menschen sind also fehlerfreundlich: Sie produzieren viel, damit Arbeitsergebnisse, die nicht ganz so gut gelungen sind, nicht so sehr ins Gewicht fallen. Nicht jede Textzeile von Shakespeare und nicht jede Skizze von Picasso ist genial. Beide waren jedoch überaus produktiv und haben so eine große Anzahl von kulturellen Schätzen hinterlassen. Jemand, der seinen Ärger und seine Scham über misslungene Versuche nicht überwindet, kann nicht unbelastet nach vorne schauen. Um handlungsfähig zu sein, muss es daher gelingen, die Fehler als Teil des Erfolgs anzunehmen. Die schon zu Beginn zitierte Fehlerteufelin Mörfi würde dies sicher bestätigen, denn: „Nur Dumme machen keine Fehler!"

Übung: Vom Umgang mit Fehlern

Jeder macht Fehler, das ist unvermeidlich. Nutzen Sie Ihre Fehler als hilfreiche Wegweiser auf dem Weg zum Erfolg!

1. Schritt: Erstellen Sie eine Liste mit Ihren zehn größten Fehlern.
2. Schritt: Rekapitulieren Sie, wie es zu diesen Fehlern kam: Wie war Ihre damalige Ausgangslage?
   Welche Informationen standen Ihnen damals zur Verfügung?
   Welche Handlungsalternativen gab es?
3. Schritt: Stellen Sie sich vor, Sie könnten in die Vergangenheit zurückkehren. Die Ausgangspositionen wären dieselben wie damals, als Sie die Fehler begangen hatten.
   Bei wie vielen Fehlern würden Sie jetzt anders handeln?
   Bei wie vielen Fehler würden Sie die gleichen Entscheidungen nochmals treffen?

> 4. Schritt: Bedenken Sie die Folgen Ihrer Entscheidungen:
> Welche Erfahrung oder Erkenntnis haben Sie durch den Fehler gewonnen?
> Welche Erfahrung oder Erkenntnis hätten Sie nicht sammeln können, wenn Sie den Fehler nicht gemacht hätten?
> 5. Schritt. Ordnen Sie den Fehler in langfristige Zusammenhänge ein:
> Welche Lektion haben Sie durch den Fehler gelernt?
> Hat der Fehler Ihnen geholfen, Sie vor künftigen Fehlentwicklungen zu warnen?
> Schreiben Sie hinter jeden Fehler die Einschätzung „Lektion" oder „Warnung".

Macht Lernen glücklich?

Wie kommt es, dass manche Menschen glücklicher sind als andere? Gibt es eine *Glücksformel,* nach der man ein zufriedenes Leben ausrichten kann? Die bisherigen Ergebnisse der „Glücksforschung" gehen von drei Faktoren für individuelles Glücksempfinden aus: eine genetische Disposition, die jeweiligen Lebensumstände sowie erworbene Einstellungs- und Handlungsmuster. Der amerikanische Hirnforscher Daniel Lykken vermutet, dass individuelles Wohlbefinden mindestens zur Hälfte von den Genen beeinflusst ist, was er durch Studien mit eineiigen Zwillingen belegt. Aber wie so oft kommt es auch hier darauf an, wie wir das nutzen, was uns in die Wiege gelegt wurde. Frühe Festlegungen sind nicht unumstößlich, sondern werden durch Umwelteinflüsse gestärkt oder geschwächt. An dieser Stelle kommen die anderen beiden Glücksfaktoren ins Spiel: Wie eine große interkulturell angelegte Studie unter der Leitung von Ed Diener gezeigt hat, wirken sich entgegen manch landläufiger Meinung die Lebensumstände – zum Beispiel Klima, Familienstand, finanzielle und berufliche Situation – nur im geringen Maß auf die allgemeine Zufriedenheit aus (10 Prozent). Weit mehr Einfluss auf das Glücksempfinden haben – mit zirka 40 Prozent – die erworbenen Einstellungs- und Handlungsmuster. Das, was wir tun, wie wir es tun und was wir danach darüber denken, bestimmt demnach zu einem wesentlichen Teil unsere positive oder negative Grundstimmung. Auf das Zusammenwirken zwischen Einstellungen und positiven Emotionen geht auch Csikszentmihalyi ein. In einer seiner zahlreichen Studien beobachtete er eine Woche lang über 100 berufstätige Frauen und Männer. Diese wurden aufgefordert, über einen elektronischen Empfänger jeweils dann ein Signal abzugeben, wenn sie positive Gefühle registrierten. Csikszentmihalyi interessierte vor allem die unterschiedliche Frequenz der Signale im Freizeit- und Arbeitsbereich. In der Auswertung traf er auf ein erstaunliches Ergebnis: Obwohl alle Versuchspersonen während der Arbeit die meisten positiven Gefühle erlebten (58 Prozent), bewerteten sie die dort verbrachte Zeit als eher unangenehm. Stattdessen wünschten sie sich mehr Raum für Freizeitaktivitäten, obwohl sie hier in der direkten Rückmeldung durchschnittlich nur 18 Prozent aller positiven Gefühle meldeten. Csikszentmihalyi erklärt dies mit dem schlechten Image der Arbeit als Tätigkeit, die mit Zwang und Notwendigkeit, aber kaum mit Spaß und Freude verbunden wird.

Auch beim Lernen würden wir sicherlich auf ähnliche Phänomene stoßen. Ist es nicht eher ungewöhnlich, wenn jemand von sich sagt, er lerne gern? Wird Lernen nicht auch oft als lästige Pflicht angesehen? Traditionelle Ratgeber gestehen dem Lernenden lediglich nach getaner Arbeit Glücksgefühle zu. Wenn der „unangenehme" Teil des Tages – das Lernen – abgeschlossen wurde, könne man sich ja als Belohnung oder Ausgleich für die Anstrengungen den erfreulicheren Freizeitbeschäftigungen widmen. Diese Selbstmotivierungsstrategien sind an Selbstkontrollmechanismen angelehnt. Sie geben die notwendige Sicherheit, das Wesentliche geschafft zu haben, führen aber nicht zu „flow"-Erfahrungen.

Eine positive Einstellung – und damit auch Glücksgefühle – lassen sich sicherlich nicht von oben verordnen. Sich selbst einzureden, dass Lernen Spaß bringt, nützt nichts, wenn Sie selbst nicht daran glauben. Dafür müssen Sie vielmehr selbst erfahren und gespürt haben, dass Lernen mehr sein kann als lästige Pflicht. Seien Sie daher offen für alles, was Ihnen auf dem Weg begegnet. Lassen Sie sich von Misserfolgen nicht entmutigen und erinnern Sie sich immer wieder an all das, was Sie schon geschafft haben. Wenn Sie auf diese Weise die Kraft der Selbstorganisation nutzen, steigen die Chancen für Glücksmomente.

Arbeitsinsel: Alte und neue Wege

Sie gehen Ihren eigenen Weg in Ihrem persönlichen Tempo. Verzweifeln Sie nicht, wenn ab und zu Verzögerungen, Wiederholungen oder Blockaden auftreten. Manchmal kann es durchaus sinnvoll sein, ein wenig zu verharren, auf die zurückgelegte Strecke zurückzublicken und zu überlegen, wie der nächste Schritt aussehen könnte. Dann wiederum wird es notwendig sein, Hindernisse zu überwinden, sei es, dass man sie aus dem Weg räumt oder umgeht. Aber auf allen Wegen dürfen Sie Ihr Ziel nicht aus dem Blick lassen.

Der Weg entsteht beim Gehen

Csikszentmihalyi erzählt folgende Geschichte: Ein Mann fährt mit dem Auto zur Arbeit. Er hat einen wichtigen Termin, zu dem er auf keinen Fall zu spät kommen möchte. Doch dann passiert ein Missgeschick – ein Reifen seines Autos verliert schlagartig die Luft! Er kann nicht mehr weiterfahren. Was tun? Wenn der Mann in dieser Situation nur daran denkt, dass er seinen Termin verpasst, wird er in Panik geraten. In diesem Fall kommt er gar nicht darauf, das Nächstliegende zu tun, nämlich das Rad zu wechseln oder ein Taxi zu rufen. Nur wenn er sich auf die Lösung des vor ihm liegenden Problems konzentriert, ist er handlungsfähig und schafft es vielleicht doch noch, pünktlich zu sein. Für Csikszentmihalyi ist die Fokussierung auf das Hier und Jetzt eine Grundvoraussetzung für erfolgreiches Handeln und damit auch für „flow"-Erfahrungen.

Lenken Sie daher während des Lernens möglichst viel Aufmerksamkeit auf die unmittelbar vor Ihnen liegenden Aufgaben, damit Sie Ihre Ziele erreichen, Hindernisse überwinden und positive Gefühle aufbauen können. Gedanken über zukünftige oder vergangene Probleme ziehen einen großen Teil der Informationsbearbeitungskapazität auf sich, die Ihnen dann beim Lernen fehlt. Diese Gedanken zurückzudrängen bedeutet nicht, ihnen ihre Bedeutung zu nehmen. Erfahrungen und auch Befürchtungen müssen sicherlich bearbeitet werden – aber nicht gerade zu dem Zeitpunkt, den Sie fürs Lernen reserviert haben.

> Anne muss immer noch oft daran denken, was im letzten Semester alles schief gelaufen ist. Dann steigt immer wieder Angst in ihr auf, dass sie auch dieses Mal vieles nicht schaffen wird. Wenn ihr solche Gedanken durch den Kopf gehen, kann sie sich nicht aufs Lernen konzentrieren. Inzwischen hat sie jedoch einen Weg gefunden, mit ihnen umzugehen. Jeden Abend nimmt sie sich jetzt eine halbe Stunde Zeit, um den Tag zu rekapitulieren, Erfolge festzuhalten, aber auch die Misserfolge und Befürchtungen zu analysieren. Wenn sie nun während der Arbeitsphasen ins Grübeln kommt, sagt sie zu sich selbst: „Ich weiß, dass meine Zweifel da sind und dass ich mich mit ihnen auseinander setzen muss – aber nicht jetzt. Heute Abend werde ich mich darum kümmern." Seitdem fühlt sie sich ihren Ängsten nicht mehr so ausgeliefert wie zuvor. Meist sind ihre Befürchtungen am Abend sogar weniger dramatisch als sie anfangs glaubte. Das gleichzeitige Rekapitulieren ihres

Plans stärkt ihre Zuversicht und bildet damit ein Gegengewicht zu ihren Zweifeln.

Die Festlegung von Lernzeiten, Phasen der Reflexion und Freizeit hilft nicht nur dabei, die volle Konzentration aufs Arbeiten zu lenken, sondern bedeutet auch, dass Sie sich nach Erledigung der Aufgaben mit gutem Gewissen anderen Dingen zuwenden können.

Clara hatte zu Beginn stets das Gefühl, vor einem unüberwindbaren Berg zu stehen: Es gab so viel zu lernen und sie wusste zunächst nicht, wo sie anfangen sollte. Wenn sie Zeit zum Lernen hatte, war sie häufig unkonzentriert. Zu viele andere Dinge gingen ihr durch den Kopf: der Haushalt, der Einkauf oder ihr Kind ... Es gab so viel, dass sie zu organisieren und zu bedenken hatte! Jetzt achtet sie auf eine strenge Trennung einzelner Lebensbereiche. Sie hat nun feste Arbeitszeiten fürs Lernen, und inzwischen gelingt es ihr auch fast immer, die festgelegten Arbeitsziele zu erreichen. Sie sieht ihren Weg nun vor sich und weiß an jedem Tag, wo sie sich gerade befindet, was sie geschafft hat und was noch vor ihr liegt. Das gibt ihr die notwendige Sicherheit, sich danach unbeschwert um ihre Familie, ihre Freunde oder ihre sonstigen Interessen kümmern zu können.

Je mehr es Ihnen gelingt, die Aufmerksamkeit auf die vor Ihnen liegende Wegstrecke zu bündeln, desto leichter und effizienter werden Sie die einzelnen Aufgaben erledigen. Gab es zuvor Zweifel an Ihren Fähigkeiten, haben Sie nun die Gelegenheit, sich selbst und anderen zu zeigen, dass Sie diszipliniert und konzentriert arbeiten können.

Was gut war, wird gut bleiben

Gewohnheiten können das Lernen unterstützen: Feste Arbeitszeiten, regelmäßige Pausen und Entspannungsrituale am Abend geben dem Lernen die notwendige Struktur.

> Clara hat sich feste Lernphasen angewöhnt. Nachdem sie morgens ihre Tochter in den Kindergarten gebracht hat, lernt sie fürs Studium. Manchmal verabredet sie sich mit einer Freundin, um zusammen in die Bibliothek zu gehen. Beim gemeinsamen Mittagessen erzählen sie sich dann, was sie geschafft haben. Am Donnerstagabend trifft sie sich jetzt regelmäßig mit einer Kommilitonin, um den Prüfungsstoff durchzugehen. Der Samstag ist für Wiederholungen und all das eingeplant, was sie bis dahin an ihren Wochenzielen nicht erreicht hat. Den Sonntag hält sie sich für die Familie frei.

Gewohnheiten können sich auf den Beginn und das Ende von Lernphasen beziehen, aber auch auf das Lernen selbst: Wie lesen Sie am erfolgreichsten? Wo können Sie sich am besten konzentrieren? Mit welcher Technik können Sie Wissen am besten festhalten? Erfahrungen über vielfältige Lernwege helfen Ihnen, die für Sie passenden Methoden und Arbeitsbedingungen zu finden, und sie dann zur Grundlage für Ihre Planung zu machen. Ein großes Spektrum von bewährten Strategien gibt Ihnen dabei Sicherheit. Die Wahrscheinlichkeit, Ihre Lernziele zu erreichen, steigt, wenn Sie sich auf Arbeitsabläufe stützen, die Ihnen schon zuvor Erfolge eingebracht haben. Aber auch wenn Sie mit Ihren Arbeitsgewohnheiten zufrieden sind, bringen neue Wege neue Impulse. Trauen Sie sich ruhig, möglichst viel auszuprobieren. Sie gehen dabei kein Risiko ein. Wenn Sie die Experimente nicht weiterbringen, können Sie jederzeit wieder aufs Bewährte umsteigen.

Was schlecht war, muss anders werden

Viele Gewohnheiten beruhen auf routinierten Handlungen, die sich als erfolgreich herausgestellt haben und daher bewusst übernommen wurden. Manchmal schleichen sich jedoch auch Gewohnheiten ein. Dann handeln wir intuitiv so, wie es uns ratsam erscheint, ohne lange darüber nachzudenken. Neurobiologisch sind Gewohnheiten Nervenverbindungen, die durch häufige Benutzung ausgebaut wurden. Denk- oder Handlungsprozesse laufen dadurch auf diesen Bahnen relativ schnell, aber auch recht unüberprüft ab. Das Abwägen und Entscheiden im Arbeitsspeicher ist sehr verkürzt oder findet – bei unbewusster Verarbeitung – gar nicht erst statt.

Gewohnheiten zu verändern ist umso schwieriger, je tiefer sie sich eingeprägt haben und je mehr sie über unbewusste Bahnen laufen. Die Einsicht in die Notwendigkeit zu einem anderen Verhalten reicht hier oft nicht aus. Wie wir im vorherigen Modul erfahren haben, geht keine Erinnerung verloren. Auch Gewohnheiten, auf die wir gerne verzichten würden, bleiben in unserem Gehirn abgespeichert. Um ihnen die Macht über unser Verhalten zu nehmen, müssen neue neuronale Verbindungen aufgebaut und gestärkt werden. Dabei wird ein alternatives Handlungsprogramm entwickelt, das im direkten Vergleich mit der alten Gewohnheit wesentlich mehr Vorzüge bietet und daher öfter gewählt wird. Die alte Gewohnheit bleibt dann zwar als Erfahrung gespeichert, die Bahnen zum Entscheidungs- und Handlungszentrum des Gehirns verkümmern jedoch.

> Paul ist früher während der Woche kaum dazu gekommen, fürs Studium zu lernen. Stattdessen hat er häufig das Wochenende am Schreibtisch verbracht. Das möchte er nun verändern: Nach seiner Arbeit im Nachhilfe-Institut macht er nun eine kurze Pause und arbeitet dann am frühen

Abend mindestens noch zwei Stunden zu Hause. Jetzt hat er am Wochenende mehr Zeit zum Entspannen.

Wenn Sie versuchen, sich von einer alten Gewohnheit zu lösen, muss dies für Sie eindeutige Vorteile bringen. Etwas zu verändern, weil es andere fordern oder es auf den ersten Blick vernünftiger erscheint, ist weniger wirksam als das Erlebnis, dass es Ihnen mit der neue Verhaltensweise spürbar besser geht. In manchen Fällen reicht aber auch dies nicht aus. Das Verharren in Gewohnheiten wird häufig mit einer Trägheit des Geistes und der Angst vor der Unsicherheit neuer Wege gleichgesetzt. Reaktive oder lageorientierte Menschen ziehen vertraute Wege dem Risiko neuer vor, selbst wenn dies bedeutet, ineffektiv zu arbeiten und unzufrieden zu sein. Lasko beschreibt das Lebensumfeld solcher Menschen als von einer „roten Linie" eingekreist, über die sie sich nicht zu gehen trauen, weil das Neue außerhalb des Gewohnten Angst macht. Erst wenn sich die Einstellung von der reaktiven in eine proaktive Perspektive wandelt, kann die rote Linie überschritten werden. Dabei ist es nicht so wichtig, an welcher Stelle man sie überquert, denn die Einstellungsveränderung ist hier das Wesentliche. Daher sollte man sich nicht gleich die hartnäckigsten Gewohnheiten, die höchsten Mauerstellen oder tiefsten Schluchten vornehmen, sondern bei ganz alltäglichen Verhaltensweisen beginnen.

Durch positive Erfahrungen mit neuen Wegen stellen Sie Ihre Fähigkeit zur Veränderungen unter Beweis, spüren vielleicht, wie eingeschränkt Sie zuvor gehandelt haben und entwickeln so Schritt für Schritt mehr Kompetenz und Selbstsicherheit.

> **Übung: Die rote Linie überschreiten**
>
> Brechen Sie aus Ihrer täglichen Routine aus und seien Sie offen für neue Erfahrungen!
>
> - Steigen Sie auf Ihrem Weg zur Universität oder Arbeit eine Station früher aus oder wählen Sie einen Weg, den Sie zuvor noch nie gegangen sind. Was entdecken Sie?
> - Stellen Sie Ihren Wecker eine halbe Stunde früher und tun Sie dann etwas, was Ihnen gut tut: Hören Sie Musik, machen Sie Morgengymnastik, schreiben Sie Ihre Gedanken auf ... Wie verändert sich Ihr Tag, wenn sich das Aufstehritual verändert?
> - Fällt Ihnen eine Tätigkeit ein, der Sie schon immer mal gerne nachgegangen wären, zum Beispiel ein Orgelkonzert besuchen, ein Bild malen, eine Münze in einen Brunnen werfen? Planen Sie diese Tätigkeit für die kommende Woche fest ein und halten Sie sich auch daran. Welche Erfahrung haben Sie dabei gewonnen?

Hindernisse und Blockaden

Wege verlaufen selten ganz ohne Hindernisse. Um sie zu überwinden, gibt es stets drei Möglichkeiten: Sie können sie wegschieben, darüberspringen oder einen anderen Weg suchen. Für welche Lösung Sie sich entscheiden, hängt von der Art des Hindernisses, Ihren Fähigkeiten sowie von den Rahmenbedingungen ab. Etwas Schweres aus dem Weg zu räumen erfordert möglicherweise mehr Kraft (Fähigkeit), als Sie zu geben bereit sind. Oder sind Sie jemand, der es sich selbst nicht verzeihen könnte, vor der Anstrengung „gekniffen" zu haben, und daher alle Energien bereitwillig einsetzt? Ein Sprung über das Hindernis ist oft leichter und schneller – aber möchten Sie wirklich die Bodenhaftung verlieren? Eine andere Route zu suchen wird sicherlich viel Zeit kosten – aber vielleicht ist die neue Strecke viel schöner? Alles ist möglich und alle Wege werden zum Ziel führen.

Auch beim Lernen können solche Hindernisse auftreten: Sie kommen nicht mehr weiter, nichts geht mehr in Ihren Kopf hinein, Sie finden keinen Zugang zu einem bestimmten Thema oder wissen nicht, wie Sie es bearbeiten können. Das Gefühl, etwas tun zu wollen, aber es nicht zu können, kann schiere Verzweiflung auslösen. Oft melden sich auch Zweifel an den eigenen Fähigkeiten: Ist das alles zu schwierig? Bin ich vielleicht nicht klug genug? Wenn Sie anfangen, sich selbst in Frage zu stellen, schmälern Sie das Vertrauen in Ihre eigenen Handlungskompetenzen. Ein Teufelskreis, denn Sie brauchen all Ihre Kräfte, um aus diesem Tief wieder herauszufinden. Beim Auftauchen von Lernblockaden gilt es daher zunächst, diese als ganz normale Wegbegleiter zu akzeptieren. Dass es jetzt erst einmal nicht so weitergeht, wie geplant, muss nichts mit persönlichen Defiziten zu tun haben. Auch das Hindernis selbst oder die Rahmenbedingungen, in denen Ihr Lernprojekt eingebettet ist, können Gründe für einen Stillstand sein. Analysieren Sie daher zunächst möglichst genau diese drei Aspekte:

- **Hindernis:** Wo genau kommen Sie nicht weiter? Was müssten Sie jetzt tun, aber schaffen es einfach nicht? Was bräuchten Sie, um weitermachen zu können?
- **Fähigkeiten:** Haben Sie die notwendigen Techniken zur Verfügung, um das Hindernis aus dem Weg zu räumen? Wenn nicht, wo können Sie sie bekommen? Sind Sie bereit, sich für die Überwindung der Blockade anzustrengen?
- **Rahmenbedingungen:** Wie viel Zeit haben Sie für die Lösung des Problems? Ist Ihnen die Erreichung des Ziels noch so wichtig wie zu Beginn?

Auf der Basis dieser Analyse können Sie dann Lösungswege erarbeiten:

> Clara hat nun einen regelmäßigen Lernrhythmus gefunden. Aber heute scheint ihr gar nichts zu gelingen: Obwohl sie sich motiviert und konzentriert an den Schreibtisch gesetzt hat, scheint ihr Kopf wie vernagelt. Obwohl sie alles versteht, was sie liest, kann sie es sich nicht merken.

In diesem Fall könnte es sich bei der Blockade um ein Lernplateau handeln. Die Beobachtung von Lernverläufen hat gezeigt, dass der Erfolg trotz gleich bleibender Anstrengung in bestimmten Phasen ausbleibt. Wenn Sie Erfahrung im Erlernen eines Musikinstruments haben, kennen Sie wahrscheinlich dieses Phänomen: Obwohl Sie eine bestimmte Stelle immer wieder üben, gelingt Ihnen die Tonfolge oder Fingerbewegung nicht. Wenn Sie aber dranbleiben und weiter üben, platzt irgendwann der Knoten, und Sie können die Stelle mit Leichtigkeit spielen. Die richtige Strategie bei Lernplateaus ist also Geduld! Wenn Sie sicher sind, dass Sie das Richtige tun, wird der Erfolg nur etwas auf sich warten lassen.

Claras Gehirn braucht möglicherweise eine kleine Auszeit. Da ihr Lernrhythmus und ihre Arbeitsstrategie sich zuvor bewährt haben, muss sie nicht nach neuen Wegen zu suchen. Sie sollte sich daher damit arrangieren, dass alles heute langsamer geht. Bei dieser Lösungsmöglichkeit verändert sie ihren festgelegten Pfad nicht. Es gibt Irritationen, aber sie hält den Kurs, den sie zuvor gewählt hat. Manchmal ist jedoch eine Neuorientierung notwendig, zum Beispiel wenn sich der eingeschlagene Weg als Sackgasse erweist.

> Paul hat damit begonnen, den Text seines Referats in den Computer einzutippen. Als er die ersten drei Seiten später ausdruckt und sie vorliest, verhaspelt er sich ständig. Er versteht am Ende selbst nicht, was er gesagt hat. Was macht er nur falsch?

Bei ungeeigneten Techniken müssen Sie nach neuen suchen. Probieren Sie aus, welcher Weg Sie wirklich weiterbringt. Um einen neuen Kurs zu bestimmen, kann Sie der Blick aus einer anderen Perspektive weiterbringen: Wenn Sie sich über lange Zeit mühsam vorgekämpft haben, also sich wie ein Maulwurf fleißig durch das Erdreich gewühlt und sich dabei verirrt oder in einem Hindernis verbissen haben, verwandeln Sie sich doch einmal in einen Adler, der von oben auf die vom Maulwurf gegrabenen Wege herunterblickt. Vielleicht sehen Sie dann, ob Ihre Bemühungen tatsächlich zum Ziel führen, oder Sie entdecken ganz neue Wege. Der Adler hat zwar den besseren Überblick, kann aber selbst keine Wege bauen. Dafür braucht er ein eher erdverbundenes Wesen. Nur in der Kooperation können Sie von den Stärken beider Perspektiven profitieren.

> Paul berichtet einem Freund davon, dass er mit dem Referat nicht weiterkommt. Dieser fordert ihn auf, ihm doch einmal in eigenen Worten zu erzählen, worum es in seinem Vortrag geht. Nach anfänglichem Zögern gelingt es Paul, die wichtigsten Punkte darzustellen. Ihm wird deutlich, dass er das Thema zu sehr als schriftliche Hausarbeit bearbeitet hat. Gesprochener Text ist ganz anders aufgebaut als gelesener. Paul weiß jetzt, dass er kurze und einfache Sätze finden muss. Um das freie Sprechen zu üben, ist es vielleicht sogar das Beste, ganz auf Fließtext zu verzichten und sich stattdessen nur Stichworte zu notieren.

Versuchen Sie es doch darüber hinaus mal aus der Eichhörnchenperspektive! Das Eichhörnchen hat von der Spitze des Baumes aus einen weiten Fokus auf das Geschehen, ist aber auch emsig am Boden damit beschäftigt, seinen Plan – das Sammeln von Vorräten für den Winter – zu erfüllen. Außerdem ist es ein Meister des weiten Sprunges – ein großer Vorteil beim Überwinden von Hindernissen. Denn um den Kurs zu halten, müssen Blockaden nicht immer aus dem Weg geräumt werden – man kann sie auch überspringen.

> Anne hat eine Textstelle schon dreimal gelesen und versteht sie immer noch nicht. Sie hatte sich fest vorgenommen, den Artikel heute zu bearbeiten, weil sie sich in ihrem Essay darauf beziehen will. Aber sie findet keinen Zugang zur Argumentationsweise des Autors. Bevor sie noch weiter beim Lesen verzweifelt, legt sie den Text zur Seite und liest stattdessen einen anderen Artikel, den sie sich eigentlich erst für den nächsten Tag vorgenommen hatte. Sie hofft, dass sie entweder auf den ersten Text verzichten kann oder ihn zu einem anderen Zeitpunkt besser versteht.

Bevor Sie sich also weiter in einem Hindernis festbeißen, gehen Sie lieber zum nächsten Punkt über. Möglicherweise trägt dies dazu bei, dass Sie Ihr Problem besser lösen können. Manche Hindernisse sehen von hinten nämlich ganz anders aus als von vorn!

Gerade wenn Sie den Eindruck haben, festzustecken, kann die Suche nach neuen Wegen Ihrer Arbeit neuen Schwung geben.

> Anne kann eigentlich ganz gut in der Bibliothek arbeiten. Nun will sie ihr Essay vorformulieren, stellt aber fest, dass das dort nicht geht. Sie hat einfach keine Ideen. Auch zu Hause am Schreibtisch läuft es nicht besser. Wenn sie das leere Blatt Papier vor sich sieht, fühlt sie sich total blockiert. Als sie ihre Situation durchdenkt, fällt ihr ein, dass sie immer dann am kreativsten ist, wenn sie mit anderen Menschen zusammen ist. Am Schreibtisch kommt sie sich so allein vor! Sie probiert einen Szenenwechsel: Ausgerüstet mit Papier und Schreibmaterial geht sie in ein Café und bestellt sich erst einmal einen Cappuccino. Als sie eine Weile dort sitzt und ihren Blick durch den Raum schweifen

lässt, fühlt sie sich befreit. Sie nimmt ihren Stift und beginnt zu schreiben.

Lernen erfordert Arbeit auf vielen Ebenen: Mal muss man sich als Maulwurf durch schwierige Wissensgebiete wühlen, mal als Eichhörnchen Informationen aus vielen Gebieten zusammentragen oder auch als Adler über allem fliegen, den Blick schweifen lassen und das Ziel von weitem ausspähen.

> **Übung: Perspektivenwechsel – Imagination**
>
> Betrachten Sie Ihr Lernvorhaben doch einmal aus einer ganz anderen Perspektive!
>
> 1. Schritt: Begeben Sie sich in eine bequeme Sitzhaltung oder legen Sie sich hin. Atmen Sie ruhig und regelmäßig. Schließen Sie die Augen.
> 2. Schritt: Stellen Sie sich vor, Sie seien ein Adler, der in den Lüften seine Kreise zieht. Von oben sieht alles anders aus, fühlt sich alles anders an.
> 3. Schritt: Schauen Sie als Adler auf den Weg, den Sie für Ihr Lernprojekt schon zurückgelegt haben: Wie sind Sie gestartet? Wann kamen die ersten Erfolge, die ersten Fehlschläge? Wer oder was hat Ihnen geholfen? Was hat Sie behindert?
> 4. Schritt: Schauen Sie als Adler auf das Ziel, das in der Ferne deutlich zu erkennen ist: Wie sieht es aus? Wer oder was wartet dort auf Sie?
> 5. Schritt: Vielleicht werfen Sie auch noch einen Blick auf den Weg, der zum Ziel führt: Ist er lang oder kurz, hügelig oder flach, schwer begehbar oder leicht zugänglich?
> 6. Schritt: Was können Sie (als Adler) sich selbst (als Lernenden) raten: Haben Sie Abkürzungen gesehen? Liegen wichtige Informationen unbeachtet neben dem Weg? Was braucht man, um ans Ziel zu kommen?

Arbeitsinsel: Mit Zuversicht zum Ziel

Für welchen Weg Sie sich auch entscheiden, er muss Sie langfristig Ihrem Lernziel näher bringen. Verzögerungen und Umwege können sinnvoll sein, wenn es danach umso schneller weitergeht. Verhängnisvoll ist es jedoch, wenn Sie stagnieren oder sich womöglich immer weiter vom Ziel entfernen. Das Gefühl, nicht voranzukommen, wirkt sich dann lähmend auf jeden weiteren Schritt aus.

Erfolge und Misserfolge

Gerade bei langfristigen Lernprojekten, wie zum Beispiel die Organisation eines Semesters oder die Vorbereitung auf eine Prüfung, wiegen die noch zu erledigenden Aufgaben oft schwerer als die schon geschafften. Damit die erreichten Erfolge nicht so leicht in Vergessenheit geraten, sollten Sie sie festhalten.

> Anne führt jetzt regelmäßig ein Erfolgsjournal: Darin schreibt sie täglich auf, was sie am vergangenen Tag erreicht hat. Dazu gehört die Erledigung von Lernaufgaben, aber auch organisatorische Dinge und Gespräche, die ihr neue Impulse gegeben haben. Wenn sie dann später in ihrem Journal blättert, steigt ihre Stimmung. Dann erinnert sie sich wieder daran, was sie alles schon geschafft hat. Gerade in Phasen, in denen sie einen gewissen Stillstand spürt, wird sie dadurch motiviert, weiterzumachen.

Das Führen eines *Erfolgsjournals* ist ein Beispiel für die Etablierung einer unterstützenden Gewohnheit. Lesen Sie es, wenn in bestimmten Phasen Krisen auftauchen und Sie an Ihren Fähigkeiten zweifeln. Die Erinnerung an diese positiven Momente wird Ihnen dann gut tun. In diesem Sinn wirkt ein Erfolgsjournal ähnlich wie die Mechanismen der Selbstberuhigung, bei der motivierende Szenen des Extensionsgedächtnisses aktiviert werden. Der regelmäßige Blick auf das, was Sie gerade getan haben, ist die Grundlage für das Festhalten von Erfolgen und die Analyse von Fehlern. Hierfür eignet sich die *tägliche Revision Ihres Arbeitsplans*.

> Clara geht jeden Abend noch einmal alles durch, was sie sich für diesen Tag vorgenommen hatte. Was problemlos erledigt wurde, streicht sie. Dass sie das beim weitaus größten Teil aller Aufgaben machen kann, gibt ihr ein gutes Gefühl: Das Meiste hat sie also geschafft! Bei den Dingen, die sie nicht streichen kann, überlegt sie zunächst, wie wichtig diese Aufgaben waren. Manchmal muss sie dann gleich am nächsten Morgen das Versäumte nachholen. Oder sie findet dafür einen anderen Termin im weiteren Verlauf der Woche. Manches kann sie jedoch auch ganz streichen, wenn es im Grunde nicht so wichtig war.
>
> Nach diesen organisatorischen Fragen überlegt sie, warum sie einige Ziele nicht erreicht hat und was sie fürs nächste Mal verbessern kann: War die Zeit zu knapp bemessen? War sie unkonzentriert? War die Zielsetzung unklar oder unrealistisch? Aus den Antworten auf diese Fragen zieht sie die notwendigen Konsequenzen und baut ihre Erkenntnisse in die nächste Planung ein.

Fehler sind ein wichtiger Bestandteil des Arbeitsprozesses. Sie sind „Erfolge in Arbeitskleidung": Der genaue Blick auf das, was nicht wie geplant verlief, vermittelt wichtige Einsichten und weist auf Probleme hin, die noch gelöst werden müssen, bevor das Ziel erreicht werden kann. Die tägliche Rekapitulation des Arbeitsplans zeigt auch, was geschafft wurde. Ohne schriftliches Festlegen können Erfolge in der täglichen Routine leicht untergehen.

Stimmt das Commitment noch?

Die regelmäßige Revision Ihres Plans wird das Lernprojekt immer weiter konkretisieren. Sie werden erkennen, dass Sie manches falsch eingeschätzt haben: den Schwierigkeitsgrad der Aufgabe, die zur Verfügung stehende Zeit oder auch Ihre eigenen Fähigkeiten. Die Erfahrungen auf dem Weg führen dann gegebenenfalls zu einer Neudefinition des Ziels.

> Anne hatte sich vorgenommen, alle Veranstaltungen vor- und nachzubereiten. Im Laufe des Semesters wird ihr jedoch klar, dass sie das nicht schafft. Oft gibt es aktuelle Aufgaben, beispielsweise die Vorbereitung für ihr Referat, die dann so viel Raum einnehmen, dass für alles andere nicht mehr so viel Zeit bleibt. Eine gründliche Nachbereitung der Veranstaltungen ist ihr – nicht zuletzt in Hinblick auf die Klausuren – nach wie vor wichtig. Aber häufig schafft sie es nicht, zur Vorbereitung auf die Seminare die angegebenen Texte so zu lesen, dass sie auch mitreden kann.

Anne muss ihre Ziele modifizieren: Wenn es die Zeit zulässt, wird sie die Texte intensiv bearbeiten. Die Erfahrung, an den Diskussionen in Seminaren zumindest ab und zu teilnehmen zu können, ist für ihr Selbstbewusstsein und ihre Verankerung im Studium sehr wichtig. Sie wird sich allerdings damit arrangieren müssen, manchmal schlecht vorbereitet zur Uni zu gehen. Das geht eben nicht anders. Sie nimmt sich vor, darüber mit einem Dozenten, der ihr besonders verständnisvoll erscheint, zu reden. Dann braucht sie weniger Angst davor zu haben, wegen der schlechten Vorbereitung „ertappt" zu werden.

Zu Beginn des Lernens haben Sie ein Commitment abgeschlossen: Sie haben sich verpflichtet, alles Notwendige zu tun, um das zu erreichen, was Sie sich vorgenommen haben. Nur wenn dieses Ziel nach wie vor realistisch ist, können Sie Ihr Commitment halten. Zweifel am Gelingen Ihres Lernprojekts ist Gift für Ihre Motivation. Wie sollen Sie die notwendige Energie für die Anstrengungen der Reise aufbringen, wenn Sie gar nicht an einen Erfolg glauben? Vergleichen Sie daher auf dem Weg das Erreichte möglichst oft mit der langfristigen Perspektive und kontrollieren Sie, was verändert oder auch fallen gelassen werden muss. Der enge Blick auf die nächsten Schritte birgt die Gefahr, in der Maulwurfperspektive stecken zu bleiben. Dann investieren Sie zwar viel Mühe und Disziplin und freuen sich über die erreichten Etappensiege, aber wissen nicht mehr, warum Sie dies alles tun.

Das Vertrauen in die eigenen Fähigkeiten

Motivationsstrategien, die auf den Prinzipien der *Selbstorganisation* beruhen, setzen bei der Lösung von Problemen auf den Austausch zwischen den unterschiedlichen psychischen Instanzen: linker und rechter Gehirnhälfte, abgespeicherten Erfahrungen und aktuellen Zielvorhaben, Emotionen und logischer Einordnung, bewussten und unbewussten Bearbeitungsprozessen. Was können Sie tun, um dies zu unterstützen?

> Clara ist abends oft sehr erschöpft. Obwohl sie am Tag alles erledigt hat, was sie sich vorgenommen hat, spürt sie eine gewisse Unzufriedenheit. Sie muss vieles lernen, das sie im Grunde nicht wichtig findet.

Die Lernziele sind im Intentionsgedächtnis der linken Gehirnhälfte abgespeichert. Zur Ausführung von Handlungen kommt es erst durch die Verbindung dieser Ziele mit ausreichend positiver Energie. Als Nebeneffekt werden dabei unbewusste intuitive Handlungsprogramme in der rechten Gehirnhälfte aktiviert. Dieser Prozess der Willensbahnung führt also nicht nur dazu, dass Sie die nächsten Schritte gehen können, sondern das Gehen selbst wird Ihnen darüber hinaus auch noch leichter fallen.

> Manchmal kann Clara ihr Arbeitsvorhaben nicht mehr mit ausreichend positiven Gefühlen verknüpfen. In solchen Momenten versucht sie, sich daran zu erinnern, warum sie dies alles tut: Sie will endlich fertig werden und als Juristin arbeiten. Dafür ist sie auch bereit, den Stress der Prüfungsvorbereitung auf sich zu nehmen. Aus der Vorstellung, wie froh, erleichtert oder auch glücklich Sie sein wird, wenn alles geschafft ist, schöpft sie dann die notwendige Kraft für das, was als nächstes vor ihr liegt.

Die Erweiterung der Perspektive – hin zur Sicht des Adlers – bringt ihr wieder die persönliche Bedeutung ihres Lernprojekts ins Bewusstsein. Sie ist jetzt wieder motivierter dabei, muss sich nicht mehr dazu zwingen, weiterzumachen. Da sie jetzt weniger unter Druck steht, fällt ihr das Arbeiten leichter.

Selbstmotivierung besteht auf der einen Seite aus der Fähigkeit, ausreichend positive Gefühle aufzubauen. Auf der anderen Seite muss negativen Gefühlen wie Ängsten und Zweifeln entgegengewirkt werden. Gelingt dies nicht, kann das zum Stillstand führen.

> Anne ist mit ihrem Essay gar nicht zufrieden. Der Text erscheint ihr jetzt zu banal, alltäglich und wenig spannend. Vielleicht hat sie ja kein Talent zum Schreiben!

Da der Bewältigung bedrohlicher Situationen Vorrang eingeräumt wird, ziehen diese Sorgen einen großen Teil der Aufmerksamkeit auf sich. Diese fehlt dann bei der Erledigung der konkreten Aufgaben. Sie wollen sich eigentlich mit Ihrem Lernvorhaben beschäftigen, aber immer wenn sie damit beginnen, werden auch die Sorgen und die damit verbundenen negativen Gefühle aktiviert. Um aus diesem Teufelskreis zu entkommen, müssen Sie wieder in Kontakt mit Ihren positiven Lernerfahrungen treten.

Anne sieht sich noch einmal ihr Mindmap an: Eigentlich hat sie doch viele Ideen entwickelt! Und alle wesentlichen Punkte sind in ihrem Text enthalten! Sie zweifelt jetzt nicht mehr an ihren intellektuellen Fähigkeiten. Aber vielleicht kann sie sich schriftlich nicht gut ausdrücken. Sie schaut sich andere Essays an, die alle durchaus positiv bewertet wurden. Dabei erinnert sie sich daran, dass sie auch bei diesen Arbeiten am Ende ähnliche Befürchtungen hatte wie jetzt. Wahrscheinlich dramatisiert sie alles unnötigerweise. Ihr wird deutlich, dass sie häufig zu kritisch mit sich selbst ist. Als sie sich danach ihr Essay durchliest, ist sie zwar immer noch nicht ganz zufrieden, aber nicht mehr so panisch wie zuvor.

Selbstorganisation arbeitet nicht mit Druckmechanismen, sondern sucht nach dem leichtesten Weg. Überlegen Sie, wo Ihr Problem liegt: Sind Ihnen die positiven Gefühle abhanden gekommen? Dann blicken Sie über den Tellerrand – vielleicht finden Sie sie am Ziel! Behindern negative Gefühle die nächsten Schritte? Probieren Sie neue Wege aus, die Ihnen wieder die Zuversicht geben, beweglich zu sein.

Tipps zur Selbstmotivierung

1. Halten Sie möglichst täglich fest, was Sie geschafft haben.
2. Belohnen Sie sich für das Erreichen von Etappenzielen.
3. Erlauben Sie sich, Fehler zu machen, und lernen Sie aus ihnen.
4. Arbeiten Sie Ihre Lernerfahrungen in die nächsten Schritte ein.
5. Gehen Sie nicht mit Scheuklappen bis zum Ziel, sondern erlauben Sie sich Umwege und Sprünge.
6. Behalten Sie Ihr Ziel vor Augen, wechseln Sie aber ab und zu die Perspektive.

7. Bei Stagnation und Auftauchen von Blockaden:
   – Analysieren Sie die Ursache der Blockade.
   – Suchen Sie aktiv nach neuen Wegen.
   – Erinnern Sie sich an frühere Erfolge.

> **Lernergebnisse für dieses Modul**
>
> Beantworten Sie die folgenden Fragen:
>
> Welche Erfolge haben Sie bisher erreicht?
> Was haben Sie aus Ihren Fehlern gelernt?
> Wie sieht Ihr Lernziel aus der Adlerperspektive aus?

Modul: Am Ziel

> **Lernziele für dieses Modul**
>
> **Was Sie wissen sollten:** Grundlagen über Präsentationstechniken und die Auswirkung von Lernergebnissen auf das Selbstkonzept
>
> **Was Sie entscheiden müssen:** Wie machen Sie aus Ihrem Lernergebnis einen persönlichen Erfolg?

Am Ende Ihres Weges laufen Sie nicht einfach über die Ziellinie. Es reicht nämlich nicht aus, alle Informationen in Ihrem Gedächtnis abgespeichert zu haben. Sie müssen Ihr Wissen auch einsetzen können, beispielsweise in mündlichen Prüfungen oder Klausuren. Und selbst danach ist die Reise noch lange nicht zu Ende. Vielleicht erkennen Sie, dass das erreichte Ziel nur ein Zwischenstopp ist, denn am Horizont winken schon die nächsten Herausforderungen. Lernen bedeutet Arbeit an Wissensnetzwerken, die immer weiter ausgebaut werden und sich immer mehr ausdehnen. Dabei gibt es kein wirkliches Ende und auch keine wirklichen Grenzen.

„Nach dem Spiel ist vor dem Spiel", lautet eine alte Fußballerweisheit, die ausdrückt, dass nach der letzten Partie schon die Vorbereitung auf die nächste beginnt. Dazwischen liegt allerdings eine ausführliche Spielanalyse.

Eigenverantwortliches Lernen nutzt das Erreichen der Ziellinie als Chance für ein Resümee: Ist das Ergebnis so wie erwartet? Was ist gut gelaufen, was weniger gut? Das neue Wissen verbindet sich mit diesen Bewertungen und fließt in die bisherigen Einstellungs- und Handlungsmuster ein. Gemäß dem lateinischen Sprichwort „non scolae sed vitae discimus" (Wir lernen nicht für die Schule, sondern für das Leben.) geht es nicht zuletzt darum, das Gelernte ins Leben zu übertragen. Denn welchen Sinn hat all das erworbene Wissen, wenn Sie es nicht nutzen können?

Lernen ist Transfer

Am Ende des Lernprozesses steht der Vergleich zwischen dem ursprünglichen Lernziel und dem Lernergebnis. Eine hundertprozentige Übereinstimmung ist allerdings nicht immer das bestmögliche Resultat. Ziele können sich während des Weges verändert haben, und neue Erkenntnisse vorherige Planungen umkehren. Oder es gab Ereignisse, mit denen Sie gar nicht gerechnet haben, die den Ausgang jedoch positiv beeinflussten. Was letztendlich zählt, ist die Frage, ob und wie weit sich Ihre Ausgangsposition durch das Lernen tatsächlich verbessert hat, ob Sie am Ende der Reise wirklich kompetenter und klüger geworden sind.

Selbst wenn Sie viel und effektiv gelernt haben, bringt Sie das nicht automatisch weiter. Stellen Sie sich vor, Sie möchten sich mehr mit Redebeiträgen in Seminaren beteiligen und haben einen Kurs in Rhetorik besucht. Obwohl Sie dort viele

Tipps bekommen haben, was bei einer freien Rede zu beachten ist, sind Sie am Ende noch verunsicherter als vorher, weil alle anderen Teilnehmer mit den Anforderungen scheinbar selbstbewusster umgehen. Am Ende trauen Sie sich daher nicht, einen eigenen Vortrag zu präsentieren. Ihre Redeängste sind durch den Kurs fatalerweise noch größer geworden. Im Vergleich zwischen der anfänglichen Zielsetzung (weniger Angst) und dem Ergebnis (noch mehr Angst) spricht man in solch einem Fall von *negativem Transfer*. Das nächstbeste Resultat, der *Null-Transfer*, bedeutet keine Verschlechterung der Ausgangslage, aber auch keine Verbesserung (gleich bleibend große Angst).

In den positiven Ergebnisbereich treten Sie ein, wenn Ihnen der Kurs tatsächlich geholfen hat und Sie die Tipps schon im nächsten Seminar anwenden können. Hier gibt es eine gerade Verbindung zwischen Ziel und Ergebnis, einen so genannten positiven *horizontalen Transfer*. Das Lernen muss jedoch an dieser Stelle nicht aufhören. Es kann doch auch sein, dass Sie sich nun, da Sie sich im Seminar regelmäßig beteiligen, auch in anderen Situationen kompetenter fühlen. Sie können jetzt mitreden, und das steigert Ihr Selbstbewusstsein. Wenn das Lernergebnis über die Erreichung des ursprünglichen Ziels hinausgeht, und auch die Bewältigung anderer, ähnlich gelagerter Situationen und Anforderung oder auch andere Ebenen des Denken und Erlebens verändert, hat ein *vertikaler Transfer* statt gefunden. Jeder Lernprozess sollte zumindest in einem positiven horizontalen, oder noch besser im positiven vertikalen Transfer enden.

Lernen und Selbstkonzept

Die Entscheidung zum Lernen resultiert aus einem Defizit: Man möchte etwas lernen, über das man bisher noch nichts weiß. Lernen beinhaltet außerdem Veränderung: Der Weg zum Ziel, das Überstehen schwieriger Phasen und das Genießen von Erfolgen haben Auswirkungen auf die Art, wie der Lernende von anderen gesehen wird und wie er sich selbst erlebt. Ein Konstrukt, in das alle Urteile einer Person über sich selbst und Rückmeldungen aus dem sozialen Umfeld einfließen, ist das *Selbstkonzept*. Ein stabiles Selbstkonzept basiert auf einem realistischen Blick auf die eigenen Stärken und Schwächen. Es kann durch Misserfolge nicht grundlegend erschüttert werden, sondern sogar noch an Stärke gewinnen, wenn es sich als belastbar erweist. Auch Misserfolge können positiv verarbeitet werden, wenn der Lernende trotz dieser Rückschläge nicht aufgibt. Ein negatives, instabiles Selbstkonzept wirkt genau entgegengesetzt: In diesem Fall traut sich der Lernende nach einem Misserfolg nichts mehr zu und geht den nächsten Anforderungen aus dem Weg. Oder die Angst vor einem erneuten Scheitern wird so groß sein, dass keine Konzentration aufs Lernen mehr möglich ist. Am Ende ist der Lernende tatsächlich schlecht vorbereitet, und es kommt wahrscheinlich zum erneuten Misserfolgserlebnis – ein Teufelskreis!

Bezogen auf das Lernen bedeutet ein positiver vertikaler Transfer, dass die gemachten Erfahrungen – Erfolge und Niederlagen – so ins Selbstkonzept integriert werden, dass Sie sich am Ende stärker und selbstbewusster fühlen. Das hat dann auch Auswirkungen auf den horizontalen Transfer. Denn nur, wenn Sie davon überzeugt sind, gut gearbeitet zu haben und das Wissen ausreichend zu beherrschen, können Sie es auch kompetent präsentieren.

Arbeitsinsel: Präsentation (horizontaler Transfer)

Es gibt sicherlich Lernergebnisse, die Sie für sich behalten. Bestimmte Erkenntnisse sind nur für Sie bedeutsam und brauchen keine Öffentlichkeit. Im Studium muss ein großer Teil des Gelernten jedoch präsentiert und Ihr Kenntnisstand dabei bewertet werden. Das liegt im Wesen einer Ausbildung.

In dieser Arbeitsinsel erfahren Sie, wie Sie sich auf solche Situationen vorbereiten können und was bei der Präsentation selbst zu beachten ist.

Die Vorbereitung

Jede Art von Präsentation hat einen kommunikativen Charakter. Schließlich teilen Sie anderen – Kommilitonen und Professoren – etwas mit. Und die Zuhörer oder Leser reagieren auf diese Mitteilungen mit Lob oder Kritik. Die Möglichkeit des direkten Austauschs von Informationen ist von der spezifischen Situation abhängig.

Abbildung 27: Präsentation ist Kommunikation

In wesentlichen Momenten unterscheidet sich eine Präsentation von anderen, „normalen" Gesprächssituation. Hier unterhalten sich nicht zwei oder mehr Menschen auf gleicher Ebene. Ein typischer Prüfungsverlauf zeichnet sich dadurch aus, dass auf der einen Seite ein Prüfer steht, der Fragen stellt und die Qualität der Antworten bewertet. Auf der anderen Seite finden wir den Prüfling, der die Fragen beantwortet und sein Wissen dabei unter Beweis stellt. Diese Art von Kommunikation beinhaltet ein Machtgefüge.

Wenn solche Situationen zu Ihrem Vorteil ausgehen sollen, müssen Sie sich mit diesem spezifischen Charakter der Präsentation arrangieren – aber gleichzeitig alles tun, um nicht zu sehr in eine Opferrolle abzurutschen. Um souverän auftreten zu können, dürfen Sie sich nicht wie eine Maus fühlen, die regungslos auf die Katze starrt, die sie gleich fressen wird.

Wenn schon Maus, dann seien Sie eine kluge, die listig ihre Möglichkeiten ausschöpft und vielleicht sogar am Ende die Siegerin sein wird.

Wie können Sie sich klug auf die Präsentation vorbereiten? Finden Sie zunächst heraus, was von Ihnen verlangt wird. Holen Sie dafür möglichst viele *Informationen* ein. Vergraben Sie sich nicht zuhause hinter Ihren Büchern, sondern fragen Sie Prüfer, Dozenten und Kommilitonen. Gibt es für die Prüfung Fragenkataloge? Was sind die „Lieblingsfragen" des Prüfers? Was haben andere Studenten in den Prüfungen erlebt? Je mehr Sie über die Situation wissen, desto weniger werden Sie sich ihr ausgeliefert fühlen. Rede- und Prüfungsängste entstehen häufig dann, wenn Sie sich in der Phantasie mit Schreckensszenarien beschäftigen, die im Grunde aber sehr unwahrscheinlich sind. Bauen Sie Ihre Vorbereitung daher nicht auf Vermutungen auf, sondern geben Sie ihr eine realistische Basis. Gründliche Informationen ermöglichen dann eine genaue Analyse der *Anforderungen*. Zunächst sind dies die Erwartungen der Universität – in Person der Prüfer und Professoren: Was müssen Sie wissen? Was müssen Sie können? Verfolgen Sie darüber hinaus auch ganz persönliche Ziele?

> **Übung: Anforderungsprofil**
>
> Was müssen Sie in der Präsentation wissen und/oder können? Erstellen Sie Ihr Anforderungsprofil, in das Sie äußere und innere Erwartungen aufnehmen:
>
> 1. Schritt: Unterteilen Sie ein Blatt in zwei Hälften. Schreiben Sie zunächst auf, was der Professor, Dozent oder Betreuer von Ihnen hören oder sehen möchte.

> 2. Schritt: Notieren Sie in die andere Hälfte, was Sie sich persönlich von der Präsentation erhoffen:
> - Gibt es eine Methode oder ein Verhalten, das Sie dieses Mal ausprobieren – oder vermeiden wollen?
> - Wie wollen Sie von den Kommilitonen oder vom Prüfer gesehen werden, welchen Eindruck wollen Sie hinterlassen?
> 3. Schritt: Vergleichen Sie die Anforderungen. Was fällt Ihnen auf? Decken sich manche persönliche Anforderungen mit den äußeren? Oder widersprechen Sie sich?

Berücksichtigen Sie beide Arten von Anforderungen: Wenn Sie sich nur an den äußeren Erwartungen orientieren, nehmen Sie sich die Chance, die Präsentation auch als Möglichkeit des persönlichen Wachstums zu sehen.

> Paul hat sein Anforderungsprofil erstellt. Bei seinem Vortrag will er sich eng an die Vorgaben des Dozenten halten. Auf der persönlichen Seite will er sich selbst beweisen, dass er es schaffen kann und sich durch das negative Feedback zu seinem letzten Vortrag nicht entmutigen lässt. Außerdem will er versuchen, seine Aufregung besser in den Griff zu bekommen. In Bezug auf die Vortragstechnik hat er viel verändert. Er ist neugierig darauf, die neuen Methoden auszuprobieren.

Durch die Formulierung einer eigenen Zielsetzung machen Sie sich weniger abhängig von der Bewertung durch die Professoren. Schließlich wollen Sie auch sich selbst zufrieden stellen.

Die Auswertung der Informationen über die Präsentation und die Analyse der Anforderungen bestimmen die *Auswahl geeigneter Methoden*. Die Vorbereitung auf einen Vortrag oder eine Präsentation unterscheidet sich in wesentlichen Punkten von der für eine schriftliche Prüfung. *Klausuren* können sehr breit angelegt sein (in Aufsatzform) oder auch sehr eng (Multiple-Choice-Fragen). Daran muss sich die Wahl der Methode orientieren. Bei der Vorbereitung auf Aufsatz ähnlichen Klausuren müssen Sie rechtzeitig mit dem Schreiben beginnen. Hier reicht nicht die bloße Zusammenfassung von angelesenem Wissen, sondern Sie müssen zeigen, dass Sie die Informationen unter einer spezifischen Fragestellung eigenständig bearbeiten können. Je früher Sie sich daher von der Fachliteratur lösen und nach eigenen Schwerpunkten und Formulierungen suchen, desto mehr Zeit haben Sie für Verbesserungen der Form und des Ausdrucks. Nutzen Sie alle Möglichkeiten, diese Art des Schreibens zu üben.

> Clara nimmt so oft wie möglich an Übungsklausuren teil. Das ist zum Einen eine gute Wiederholung des Stoffes, zum Anderen aber auch eine gute Vorbereitung auf das, was vor ihr liegt. Sie bekommt immer mehr Routine darin, die geschilderten Fälle in kurzer Zeit zu analysieren und Gliederungspunkte für die Prüfung aufzustellen. Und da sie jetzt immer mehr Klausuren besteht, stärkt das auch noch ihr Selbstvertrauen.

Wenn Sie während der Prüfung einige Stunden lang schreiben müssen, sollten Sie auch dies üben. Im Zeitalter des Computers haben handschriftliche Ausführungen an Bedeutung verloren, dennoch werden sie nach wie vor in vielen Klausuren verlangt. Trainieren Sie für solche Situationen daher auch das Schreiben.

> **Übung: Schneller schreiben**
>
> Auch das zügige Schreiben kann trainiert werden!
>
> 1. Schritt: Wählen Sie ein Thema aus, über das Sie einen zusammenhängenden Text schreiben möchten.
> 2. Schritt: Legen Sie einen Zeitrahmen fest (zwischen 15 und 30 Minuten). Stellen Sie sich einen Wecker.
> 3. Schritt: Schreiben Sie so schnell wie möglich! Hören Sie mit dem Schreiben auf, wenn der Wecker klingelt.
> 4. Schritt: Werten Sie das Endergebnis aus:
>   - War die Zeit ausreichend?
>   - Haben Sie alles aufschreiben können, was wichtig war?
>   - Wie viele Seiten haben Sie geschrieben?
>
> Erweitern Sie kontinuierlich den Zeitrahmen, bis Sie eine Stunde lang flüssig schreiben können, ohne dass Schmerzen in Armen oder Händen auftreten.

Das Schreiben unter Berücksichtigung der Zeit trainiert nicht nur Ihre Hand- und Armmuskulatur, sondern gibt Ihnen außerdem wertvolle Hinweise darüber, wie lange Sie für die Formulierung einzelner Textpassagen brauchen.

Klausuren nach dem Frage-Antwort-Muster erfordern andere Techniken. Handelt es sich um breit angelegte Abfrageprüfungen, müssen Sie auch in die Breite lernen und dürfen sich nicht zu sehr im Detail verlieren. Manchmal können Sie hier auf Fragenkataloge zurückgreifen, die Ihnen eine Orientierung geben. Bei Multiple-Choice-Klausuren müssen Sie unbedingt die Beantwortung dieser spezifischen Frageform trainieren. Dabei geht es um genaues Hinsehen, da mögliche Antworten oft sehr ähnlich klingen. Und manche Fragen löst man erst, indem man die anderen vorgeschlagenen Lösungsvorschläge ausschließt.

Häufig vermittelt das Lernen nach Fragenkatalogen jedoch nicht ausreichend Sicherheit. Dann können Sie zwar Standardfragen beantworten, wissen aber im Grunde nicht, worum es bei diesem Thema eigentlich geht. Sinnvoll ist daher auch hier die Ergänzung durch ein Wissenskonstrukt. Stellen Sie dabei die wichtigsten Aspekte eines Themas in ihrer Beziehung zueinander dar. Hier eignet sich besonders die Aufstellung von Mindmaps.

Bei *schriftlichen Hausarbeiten* – seien es nun umfangreiche Abschlussarbeiten oder Essays – läuft die Präsentation des Wissens anders. Sie haben hier in der Regel zwar einen festen Abgabetermin, Ihr Wissen wird an diesem Tag jedoch nicht abgefragt. Das sollen Sie schon während des Schreibens unter Beweis gestellt haben. In einer solchen Hausarbeit kommt es vor allem auf die schriftliche Bearbeitung an. Das klingt profan – aber trotzdem halten sich viele Studierende nicht daran und beginnen viel zu spät mit dem Schreiben. Die meisten Probleme bei der Anfertigung entstehen an der Schnittstelle zwischen Lesen und Schreiben. Häufig wird zu lange gelesen, sodass am Ende zu wenig Zeit für eine durchdachte Ausarbeitung bleibt. Planen Sie daher nicht wesentlich mehr als die Hälfte der Zeit fürs Lesen ein. Lösen Sie sich rechtzeitig von der Literatur und beginnen Sie frühzeitig mit schriftlichen Aufzeichnungen. Diese können zunächst noch aus Stichworten bestehen. Bei guter Planung haben Sie später noch ausreichend Zeit, an den Formulierungen zu feilen. Der Übergang vom Lesen zum Schreiben fällt auch deshalb oft schwer, weil Unsicherheiten über die Fragestellung und das Konzept bestehen. Reden Sie in diesem Fall mit Ihrem Betreuer. Vielleicht kann er Ihnen einen Tipp geben. Ungeachtet der Tatsache, dass Sprechstunden überlaufen sind und manche Dozenten am liebsten nicht mit Fragen behelligt werden möchten, ist es die Aufgabe des Betreuers, Ihnen weiterzuhelfen. Lassen Sie sich daher nicht einfach abwimmeln, sondern bleiben Sie am Ball. Gehen Sie aber auch nicht unvorbereitet in die Sprechstunden. Überlegen Sie sich, welche Fragen Sie stellen wollen und zu welchem Thema Sie sich ein Feedback wünschen.

> Anne hat einen Termin bei ihrer Dozentin. Sie nimmt die Gliederung und die Literaturliste für ihr Essay mit in die Sprechstunde. Für das weitere Arbeiten ist es ihr wichtig, dass die Betreuerin beides „absegnet". Die Dozentin wirft einen Blick auf die Papiere: Den Gliederungsentwurf findet sie klar und übersichtlich, und die Literaturliste ausreichend. Anne ist nach dem Termin erleichtert. Jetzt kann sie ihren Essay fertigschreiben.

Die Auswahl der Methoden zur Vorbereitung auf *mündliche Präsentationen* wie Referate und mündlichen Prüfungen folgt dem gleichen Muster wie bei schriftlichen Präsentationen: So wie Sie bei der schriftlichen Abfrage rechtzeitig mit dem Schreiben beginnen sollten, müssen Sie hier möglichst früh darüber reden. Sprechen Sie mit Ihrem Dozenten oder Prüfer über das Thema und treffen Sie sich mit Bekannten oder Kommilitonen, um über Ihren Arbeitsstand zu berichten. Bei Referaten und Vorträgen haben Sie viel Raum für die eigene Gestaltung: Werden Sie mit Powerpoint-Folien arbeiten? Welche Stellen tragen Sie frei vor, welche werden Sie ablesen? Mit welchen Fragen wollen Sie in die Diskussion einsteigen? Denken Sie daran, dass es für die Zuhörer einfacher sein wird, Ihnen zu folgen, wenn Sie die Präsentationsformen wechseln.

Halten Sie ein Referat mindestens einmal zur Probe vor Publikum. Versuchen Sie, die Bedingungen dieser Simulation möglichst weitgehend an die der Abrufsituation anzupassen. Halten Sie sich an Zeitlimits und üben Sie den freien Vortrag.

> Paul weiß, dass er sich für das Referat anders vorbereiten muss als für eine Prüfung. Er wird nicht abgefragt, sondern präsentiert sein Wissen. Das bietet die Möglichkeit, selbst Schwerpunkte zu setzen, wobei er sich natürlich an die inhaltlichen und zeitlichen Vorgaben halten muss.
>
> Bei den Überlegungen darüber, was er sagen wird, orientiert er sich daran, wie er den Ablauf gestalten wird und auf

welche Hilfsmittel er zurückgreifen kann. In seinem Seminar ist es üblich, das Referat mit einer Powerpoint-Präsentation zu begleiten, was ihm sehr entgegenkommt. Wenn er einzelne Folien zeigt, fühlt er sich selbst nicht so im Mittelpunkt.

Zur Vorbereitung auf die *mündliche Prüfung* haben sich Arbeitsgruppen bewährt. Hier können Sie sich mit anderen über den Lernstoff austauschen und die Beantwortung von Fragen üben.

Die Einstimmung

Am Ende der Vorbereitung und das Ziel vor Augen gilt es, sich noch einmal auf unterschiedlichen Ebenen zu aktivieren: Bei der *inhaltlichen Einstimmung* vertiefen Sie das Gelernte unmittelbar vor der Präsentation durch eine letzte Wiederholung. Der Fokus liegt hier eher im Überblick als im Detail. Sehen Sie sich lieber noch einmal Ihre Zusammenfassungen an, anstatt in Büchern zu blättern, um noch ausstehende Fragen zu klären. Die Informationen, die Sie in letzter Minute aufnehmen, können Sie nicht mehr adäquat bearbeiten. Es besteht die Gefahr, dass Ihre mühsam aufgebauten Wissensnetze irritiert reagieren. Unsicherheiten binden mehr Aufmerksamkeit als gelöste Probleme. Die Konzentration auf all das, was noch unklar ist und was Sie noch nicht wissen, kann gerade jetzt fatale Folgen haben. Ziel der *mentalen Einstimmung* ist es, Ihre Erfolgszuversicht und Gelassenheit zu steigern. Denken Sie also daran, dass Sie nicht alles wissen und nicht jede Frage beantworten werden müssen. Stützen Sie sich auf das, was Sie wissen, selbst wenn es nur 70 Prozent oder noch weniger von dem ist, was über das Thema gesagt werden könnte. Sie können der Präsentation gelassener entgegenblicken, wenn Ihre Aufmerksamkeit auf diesen 70 Prozent liegt als auf den 30 Prozent, die Sie nicht wissen.

Versuchen Sie, sich selbst stark zu machen. Erinnern Sie sich an frühere Erfolgserlebnisse, in denen Sie Ihr Können und Wissen bewiesen haben. Wenn Sie Probleme damit haben, sich selbst zu loben, können Sie sich die Bestätigung auch von außen holen. Sicherlich kennen Sie jemanden, der Ihnen gerne ab und zu aufmunternde Worte zukommen lässt. Reden Sie kurz vor der Präsentation mit ihm oder ihr. Vielleicht kann er Sie sogar begleiten! Meiden Sie auf der anderen Seite Kontakte zu Menschen, die Sie verunsichern könnten. Selbst gut gemeinte Tipps bewirken oft das Gegenteil. Die beste mentale Einstimmung nutzt nicht viel, wenn Sie müde oder hungrig sind. Achten Sie daher auch auf Ihre *körperliche Einstimmung*. Sie müssen sich während der Präsentation wohl fühlen können. Dazu gehören neben ausreichend Schlaf und Nahrung auch bequeme und passende Kleidung.

Neben den genannten Vorbereitungen, die sich auf jede Art der Präsentation beziehen, gibt es auch eine *situationsspezifische Einstimmung*. Überlegen Sie während der Einstimmung auf die *Klausuren* genau, was Sie mitnehmen wollen.

- Achten Sie darauf, dass Ihre Schreibutensilien vollzählig und einsatzbereit sind.
- Denken Sie bei längeren Klausuren auch ans Essen und Trinken.
- Bauen Sie sich selbst auf, indem Sie sich klar machen, wie viel Sie wissen.
- Überlegen Sie, wie Sie während der Klausur vorgehen werden:
  Was werden Sie zuerst tun?
  Werden Sie sich zuerst alle Fragen durchlesen oder werden Sie gleich mit der ersten beginnen?
  Wann wollen Sie fertig sein, um noch ausreichend Zeit für Verbesserungen zu haben?

> Clara schaut sich am Abend vor der Prüfung bewusst nichts mehr an. Sie fühlt sich jetzt relativ sicher im Stoff, obwohl da immer noch ein paar Lücken sind. Wenn die Aufregung zu groß wird, beruhigt sie sich, dass sie es in einem halben Jahr noch einmal probieren kann. Sie sagt sich immer wieder, dass sie so gut vorbereitet ist, wie es eben ging. Bevor sie schlafen geht, überlegt sie noch, was sie anziehen wird und nimmt es schon einmal aus dem Schrank. Am Morgen will sie keine Panik aufkommen lassen.

Kurz vor der *mündlichen Präsentation* geht es verstärkt darum, die Selbstsicherheit zu stärken. Zu große Aufregung verengt den Blick. Wenn Sie in Panik geraten, werden Ihnen auch die einfachsten Antworten nicht mehr einfallen und Sie werden auf Fragen nicht adäquat reagieren können.

- Gehen Sie nochmals Ihren Vortrag oder einzelne Punkte durch, die in der Prüfung angesprochen werden.
- Vergewissern Sie sich, dass alle Unterlagen und Materialien bereit liegen (Thesenpapier, Redevorlagen, technische Ausstattung etc.).
- Planen Sie den Ablauf der Präsentation:
Wann werden Sie zur Uni gehen und mit wem?
Was wollen Sie zu Beginn unbedingt sagen?
Was könnte eine erste Frage sein?
Lockern Sie vor der Präsentation Ihre Stimme.

Wenn Sie aufgeregt sind, bleibt Ihre Stimme flach. Sie bekommen zu wenig Luft und das Reden wird mühsam. Überlegen Sie, wie Sie Ihre Stimme lockern können. Haben Sie es schon einmal mit Singen versucht? Dabei kommt es nicht darauf an, den richtigen Ton zu treffen, sondern einen Rhythmus zwischen Atmen und Reden zu finden. Oft reicht es auch, bestimmte Formeln, Sätze oder Silben laut zu wiederholen.

Ihre Stimme ist das Instrument, auf dem Sie in der Abrufsituation spielen müssen.

> Paul geht am Abend vor seinem Referat noch einmal joggen. Er weiß, dass er sich danach stets gut fühlt. Mit seinem Arbeitsergebnis ist er zufrieden: Sein Vortrag erfasst alle wesentlichen Punkte, eine Generalprobe, in der er den Text seiner Freundin präsentierte, lief gut und seine Powerpoint-Folien sind vollständig. Am Morgen wird er frühzeitig an der Uni sein, um ausreichend Zeit für den Aufbau des Notebooks und des Beamers zu haben.

Der starke Auftritt

Trotz guter Vorbereitung und optimaler Einstimmung werden Sie zu Beginn der Präsentation wahrscheinlich aufgeregt sein. Das ist völlig normal. Schließlich ist heute der Tag, auf den Sie sich wochenlang vorbereitet haben. Erinnern Sie sich jetzt an Ihre Handlungsstrategien, für die Sie sich in Momenten größerer Ruhe entschieden haben.

Lesen Sie sich bei *Klausuren* nach dem Frage-Antwort-Schema zunächst die Fragen gründlich durch. Benutzen Sie bei mehreren Fragen erst einen breiten Fokus, um sich einen Überblick zu verschaffen. Zur anschließenden Bearbeitung ausgewählter Fragen wechseln Sie auf einen engen Fokus. Wenn Sie zuerst die leichteren Fragen beantworten, gibt Ihnen das schon bald die Sicherheit, einen großen Teil geschafft zu haben. Sind die Fragen von ähnlichem Schwierigkeitsgrad, ziehen es die meisten Prüflinge jedoch häufig vor, ohne große Überlegungen mit der ersten anzufangen. Bei diesem Vorgehen dürfen Sie jedoch nicht zu lange bei Fragen verharren, die Ihnen Probleme bereiten. Denken Sie daran, dass Sie auch bei der Bearbeitung springen können. Sie verlieren Zeit, wenn Sie sich zu lange von einer Denkblockade aufhalten lassen. Vielleicht fällt Ihnen eine Antwort ein, wenn Sie später darauf zurückkommen. Mit der Zeit wird nämlich Ihre Aufregung in dem Maße sinken, in dem Sie möglichst viele der anderen Fragen beantwortet haben. Diese Sicherheit kann dann Ihr Denken befreien. Achten Sie bei der Planung Ihrer Antworten darauf, dass am Ende noch ausreichend Zeit für Korrekturen bleibt.

Auch bei aufsatzähnlichen Klausuren ist das genaue Lesen der Fragestellung und die sinnvolle Einteilung der Zeit zu beachten.

> Clara hat den Ablauf der Jura-Klausuren schon oft üben können. Sie weiß, wie wichtig es ist, den Fall zunächst genau zu lesen. Wenn man schon zu Beginn etwas übersieht, kann das fatale Folgen haben. Beim Schreiben orientiert sie sich an Ihrem bewährten Ablaufschema. Zunächst sammelt sie zu jedem Gliederungspunkt Stichworte. Wenn sie so weit gekommen ist, fühlt sie sich sicherer. Bevor sie dann ans Ausformulieren geht, macht sie eine kurze Pause.

Bei *mündlichen Präsentationen* kommt es nicht nur aufs Wissen an, sondern auch auf den Aufbau einer Beziehung. Und der wird wesentlich von Ihnen bestimmt. Wecken Sie bei Vorträgen vor größerem Publikum zunächst Aufmerksamkeit für Ihr Thema. Finden Sie ein paar einleitende Worte und schauen Sie dabei die Zuhörer an. Wenn Sie dann auf interessierte Blicke stoßen, wird Ihre anfängliche Unsicherheit schnell schwinden. Auf der anderen Seite macht es keinen guten Eindruck, wenn Sie die Zuhörer nicht beachten und Ihren Text lediglich ablesen. Gefragt sind hier das Einbeziehen des Publikums und das Reagieren auf Signale der anderen.

> Paul ist am Tag des Referats aufgeregt. Das legt sich aber, als er seine Geräte anschließt. Ein anderer Kursteilnehmer, der sich mit dem Beamer besser auskennt, hilft ihm dabei und fragt ihn nach seiner Arbeit. Paul freut sich über das

> Interesse. Ihm wird klar, dass er das Referat ja nicht nur für den Dozenten, sondern auch für seine Kommilitonen hält. Während des Referats wendet er sich zunächst in erster Linie an die anderen Teilnehmer. Er hat die Befürchtung, dass ihn das Mienenspiel des Dozenten nur verunsichern würde. Als er spürt, dass die anderen seine Ideen positiv aufnehmen, wagt er auch einen Blick auf den Dozenten. Auch der scheint heute zufrieden zu sein.

Setzen Sie im weiteren Verlauf der Präsentation möglichst viel Eigenaktivität ein: Wechseln Sie zwischen abgelesenen und frei gesprochenen Passagen, zeigen Sie Folien oder schreiben Sie etwas an die Tafel. Sie können auch versuchen, die Zuhörer in den Vortrag einzubinden: Stellen Sie ruhig einmal eine offene Frage und regen Sie damit das Mitdenken an. Bei Vorträgen und Referaten liefern kleine Pausen im Text nicht nur den Zuhörern eine willkommene Gelegenheit, das Gehörte zu verdauen, sondern bieten auch Ihnen die Chance, neue Kräfte zu sammeln.

Versuchen Sie in *mündlichen Prüfungen* die Situation möglichst aktiv mitzugestalten. Achten Sie auch hier auf den Beziehungsaspekt. Vielleicht hilft ein kurzer Wortwechsel vor der Prüfung, eine angenehme Atmosphäre herzustellen. Scheuen Sie sich nicht, über so Belangloses wie das Wetter zu reden. Solche Geplänkel sind in Gesprächssituationen völlig normal. Außerdem wird Ihnen das Reden mehr Sicherheit und Lockerheit geben. Es ist wesentlich angenehmer, die eigene Stimme schon einmal bei einem unverfänglichen Thema im Gespräch mit dem Prüfer gehört zu haben, als wenn Sie erst nach der Einführungsfrage zu Wort kommen. Versuchen Sie, auch im weiteren Verlauf der Prüfung das Gespräch zu lenken. Sie bestimmen zwar nicht über die Auswahl der Fragen, aber Sie können Ihre Antworten strukturieren. Vielleicht bieten Sie in einem Satz schon eine nächste Frage an! Formulierungen wie „Ich könnte Ihnen in diesem Zusammenhang auch noch etwas aus einer anderen Sicht erzählen …" sind bei vielen Prüfern gar nicht ungern gesehen. Es zeigt nämlich, dass Sie in der Lage sind, den Stoff in einem größeren Zusammenhang zu sehen. Außerdem ist die Rolle der Prüfer nicht einfach, denn Sie müssen sich ständig neue Fragen überlegen.

Weitere Tipps zur Vorbereitung auf Prüfungen finden Sie in Knigge-Illner und Metzig/Schuster (siehe Literaturverzeichnis).

Arbeitsinsel: Lernen als Erfahrung (vertikaler Transfer)

Das Lernen hört nach der Prüfung, der Klausur oder der Abgabe der Hausarbeit nicht auf. Sind Sie mit Ihrer Leistung zufrieden? Haben Sie Ihre Lernziele erreicht? Was werden Sie beim nächsten Mal wieder so machen, was wollen Sie vermeiden? Neben diesem ganz persönlichen Fazit wirkt natürlich auch Ihre Bewertung in die Einschätzung des Lernergebnisses ein: Sind Sie mit der Note zufrieden? Fühlen Sie sich gerecht behandelt?

> Clara ist glücklich. Die ersten Klausuren sind gut gelaufen. Die Ergebnisse bekommt sie zwar erst später, aber sie ist zuversichtlich.
>
> Anne hat ihr Essay fristgerecht abgeliefert, ohne ihre anderen Verpflichtungen zu vernachlässigen und in Panik zu geraten. Sie ist jetzt zuversichtlich, auch den Rest ihres Programms wie geplant zu schaffen.
>
> Für Paul war das Referat ein voller Erfolg! Der Dozent bescheinigt ihm, dass er alles Wesentliche genannt hat. Während des Referats hat sich Paul immer sicherer gefühlt. Mit der Unterstützung seiner Folien konnte er weite Teile frei formulieren. Vor dem nächsten Referat hat er nun keine Angst mehr.

Schon bei der Festlegung der Lernziele wurde auf die Verzahnung zwischen äußeren Anforderungen und persönlichen Zielen hingewiesen. Auch bei der Bewertung des Endergebnisses müssen beide Aspekte berücksichtigt werden. Manche Erfolge sind gar nicht geplant, aber dennoch wichtig. Vergleichen Sie daher nicht nur Ihr Ziel mit dem Endergebnis, sondern würdigen Sie auch das, was darüber hinaus noch wichtig war.

> Paul hat erkannt, dass er sich zu sehr an Autoritätspersonen orientiert. Als er sich zu Beginn der Präsentation den anderen Kursteilnehmern zuwandte, hat er sich wie befreit gefühlt. Nun konnte er selbstbewusster agieren, Erfolge sammeln, um sich dann erst dem Urteil des Dozenten zu stellen.

Wie Kommilitonen und Professoren auf Sie reagieren, hat Auswirkungen auf Ihr Selbstkonzept. Natürlich hören wir alle lieber Lob als Tadel. Ehrliche Kritik kann zwar manchmal wehtun, zeigt Ihnen jedoch Punkte auf, die Sie noch verbessern können. Wenn Sie aus Angst vor möglichen negativen Feedbacks keine Rückmeldung anfordern, nehmen Sie sich zudem die Chance, auch positive Bewertungen zu hören.

> Paul fragt nach dem Kurs einige Kommilitonen, wie sie sein Referat erlebt haben. Die Rückmeldungen sind durchweg positiv. Seine anfängliche Nervosität ist zwar einigen aufgefallen, aber das war für die Zuhörer kein Problem. Gelobt werden seine verständliche Sprache und die Tatsache, dass er weitgehend frei referierte und nur vereinzelt vom Papier ablas.

Zur abschließenden Bilanz gehört auch eine kritische Würdigung des Weges: Welche Methoden haben sich bewährt? An welchen Stellen haben Sie sich verplant? Welche Techniken haben Sie nicht weitergebracht?

Anne hat gute Erfahrungen mit ihren Mindmaps gemacht. Diese Methode will sie weiter ausbauen. Mit der Arbeit an Texten klappt es jetzt zwar besser, sie will aber ihre Lesegeschwindigkeit noch weiter steigern. Mit ihren Wochenplänen kommt sie jetzt gut zurecht. Selbst wenn sie eine Sache nicht schafft, hat sie ausreichend Puffer, um das Versäumte nachzuholen.

Clara weiß jetzt, wie sie sich besser konzentrieren kann. Sie muss im Alltag mehr auf die Trennung zwischen Studium und Familie achten.

Auch Paul will sich mehr an feste Arbeitszeiten gewöhnen. Wenn er abends regelmäßig arbeitet, kann er sich das Wochenende freihalten. Das bedeutet für ihn letztendlich mehr Lebensqualität!

Um langfristig auf Ihren Erfolgen aufbauen zu können, müssen diese als positive Erfahrung ins Extensionsgedächtnis einfließen. Das geschieht ganz automatisch, wenn Sie den Lernprozess und das Ergebnis als persönlich bedeutsam erleben. So wie die Erfolgserlebnisse das Extensionsgedächtnis ausbauen, und damit bei den nächsten Vorhaben die Zuversicht ins Gelingen stärken, führt auch die wiederholte Anwendung effizienter Arbeitstechniken zur Bahnung intuitiver Handlungsprogramme, auf die Sie zu Beginn einer neuen Handlung zurückgreifen können. Sie brauchen sich dann nicht mehr bei jedem Arbeitsschritt für eine bestimmte Methode zu entscheiden, sondern lernen „intuitiv" richtig, was Lernprozesse enorm beschleunigt. Wenn Sie sich beispielsweise an eine effektive Lesetechnik gewöhnt haben, brauchen Sie irgendwann keine Vorlage über die einzelnen Schritte der Bearbeitung mehr, sondern lesen den Text automatisch in der inzwischen vertrauten Weise. Beide, Extensionsgedächtnis und intuitive Handlungsprogramme, stärken das Selbstkonzept: Das eine sorgt für die Erfolgszuversicht, das andere für den schnellen Zugriff auf effektive Methoden. Gelingt Ihnen die Verbindung zu diesen Teilen des Selbstkonzepts, können aus Lernerfahrungen persönliche Erfolge werden. Nach den Anstrengungen des Endspurts brauchen Sie eine Erholung. Dies und die Freude über den Erfolg gibt Ihnen neue Kraft für alles, was noch kommen wird. Vielleicht haben Sie ja schon eine Idee, was Sie sich als Nächstes vornehmen!

> Für Anne war das Essay nur ein Etappensieg. Das Semester geht schließlich noch weiter. Aber ihr Selbstbewusstsein ist gestiegen. Sie weiß jetzt, dass sie auf dem richtigen Weg ist. Bei den Abschlussklausuren wird sie wieder mit Mindmaps arbeiten.

> Clara ist nach den ersten Klausuren wesentlich entspannter. Sie beschließt, sich eine Auszeit zu gönnen und sich am Wochenende nur um ihre Familie zu kümmern. Den nächsten Klausuren sieht sie gelassener entgegen: Sie weiß jetzt, dass ihre Art der Vorbereitung die richtige ist.

> Paul ist selbstbewusster geworden. Er hat sich seiner Angst vor dem Referat gestellt und die Situation mit Erfolg gemeistert. Und er hat seinen Arbeitsrhythmus so verändert, dass er mehr Freizeit und ein weniger schlechtes Gewissen hat.

An diesem Punkt verabschieden wir uns von Anne, Clara und Paul. Da wir fast am Ende der Reise angekommen sind, haben nun auch Sie die Gelegenheit, ein Fazit zu ziehen. Was haben Sie durchs Lesen, durch die Übungen, Tipps und Beispiele gelernt?

> **Übung: Was haben Sie gelernt?**
> 1. Schritt: Lesen Sie sich noch einmal durch, was Sie eingangs als Erwartungen zu diesem Buch notiert haben.
> 2. Schritt: Vergleichen Sie Ihre Erwartungen mit dem, was Sie bisher während des Lesens erfahren haben. Welche Erwartungen konnten erfüllt werden, welche nicht?
> 3. Schritt: Worüber möchten Sie gerne noch mehr erfahren? Welche Erkenntnisse haben Sie gewonnen, ohne dass Sie damit gerechnet hatten?
> 4. Schritt: Wie sehen Ihre nächsten Schritte aus? Welche Methoden werden Sie demnächst ausprobieren? Über welches Thema wollen Sie noch mehr erfahren? In welchen Büchern wollen Sie sich weitere Tipps holen?

Bezogen auf Ihre Zielsetzung zu Beginn dieses Buches hoffe ich, dass Sie zumindest das, was Sie wissen wollten, erfahren haben. Noch mehr freuen würde es mich jedoch, wenn die Informationen und Übungen Sie dazu angeregt haben, insgesamt über Ihr Lernverhalten und Ihre Einstellungen nachzudenken, Sie vielleicht Aha-Erlebnisse oder überraschende Erkenntnisse hatten und Ihrem nächsten Lernprojekt jetzt mit mehr Selbstbewusstsein entgegensehen.

Im Frühjahr 2005 hielt Eckart Altenmüller auf den Lindauer Psychotherapiewochen einen Abendvortrag zum Thema *Warum wir Musik lieben*. Im Publikum saßen neben mir noch andere Ärzte und Psychologen, deren Erwartungen wahrscheinlich sehr unterschiedlich waren. Sicherlich waren auch einige dabei, die sich – wie ich – ein paar Anregungen über den Einsatz von Musik zur Unterstützung von Lernprozessen erhofften. Was wir aber dann erfuhren, ging weit über das Erwartete hinaus. Altenmüller war bei der Darstellung theoretischer Aspekte zur Aufnahme von Musik selbst so engagiert und begeistert vom Thema, dass der Funke auf die Zuhörer übersprang. Am Ende ging es nicht mehr um die Aufnahme neuer Erkenntnisse, sondern um die Freude an der Musik. Wir erfuhren, warum die meisten Menschen Musik lieben und konnten selbst spüren, *dass* wir Musik lieben. Auf dem Rückweg ins Hotel fühlten wir uns seltsam beschwingt. Eine Kollegin, die noch am Morgen besorgt darüber war, dass Ihr Sohn das tägliche Klavierüben vernachlässigen könnte, wenn sie nicht darüber wacht, meinte nun, sie werde gleich ihre alte Querflöte aus dem Schrank holen, wenn Sie wieder zu Hause sei. Sie habe schon seit Jahren nicht mehr darauf gespielt, aber vielleicht könnten sie und ihr Sohn jetzt auch mal etwas zusammen einstudieren.

Dieses Erlebnis ist ein schönes Beispiel für die Möglichkeiten des Transfers. Was wir auf dem Weg erlebt haben und wie wir durchs Ziel kommen hat Auswirkungen auf unser Erleben und Handeln. Seien Sie daher auch während des Studiums offen für die vielschichtigen Erfahrungen, die das Lernen bietet. Achten Sie darauf, dass Sie am Ende nicht nur mehr wissen, sondern auch insgesamt zufriedener, gelassener und vielleicht sogar glücklicher sind.

Tipps zum erfolgreichen Transfer

1. Achten Sie bei der Vorbereitung auf eine Präsentation auf die Auswahl der richtigen Methoden und eine adäquate Einstimmung.
2. Nutzen Sie während der Präsentation alle Möglichkeiten der aktiven Einflussnahme.
3. Vergleichen Sie das Endergebnis mit dem ursprünglich formulierten Lernziel.
4. Überlegen Sie, was Sie darüber hinaus gelernt haben.
5. Belohnen Sie sich für das Erreichen des Ziels.
6. Integrieren Sie die Erfahrungen in Ihre Arbeitstechnik und in Ihr Selbstkonzept.
7. Planen Sie Ihre nächsten Schritte.

Lernergebnisse für dieses Modul

Beantworten Sie die folgenden Fragen:

Wie bereiten Sie sich auf die Präsentation Ihres Wissens vor?
Was werden Sie während der Präsentation beachten?
Sind Sie mit dem Lernergebnis zufrieden?
Womit werden Sie sich belohnen?
Welche Erfahrungen und Erkenntnisse haben Sie auf dem Weg gewonnen?
Was werden Sie als Nächstes tun?

4. Lernen als Kompetenztraining

Lernen ist weit mehr als nur die Abspeicherung von Wissen. Während Sie Informationen aufnehmen und verarbeiten, dabei Erfolge und Fehlschläge, Glücksgefühle und Phasen der Verzweiflung durchleben, verändern Sie sich. Am Ende der Reise sind Sie nicht mehr der, der Sie zu Beginn waren. Im günstigsten Fall haben die Erfahrungen und Erkenntnisse Ihre Kompetenzen erweitert, sodass Sie sich für die kommenden Herausforderungen besser gewappnet fühlen. Auch Lernprozesse an der Universität sollen nicht nur Fachwissen vermitteln, sondern auch auf spätere Anforderungen in der Berufswelt vorbereiten. Sie sollen fit machen für Bewerbungen, Projektarbeit und Präsentation, aber auch das Selbstbewusstsein steigern und soziale Kompetenzen ausbauen.

Wie kann dies im Studium gelingen? Der Schlüssel hierzu liegt in einem hohen Maße in der Selbstorganisation beim Lernen. Nur wenn Sie Ihre Entscheidungsmöglichkeiten voll ausnutzen und bereit sind, die Verantwortung für Ihr Handeln zu übernehmen, können Sie sich persönlich weiterentwickeln. Nutzen Sie Ihre Freiräume zur Mitbestimmung aus, selbst wenn sie – wie bei relativ starr strukturierten Studiengängen mit festen Stundenplänen – nur gering sind. Jeder Tag bietet Situationen, in denen Sie Entscheidungen treffen müssen:

- Wie werden Sie Ihren Tag beginnen?
- Mit welcher Zielsetzung werden Sie Dozent A zuhören?
- Wie können Sie das Gelernte am besten behalten?
- Lohnt es sich überhaupt, es zu behalten?
- Was wollen Sie unbedingt im Seminar C sagen?
- Wen werden Sie fragen, ob er oder sie auch Interesse hat, über Text B im kleinen Kreis zu diskutieren?

Keine Angst – zur Beantwortung all dieser Fragen ist kein mühevolles Abwägen notwendig. Wesentlich sind hier in erster Linie die Feststellung der Wahlmöglichkeit und die Übernahme einer proaktiven Grundeinstellung (siehe Seite 35). Sie erinnern sich? Reaktive Menschen fühlen sich als Opfer der Verhältnisse, Proaktive ergreifen dagegen jede Möglichkeit, ihr Schicksal selbst in die Hand zu nehmen. Sie haben keine Angst vor Entscheidungen und sind bereit, die Konsequenzen dafür zu übernehmen. Damit schaffen sie nicht nur die Voraussetzung für die Entwicklung positiver Gefühle, sondern sie werden auch das spätere Endergebnis so in ihr Selbstkonzept integrieren können, dass es sie stärker und selbstbewusster macht. Aber wie gelingt es Ihnen, die richtigen Entscheidungen zu treffen?

Erkennen Sie Ihre persönliche Lernbasis!

Orientieren Sie sich zu Beginn stets an Ihrer momentanen Lernsituation und nicht an dem, was sein sollte oder was andere sagen. Wohlgemeinte Ratschläge können zwar hilfreich sein, dürfen aber nicht verhindern, dass Sie nach Ihrem eigenen Weg suchen, der auf Ihren ganz persönlichen Voraussetzungen aufbaut. Was für Student F eine sinnvolle Technik ist, muss nämlich nicht automatisch bei Ihnen erfolgreich sein. Finden Sie daher zunächst heraus, wie, wo oder wann Sie am besten lernen können. Dies ist dann Ihre ganz persönliche Lernbasis.

4. Lernen als Kompetenztraining

Analysieren Sie die Anforderungen!

Klären Sie als Nächstes, was von Ihnen verlangt wird. Erkundigen Sie sich auf einer möglichst breiten Ebene. Gefragt sind hier nicht nur harte Daten aus Prüfungsordnungen, sondern auch Erfahrungen von Kommilitonen und Rückmeldungen von Professoren.

Verschaffen Sie sich Grundkenntnisse über Lernprozesse!

Grundkenntnisse über den Ablauf des Lernprozesses helfen Ihnen dabei, die geeigneten Methoden auszuwählen. Aber sie unterstützen Sie auch beim Auftauchen von Problemen. Wenn Sie wissen, wie Sie sich selbst motivieren können, wie Sie Techniken sinnvoll einsetzen und Lernerfahrungen nutzen können, wird Ihr Weg weniger mühsam sein.

Probieren Sie möglichst viele Techniken aus und erweitern Sie Ihr Methodenrepertoire!

Um eine bestimmte Technik auswählen zu können, müssen Sie mindestens zwei kennen. Je breiter Ihr Repertoire ist, desto größer ist die Chance, dass Sie etwas Passendes finden. Zum effektiven Lernen gehört daher das Ausprobieren neuer Arbeitsformen und -bedingungen, von denen sich am Ende manche als sinnvoll erweisen werden, andere aber nicht.

Lernen Sie aus Ihren Fehlern!

Bei der Entscheidung über die nächsten Schritte wirken diese vier Faktoren ineinander: die Selbstreflexion, die Analyse der Anforderungen, das Wissen über den Ablauf von Lernprozessen und die Existenz eines umfangreichen Methodenrepertoires. Wenn Sie sich am Ende auf einen Weg festlegen, müssen Sie auch bereit sein, die Verantwortung für mögliche Konsequenzen zu übernehmen.

Sicherlich werden Ihnen Fehler unterlaufen. Gerade zu Beginn des Studiums müssen Sie zunächst Erfahrungen mit Arbeitsabläufen machen. Aber jeder dieser Fehler wird Ihnen zumindest die Erkenntnis bringen, dass es so nicht geht.

Bauen Sie auf Ihren Erfolgen auf!

Verantwortung zu übernehmen bedeutet aber auch, sich über Erfolge freuen zu können. Bei einem allzu kritischen Blick kommt dieser Aspekt oft zu kurz. Würdigen Sie daher auch kleine Etappensiege!

Der Mut zur Entscheidung und zur Übernahme der Verantwortung wird nicht nur dazu führen, dass sich Ihr Lernen kontinuierlich verbessert. Auf dem Weg trainieren Sie auch Ihre Fähigkeiten, mit Herausforderungen umzugehen: Prüfungssituationen haben viele Berührungspunkte mit Bewerbungssituationen, Vorträge werden Sie später im Berufsalltag möglicherweise auch halten müssen und beim Lernen in Arbeitsgruppen entwickeln Sie Ihre Teamfähigkeit. Die sind nur ein paar Beispiele für den Ausbau *sozialer Kompetenzen* im Studium.

Selbstverantwortliches Lernen stärkt darüber hinaus Ihre *persönlichen Kompetenzen*: Wenn Sie schwierige Situationen meistern, sich selbst motivieren können und am Ende erfolgreich sind, werden Sie sich immer stärker fühlen. Ihre *Methodenkompetenz* weiten Sie durch die Bereitschaft aus, neue Techniken auszuprobieren. Die Erfahrungen im Einsatz effektiver Techniken werden Ihre Zuversicht stärken, auch für kommende Probleme das passende Rüstzeug zu haben.

Da Ihre individuelle Ausgangslage sich von der anderer Studierender unterscheidet, wird Ihr Weg durchs Studium auch ganz einzigartig sein. Sie haben die Chance, viel über sich zu erfahren und werden Dinge lernen, auf die Sie später aufbauen können. Außerdem werden Sie das Fachwissen besser bearbeiten und behalten, wenn Sie das Lernen als etwas für Sie Wesentliches begreifen.

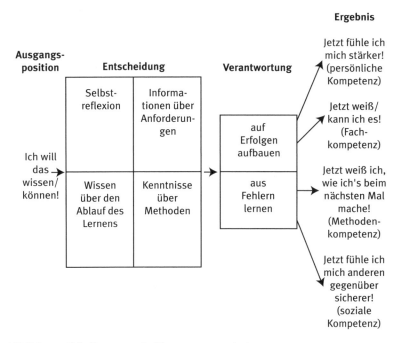

Abbildung 28: Lernen als Kompetenztraining

Wege des Wissens

Wenn ein Maler zu einer leeren Leinwand greift, hat er wahrscheinlich eine Idee darüber im Kopf, was darauf entstehen soll. Voraussehen kann er es jedoch nicht. Und das ist auch gut so, denn eine zu enge Vorgabe würde seine Kreativität einschränken. Wenn er sich auf das Malen konzentriert, darauf achtet, was auf der Leinwand passiert, auf seine Erfahrung und sein gutes Auge vertraut, um einzuschätzen, ob ein Pinselstrich gelungen ist oder nicht, dann wird womöglich ein Kunstwerk entstehen.

Lernwege verlaufen nach einem ähnlichen Muster. Auch hier steht am Anfang eine Idee, ein Ziel, das Sie erreichen wollen. Sie machen sich dann einen Plan, der Sie auf Ihrem Weg begleiten wird. Aber vieles von dem, was danach geschieht, ist nicht vorhersehbar. Wenn Sie Ihren Fähigkeiten vertrauen und dabei fehlerfreundlich sind, wenn Sie die Zwischenergebnisse festhalten und sie als Erfolge verbuchen und wenn Sie Ihr Ziel im Auge behalten, ohne mit Scheuklappen durch die Welt zu gehen, dann werden Sie sich weder von Hindernissen, Stolpersteinen oder Irrwegen aufhalten lassen. Am Ende werden Sie wahrscheinlich kein Kunstwerk geschaffen haben, aber Sie haben Ihr Denken und Ihre Kreativität eingesetzt, um ans Ziel zu kommen.

Kein Lernweg gleicht dem anderen. Sie müssen entscheiden, wie steil, wie breit, wie hoch oder wie lang der Ihrige sein muss. Ihr Lernen vollzieht sich innerhalb mehrerer Polaritäten, die Sie mal in die eine und dann wieder in die andere Richtung ziehen. Achten Sie darauf, die Balance zu halten!

Zwischen Pflicht und Neigung

Achten Sie darauf, dass neben der Mühe auch die Lust am Lernen nicht zu kurz kommt!

Sie lernen leichter, wenn Ihnen die Beschäftigung mit dem Thema oder die Art der Tätigkeit selbst Spaß bringt. Stellen Sie sich daher Ihr Lernprojekt auch einmal als Rätsel vor, das es zu lösen gilt: Einzelne Lernschritte sind dann beispielsweise Teile eines Puzzles, die sich am Ende auf wunderbare Weise zu einem Bild zusammensetzen. Finden Sie das Vergnügen in der Herausforderung, diese Aufgabe auf Ihre ganz individuelle Art zu lösen. Lernen orientiert sich jedoch nicht allein am Lustprinzip. Um erfolgreich zu sein, müssen Sie sich auch manchmal dazu zwingen, weiterzumachen. Wenn Sie in solchen Momenten nicht aufgeben, sollte dies aber nicht aufgrund von reiner Disziplin geschehen. Überzeugen Sie sich stattdessen immer wieder vom Sinn Ihres Lernens, erinnern Sie sich an Ihren Plan und an das Ziel, das Sie erreichen wollen. Damit betten Sie die Disziplin in persönliche Sinnzusammenhänge ein und machen sie so zu einer notwendigen Stütze des Lernprozesses.

Zwischen Begabung und Training

Bauen Sie eigene Begabungen und Stärken auf, seien Sie aber auch offen für ungewohnte Wege!

Berücksichtigen Sie Ihre persönlichen Begabungen, aber ruhen Sie sich nicht darauf aus. Sie arbeiten am effektivsten, wenn Sie die Informationen auf möglichst vielfältige Weise bearbeiten. Probieren Sie daher auch Lernwege aus, denen Sie zuvor eher aus dem Weg gegangen sind. Klammern Sie bestimmte Bearbeitungsformen nicht aus Ihrem Methodenrepertoire aus, weil Sie sie nicht als eine Ihrer Stärken erleben. Vieles lässt sich trainieren und damit weiter ausbauen. Lösen Sie sich von Einstellungen wie „Ich habe nun mal eben ein schlechtes Gedächtnis" oder „Naturwissenschaften liegen mir eben nicht". Wahrscheinlich haben Sie bislang nur nicht den richtigen Zugang gefunden. Es gibt drei Lernwege und acht Intelligenzen, mit denen Sie die Informationen bearbeiten können.

Zwischen Struktur und Chaos

Wechseln Sie bei der Bearbeitung zwischen breitem und engem Fokus!

Denken ist zunächst chaotisch. Nur wenn in alle Richtungen gedacht wird, können geniale Ideen entstehen. Das Rätselhafte und das Spielerisch-Chaotische verlangen eine breite Sichtweise. Hier können alle Handlungsmöglichkeiten ausprobiert werden. Aber auch die Breite benötigt einen Regulator. Ohne einen Aspekt zu vertiefen, bleibt alles Wissen oberflächlich.

Lernen ist ein Wechselspiel zwischen Enge und Breite. Sie müssen die Aufnahme der Informationen ausreichend eng planen, um Ihre Aufmerksamkeit zu fokussieren, aber auch ausreichend breit, um möglichst viel Gehirnaktivität zu binden. Während der Bearbeitung gilt es dann, den Fokus stets zu verkleinern oder zu vergrößern, je nachdem, ob die Bearbeitung von Details oder der Überblick gefragt ist. Ohne Struktur gehen Ideen verloren. Erst die Überprüfung nach den Gesetzen der Logik und Einsetzbarkeit gewährleistet die Einbettung in Netzwerke des Wissens, denn auch diese haben eine innere Struktur.

Zwischen Erfahrung und Abenteuer

Stützen Sie sich auf altes Wissen und bewährte Gewohnheiten, seien Sie aber auch offen für Neues!

Das Lernen beginnt niemals am Nullpunkt. Sie besitzen Vorkenntnisse, aus denen Sie Ihre inhaltliche Grundstruktur formen, und Sie können auf bewährte Techniken und Arbeitsroutinen zurückgreifen. Dieses alte Wissen gibt Ihnen die notwendige Zuversicht für den Start. Später gilt es dann, diese alten Vorkenntnisse mit neuem Wissen und neuen Erfahrungen zu verbinden. Das alte Wissen kann sich dabei verändern oder sogar als falsch erweisen. Halten Sie nicht daran fest, nur weil es Ihnen so vertraut erscheint. Auch Arbeitsgewohnheiten können sich als hinderlich herausstellen. Etwas, was sich bei einem Lernprojekt bewährt hat, muss nicht automatisch bei einem nächsten erfolgreich sein. Seien Sie daher offen für Veränderungen!

Zwischen Schnecke und Gepard

Übernehmen Sie die Herrschaft über Ihre Zeit und bestimmen Sie das Tempo!

Wir alle tun manche Dinge langsam und andere schnell. Beide Geschwindigkeiten haben ihre Qualitäten, aber auch ihre Nachteile. Schnelles Lesen gibt Ihnen einen Überblick, langsames vertieft das Wissen. Nutzen Sie die Variationsmöglichkeiten und wählen Sie die Geschwindigkeit aus, die zur Lernaufgabe passt. Dafür müssen Sie in Ihrem Handlungsrepertoire aber auch über unterschiedliche Bearbeitungsformen verfügen. Wenn Sie alles gleich schnell oder langsam tun, können Sie nicht wählen.

Zwischen Anfang und Ende

Sehen Sie das Ende eines Lernprojekts als Chance für einen neuen Anfang!

Sie beginnen Ihre Reise am Ausgangspunkt und laufen am Ende über die Ziellinie. Von hier aus können Sie aber – nach einer kurzen Pause – gleich das nächste Projekt starten. Erinnern Sie sich an das Bild des Puzzle-Spiels? Lebenslanges Lernen bedeutet, dass es Ihnen niemals gelingen wird, das Puzzle vollständig zusammenzusetzen. Immer wieder werden neue Teile auftauchen, die sich an die schon ausgelegten anpassen. Das sollte Sie aber nicht in die Verzweifelung treiben. Im Gegenteil! Wenn Sie die Lust am Lernen nicht verlieren, freuen Sie sich über jedes neue Teil, das Sie einfügen können und über jedes neue Motiv, das entsteht.

Lernen kann spannend, abwechslungsreich und lustvoll sein. Sie können all das erleben, wenn Sie offen für dieses Abenteuer sind. In meinen Seminaren an der Universität freue ich mich immer besonders, wenn Teilnehmer am Ende sagen, dass sie wieder Lust aufs Lernen bekommen. Ich hoffe, dass ich das auch bei Ihnen wiedererwecken konnte. In diesem Sinne stehen Sie jetzt nicht nur am Ende des Buches, sondern auch auf der Schwelle zu einer Welt voller Möglichkeiten.

LITERATUR

Altenmüller, Eckart: *Warum wir Musik lieben*, Vortrag bei den Lindauer Psychotherapietagen 2005

Birkenbihl, Vera F.: *Stroh im Kopf. Vom Gehirn-Besitzer zum Gehirn-Benutzer*, Mvg, Heidelberg 2005

Buzan, Tony: *Kopftraining. Anleitung zum kreativen Denken*, Goldmann, München 1998

Cacioppo, John T./Bentson, G. G.: *Social neuroscience. Key Readings*, Psychology Press, Hove (UK) 2005

Chevalier, Brigitte: *Effektiver lernen*, Eichborn, Frankfurt am Main 2002

Covey, Stephen R.: *Die sieben Wege zur Effektivität*, Campus, Frankfurt am Main 2000

Czikszentmihalyi, Mihalyi: *Flow. Das Geheimnis des Glücks*, Klett-Cotta, Stuttgart 2004

De Bono, Edward: *De Bonos neue Denkschule. Kreativer denken, effektiver arbeiten, mehr erreichen*, Mvg, Frankfurt am Main 2002

Diener, Ed/Suh, Eunhook M.: *Culture and Subjective Well-Being*, Bradford Book, Cambridge/London 2003

Fischer, Lorenz/Wiswede, Günter: *Grundlagen der Sozialpsychologie*, Oldenbourg, München 2002

Gardner, Howard: *Dem Denken auf der Spur. Der Weg der Kognitionswissenschaft*, Klett-Cotta, Stuttgart 1989

Gardner, Howard: *Abschied vom IQ. Die Rahmen-Theorie der vielfachen Intelligenzen*, Klett-Cotta, Stuttgart 1991

Geißler, Karlheinz A.: *Vom Tempo der Welt – und wie man es überlebt*, Herder, Freiburg 2004

Klippert, Heinz: *Eigenverantwortliches Arbeiten und Lernen*, Beltz, Weinheim 2000

Knigge-Illner, Helga: *Keine Angst vor Prüfungsangst*, Eichborn, Frankfurt am Main 1999

Kuhn, Julius: *Handlungs- und Lageorientierung*, Forschungsbericht aus den Fachbereichen Psychologie der Universität Osnabrück 1994

Kuhn, Julius/Martens, Jens U.: *Die Kunst der Selbstmotivierung. Neue Erkenntnisse der Motivationsforschung praktisch nutzen.* Kohlhammer, Stuttgart 2004

Lasko, Wolf W.: *Wie aus Ideen Bilder werden*, Gabler, Wiesbaden 1997

Lasko, Wolf W.: *Personal Power. Mut zum Handeln. Wie Sie bekommen, was Sie wollen*, Goldmann, München 1998

Lykken, David T.: *Happiness. What studies on twins show us about nature, nuture, and the Happiness set point*, Golden Books, New York 1999

Das Manifest, in: *Gehirn und Geist* 6, 2004

MacEwan, Ian: *Abbitte*, Diogenes, München 2004

McKay, Matthew u.a.: *Selbstwert. Die beste Investition Ihres Lebens*, Junfermann, Paderborn 2000

Metzig, Werner/Schuster, Martin: *Prüfungsangst und Lampenfieber. Bewertungssituationen vorbereiten und meistern*, Springer, Berlin 1998

Michalko, Michael: *Erfolgsgeheimnis Kreativität*, Mvg, Frankfurt am Main 2001

Montessori, Maria: *Kinder sind anders*, Dtv, München 1997

Ohno, Taichi: *Das Toyota-Produktionssystem*, Campus, Frankfurt am Main 2005

Ott, Ernst: *Optimales Lesen. Schneller lesen – mehr behalten*, Rowohlt, Reinbek 2004

Roth, Gerhard: *Fühlen, Denken, Handeln. Wie das Gehirn unser Verhalten steuert*, Suhrkamp, Frankfurt am Main 2001

Roth, Gerhard: *Das limbische System*, Vorlesungsreihe bei den Lindauer Psychotherapietagen 2005

Rückert, Hans-Werner: *Schluss mit dem ewigen Aufschieben*, Campus, Frankfurt am Main 2002

Scheele, Paul R.: *Photoreading. Die neue Hochgeschwindigkeits-Lernmethode in der Praxis*, Junfermann, Paderborn 2001

Schlüter, Andreas: *Mörfi. Falsch, falscher, fabelhaft*, Dtv, München 2005

Seiwert, Lothar: *Wenn du es eilig hast, gehe langsam. Mehr Zeit in einer beschleunigten Welt*, Campus, Frankfurt am Main 2005

Seiwert, Lothar/Müller, Horst/Labaek-Noeller, Anette: *30 Minuten-Zeitmanagement für Chaoten*, Gabal, Wiesbaden 2000

Senge, Peter M.: *Die fünfte Disziplin. Kunst und Praxis der lernenden Organisationen*, Klett-Cotta, Stuttgart 2006

Senge, Peter u.a.: *Das Fieldbook zu „Fünften Disziplin"*, Klett-Cotta, Stuttgart 2004

Spitzer, Manfred: *Lernen. Gehirnforschung und die Schule des Lebens*, Spektrum Akademischer Verlag, Heidelberg 2002

Sprenger, Reinhard K.: *Das Prinzip Selbstverantwortung. Wege zur Motivation*, Campus, Frankfurt am Main 1999

Springer, Sally P./Deutsch, Georg: *Linkes/Rechtes Gehirn*, Spektrum Akademischer Verlag Heidelberg 1998

Stary, Joachim/Kretschmer, Horst: *Umgang mit wissenschaftlicher Literatur*, Cornelsen, Berlin 1994

Wenger, Ruth: *alphaskills. Effizienter lesen, besser zuhören, entspannter arbeiten*. Campus, Frankfurt am Main 2005

E-LEARNING

www.fu-berlin.de/studienberatung/e-learning
Das e-learning Angebot der Freien Universität Berlin umfasst unter anderem Module zur Arbeitsplanung, zur Literaturrecherche sowie zum Lesen.

www.konlernweb.de
Hier finden Sie einen Test zur Feststellung Ihres Lerntyps.

www.kooperatives-lernen.de
Auf dieser Seite finden Sie u.a. einen Selbsttest zu den Multiplen Intelligenzen.

http://karteilernen.de
Mit Karteikarten am Computer arbeiten.

www.mnemotechnik.info
Diese Seite bietet Memorierungstechniken und Gedächtnistraining.

Stichwortverzeichnis

A
Alpha-Zustand 100, 132
Anforderungsprofil 223 f.
Arbeitsspeicher 37, 134, 168 ff., 204
Aufnahmewege 97, 102, 104-108

B
Begabung 33, 104 f., 249
Behalten 167 f., 186
Black Box 16

C
Commitment 56, 63, 78-83, 214 f.

D
Da-Vinci-Methode 158 f., 162
Denken, laterales 141, 142 ff., 158 ff.
Denktraining 160 f.

E
Einstellung
 – handlungsorientiert 36
 – lageorientiert 36
Einstimmung auf eine Prüfung 229-232
E-Learning 257
Erfahrung 89-93, 235-241, 250 f.
Erfolgsjournal 212
Extensionsgedächtnis 36 ff., 42, 49, 166, 194, 213, 237

F
Fehler(n), Umgang mit 195-198
Fischgrät-Schema 148, 151, 154
„flow"-Erfahrungen 15, 87, 138, 144, 199, 201
Fokus der Aufmerksamkeit 93 f., 193
Fünf-Fragen-Technik 63 f.

G
Gedächtnis
 – autobiographisches 164 f.
 – deklaratives 165 f., 169, 185
 – episodisches 164 ff.
 – implizites 165 f.
 – prozedurales 165 f.
 – semantisches 165 ff., 171, 183
Gedächtnistraining 180, 183 ff.
Gehirn 28-35
 – hörendes 112 f.
 – konzentriertes 84-87
 – lesendes 108-112
 – linke Hälfte 31-35
 – motiviertes 192 ff.
 – planendes 47 ff.
 – rechte Hälfte 31-35
 – strukturierendes 134-138
 – wissendes 164-167
Gehirnhälften, Denken mit beiden 141-145
Gewohnheit 190 ff., 204 ff.
Grundformen des Lernens 13-26

I

Informationsverarbeitungskapazität 85 f., 97, 114, 191
Intelligenz 138 ff.
Intelligenzen, Multiple 140, 160
Intelligenzformen (nach Gardner) 140 ff., 157
Intentionsgedächtnis 36, 38, 54, 57, 166, 215

K

Karteikarten 21, 123, 152 f., 175 f., 257
Kinästhesie 106 f., 109, 111 f., 132, 140, 156 f., 167, 171, 180, 185
Kipp-Wahrnehmung 136
Kodierung 167 f.
Kompetenz
 - Fach- 22 f., 25 f.
 - Methoden- 25 f., 246
 – persönliche 22 f., 26, 246 f.
 – soziale 22 f., 25, 243, 246 f.
Kompetenzprofil 26
Kompetenztraining 24 ff., 243-252
Konditionieren, klassisches 16
Konditionieren, operantes 17 f., 20 f.
Konsolidierung 164, 167 f., 170 ff., 174
Konstruktivismus 19-23
Konzentrationstraining 100-103
Konzentrationsverläufe 87 f.

L

Leistungskurve, persönliche 89
Lernblockade 207

Lernen
 – gehirngerechtes 40 f.
 – intelligentes 156 ff.
Lernkurven 59, 190
Lernmanagement 10 f., 39-43
Lernplateau 189, 208
Lernschleifen 42
Lernspirale 23
Lernstrategie 11, 27, 47, 100, 141
Lerntheorie, kognitive 18-21
Lerntyp 108, 132, 257
Lernverläufe 186-190, 208
Lesegeschwindigkeit 115-124, 132, 237
Lesehilfe 109, 124
Lesen, aktives 124 f.
Limbisches System 30 f., 37 f., 48 f., 80, 94, 110, 134, 166, 168 f.
Linie, Die rote 205 f.
Loci-Technik 181 ff.

M

Memorierungstechniken 178-186, 257
Mindmap 53, 145-151, 154, 156, 172, 217, 227, 237 f., 262
Module
 – Am Ziel 218-240
 – Auf dem Weg 186-218
 – Konzentration 83-103
 – Lernplanung 46-83
 – Wissen abspeichern 163-186
 – Wissen aufnehmen 103-133
 – Wissen vernetzen 133-163

N

Netzwerktechnik 154 f.
Null-Transfer 220

O

Organisation, lernende 38 f., 42, 194
Orientierungsmuster 150 f.

P

Perspektivenwechsel 209 ff.
Pluralitätskompetenz 20
Practice-and-Drill-Programm 21, 40
Präsentation 221-235
Priming 165 f.
Proaktivität 35 f., 39, 82, 205, 244

R

Reaktivität 35 ff., 39, 205, 244
Reiz-Reaktions-Schema 16, 18, 21, 35 f.
REM-Phase 32, 169

S

Schnelligkeit 113-124
Selbstberuhigung 194
Selbstkontrolle 192 f., 195
Selbstkonzept 218, 220 f., 236 ff., 240, 244
Selbstmanagement 53-57
Selbstorganisation 37, 193, 216 f.
Selbstreflexion 47, 140, 245

T

Tagesprotokoll 68 f., 72
Tipps
– für die Aufnahme von Wissen 132 f.
– zum besseren Behalten 186
– zum erfolgreichen Transfer 240
– zum konzentrierten Arbeiten 102 f.
– zur Lernplanung 82 f.
– zur Selbstmotivierung 217 f.
– zur Vernetzung von Wissen 162 f.
Top-Down-Prozess 70
Transfer 240 f.
– horizontaler 220-235
– negativer 220
– vertikaler 220 f., 235-240
Trichtermodell 39 f.

V

Verstärker, positive 18
Vigilanz 84, 87, 89

W

Wissen, träges 20

Z

Zeitmanagement 50-54, 60
Ziel formulieren 12

ÜBER DIE AUTORIN

Brigitte Reysen-Kostudis ist Diplom-Psychologin und seit 15 Jahren wissenschaftliche Mitarbeiterin an der ZE Studienberatung und Psychologische Beratung der Freien Universität Berlin. Neben der Beratung und Therapie von Studierenden in Einzelgesprächen liegt ein Schwerpunkt ihrer Arbeit in der Konzeption und Durchführung von Seminaren zu Verbesserung des Lernens, beispielsweise „Zeitmanagement", „Fit im Kopf" oder „Lernen leicht gemacht".